富家益 Fortuneasy
富家益股票入门系列

新手炒股快速入门

快速进入实战，把握股市先机

齐晓明 编著

- 基础入门　实盘讲解
- K线分析　指标要点
- 选股方略　买卖时机
- 看盘技巧　实战技法

中国劳动社会保障出版社

内容简介

本书以帮助新股民快速掌握炒股的必备知识和技能为目标,从实战角度出发,系统而全面地介绍了新股民炒股当中经常会用到的诸多知识和工具,包括基础知识、如何看K线、如何使用各种技术指标、如何选股、如何把握具体的买卖点、如何看盘等。针对新股民容易出现的实战误区,提出了有针对性的应对方法。

阅读本书,新股民可以快速、轻松地掌握基本的炒股实战技能。有一定经验的老股民,也可以进一步提高炒股技巧。

图书在版编目(CIP)数据

新手炒股快速入门/齐晓明编著. —北京:中国劳动社会保障出版社,2011
富家益股票入门系列
ISBN 978-7-5045-9041-1

Ⅰ.①新… Ⅱ.①齐… Ⅲ.①股票投资-基本知识 Ⅳ.①F830.91

中国版本图书馆 CIP 数据核字(2011)第 099423 号

中国劳动社会保障出版社出版发行
(北京市惠新东街1号 邮政编码:100029)
出 版 人:张梦欣
*
北京北苑印刷有限责任公司印刷装订 新华书店经销
787毫米×1092毫米 16开本 19.75印张 314千字
2011年7月第1版 2015年6月第13次印刷
定价:39.80元
读者服务部电话:010-64929211/64921644/84643933
发行部电话:010-64961894
出版社网址:http://www.class.com.cn
版权专有 侵权必究
举报电话:010-64954652
如有印装差错,请与本社联系调换:010-80497374

前　　言

随着理财意识逐步深入人心，越来越多的新人开始进入股市。但是相当多的新股民都面临一个问题，那就是由于缺乏炒股必备的知识和技能，导致在市场中的抗风险能力非常差。行情大好的时候，也能跟着挣点；行情稍有起伏，往往会茫然失措，不知如何应对；熊市一到，则往往陷入套牢亏损的窘境。

炒股，是一种职业，需要具备相关的知识和技能才行。大家都知道，在从事一种职业之前，首先需要掌握一些基本的知识和职业技能。想当厨师，你得先学会炒菜；想当律师，你得先学习法律。即使是当个泥瓦匠，也要先学会怎么砌砖才行。炒股更是如此，没有相关的知识和技能，犹如一个不会开车的人，突然在车水马龙的交通要道上开起了车，又好比一个不会打枪的士兵，突然被送上了正在激烈交火的战场，面临的风险不言而喻。

但是，为什么这么多新股民都意识不到炒股需要掌握一定的知识和技能呢？

这种情况，是由于炒股的低门槛造成的。从表面上来看，炒股的进入门槛非常低，甚至没有门槛可言。只要开了户，存钱进去后就可以开炒，买进卖出，也就是打打电话、动动鼠标的事情。买进去后，涨了就挣钱，跌了就赔钱，真是非常简单的事。可是，炒股真的这么简单吗？

大家可以往深里想一想。股市，就是一个很多人在一起博弈的场所，赢家赢的钱，都是从输家那里得来的。这是一个财富再分配的场所，这是一个看不见硝烟的战场。这种人与人之间的激烈竞争，被隐藏在一个个买卖指令、一个个无形的电子信号的背后，使人很难察觉到这一点，认为炒股不过就是一件极其简单的事情，而忽视了背后的激烈竞争。

试想，一个竞争极其激烈的场所，怎么可能让毫无知识和技能的人获胜？

另外，很多人认为他是在炒股，是在投机（投资），可实际上他是在赌博。相信绝大多数人都知道"小赌怡情，大赌伤身"的道理，都知道赌博是不对的，即使有时小赌一下，也只会小试牛刀，而不会把全部或者大部分的积蓄都给押上去。如果一个投资者，在对股市几乎一无所知的情况下，就将大量金钱都押在了股市上，这和平常的赌博有什么区别？只不过是一个在"赌大小"，而一个在"赌涨跌"而已，本质上并无区别。

基于以上原因，我们特推出本书，旨在帮助新股民能够快速、轻松地掌握炒股必备的知识和技能，能够建立起正确的投资理念和投资习惯，以及树立良好的投资心态，最后做到明明白白地挣钱，而不是不明不白地亏钱。

本书编写过程中，孙立宏、张孝艳、刘井学、李静、孙宗豹负责资料的收集和整理，钟华、邱小爽、邓长发、廖应涵、杨永余负责图表的制作，李金山、王光伟、王波、关俊强、刘伟、张永彬参与了本书所有章节的编写，全书由齐晓明统撰定稿。

富家益

2011年6月

目　　录

第1章　了解股票和股票交易 （1）

1.1　股票是个什么玩意儿 （3）
　　1.1.1　什么是股票 （3）
　　1.1.2　股票的特点 （3）

1.2　什么影响了股价的涨跌 （7）
　　1.2.1　称重机、投票机、发动机 （7）
　　1.2.2　怎样通过炒股票赚钱 （8）

1.3　股票开户的流程与费用 （10）
　　1.3.1　证券交易所和证券公司 （10）
　　1.3.2　去证券公司开户 （10）
　　1.3.3　股票交易费用 （11）

1.4　为什么要盯着大盘指数 （12）
　　1.4.1　大盘指数由来 （12）
　　1.4.2　盯指数，判断行情强弱 （14）
　　1.4.3　盯指数，衡量自己的水平 （16）

1.5　不可不知的炒股术语 （18）
　　1.5.1　股市基本用语 （18）
　　1.5.2　股市行情用语 （23）
　　1.5.3　股市交易用语 （25）
　　1.5.4　股市参与者用语 （27）
　　1.5.5　股市分析用语 （28）
　　1.5.6　股市盘口用语 （30）

第2章　洞察盘面的N个看点 （33）

2.1　大盘盘面实战看点 （35）

2.1.1　从白线、黄线看"2股""8股"强弱对比 ……………………（36）
2.1.2　从涨跌家数看市场人气 ……………………………………（37）
2.2　个股盘面实战看点 …………………………………………………（38）
2.2.1　从股价与均价线的关系看当日走势强弱 …………………（38）
2.2.2　从换手率看股票活跃程度 …………………………………（39）
2.3　个股盘口实战看点 …………………………………………………（43）
2.3.1　从买卖挂单看主力意图 ……………………………………（43）
2.3.2　从特殊盘口看股价方向 ……………………………………（44）
2.4　不同时段实战看点 …………………………………………………（46）
2.4.1　盘前实战看点 ………………………………………………（46）
2.4.2　开盘价实战看点 ……………………………………………（48）
2.4.3　早盘实战看点 ………………………………………………（49）
2.4.4　盘中实战看点 ………………………………………………（53）
2.4.4.1　盘中均价线支撑的买点 ………………………………（53）
2.4.4.2　盘中跌破均价线的看点 ………………………………（53）
2.4.5　尾盘实战看点 ………………………………………………（54）
2.4.5.1　拉尾盘 …………………………………………………（55）
2.4.5.2　砸尾盘 …………………………………………………（55）
2.5　成交量看盘实战技巧 ………………………………………………（58）
2.6　排行榜看盘实战技巧 ………………………………………………（60）
2.6.1　用涨幅榜找强势股票 ………………………………………（60）
2.6.2　用综合排名找热点股票 ……………………………………（61）

第3章　看懂K线形态，找到买卖点 …………………………………（63）

3.1　单根K线实战技法 …………………………………………………（65）
3.1.1　单根K线图基本构成 ………………………………………（65）
3.1.2　单根K线的变形及其信号指示作用 ………………………（67）
3.2　早晨之星与黄昏之星 ………………………………………………（72）
3.2.1　早晨之星的买点 ……………………………………………（72）
3.2.2　黄昏之星的卖点 ……………………………………………（73）
3.3　曙光初现与乌云盖顶 ………………………………………………（75）
3.3.1　曙光初现的买点 ……………………………………………（75）

3.3.2 乌云盖顶的卖点 …………………………………………………（75）
3.4 旭日东升与倾盆大雨 …………………………………………（78）
3.4.1 旭日东升的买点 …………………………………………（78）
3.4.2 倾盆大雨的卖点 …………………………………………（79）
3.5 阳包阴与阴包阳 ………………………………………………（81）
3.5.1 阳包阴的买点 ……………………………………………（81）
3.5.2 阴包阳的卖点 ……………………………………………（81）
3.6 阴孕阳与阳孕阴 ………………………………………………（84）
3.6.1 阴孕阳的买点 ……………………………………………（84）
3.6.2 阳孕阴的卖点 ……………………………………………（85）
3.7 红三兵与黑三卒 ………………………………………………（87）
3.7.1 红三兵的买点 ……………………………………………（87）
3.7.2 黑三卒的卖点 ……………………………………………（88）
3.8 上涨强调与下跌强调 …………………………………………（90）
3.8.1 上涨强调的买点 …………………………………………（90）
3.8.2 下跌强调的卖点 …………………………………………（91）
3.9 好友反攻与淡友反攻 …………………………………………（93）
3.9.1 好友反攻的买点 …………………………………………（93）
3.9.2 淡友反攻的卖点 …………………………………………（94）
3.10 趋势线 …………………………………………………………（96）
3.10.1 趋势线的买卖点 ………………………………………（96）
3.10.2 支撑位的买点，阻力位的卖点 ………………………（97）
3.11 典型整理形态的K线组合 ……………………………………（99）
3.11.1 三角形整理形态及最佳买点 …………………………（99）
3.11.2 旗形整理形态及最佳买点 ……………………………（102）
3.11.3 矩形整理形态及最佳买点 ……………………………（103）
3.11.4 楔形整理形态及最佳买点 ……………………………（105）
3.12 底部K线组合形态及买点 ……………………………………（107）
3.12.1 双重底形态及最佳买点 ………………………………（107）
3.12.2 三重底形态及最佳买点 ………………………………（109）
3.12.3 头肩底形态及最佳买点 ………………………………（110）
3.12.4 V形底形态及最佳买点 ………………………………（111）

3.12.5 圆弧底形态及最佳买点 …………………………………… (114)
3.13 顶部 K 线组合形态及卖点 …………………………………… (117)
3.13.1 双重顶形态及最佳卖点 …………………………………… (117)
3.13.2 三重顶形态及最佳卖点 …………………………………… (119)
3.13.3 头肩顶形态及最佳卖点 …………………………………… (119)
3.13.4 尖顶形态及最佳卖点 ……………………………………… (121)
3.13.5 圆弧顶形态及最佳卖点 …………………………………… (122)
3.14 看 K 线图的 4 个小技巧 ……………………………………… (124)
3.14.1 价量分析选时机 …………………………………………… (124)
3.14.2 观察 K 线形态位置 ………………………………………… (125)
3.14.3 与分时图结合分析 ………………………………………… (125)
3.14.4 叠加大盘走势 ……………………………………………… (126)

第 4 章 利用技术指标，找到买卖点 …………………………………… (129)

4.1 江恩角度线的买卖点 …………………………………………… (131)
4.1.1 江恩角度线巧测市 ………………………………………… (131)
4.1.2 压力支撑位轻松找 ………………………………………… (132)
4.2 黄金分割线的买卖点 …………………………………………… (135)
4.3 量价关系分析实战技法 ………………………………………… (136)
4.3.1 价量配合与价量背离 ……………………………………… (136)
4.3.2 看价量关系找买入信号 …………………………………… (141)
4.3.3 看价量关系找卖出信号 …………………………………… (144)
4.4 移动平均线（MA）的买卖点 ………………………………… (148)
4.4.1 显示股价趋势 ……………………………………………… (148)
4.4.2 多头排列与空头排列 ……………………………………… (148)
4.4.3 突破与跌破 ………………………………………………… (149)
4.4.4 金叉与死叉 ………………………………………………… (149)
4.5 MACD 指标的买卖点 ………………………………………… (152)
4.5.1 金叉和死叉 ………………………………………………… (153)
4.5.2 DIFF 线背离 ………………………………………………… (154)
4.6 KDJ 指标的买卖点 …………………………………………… (157)
4.6.1 指标线 KD 的金叉死叉 …………………………………… (157)

4.6.2　指标线J的超买超卖 …………………………………………… (159)
4.7　RSI指标的买卖点 ……………………………………………………… (161)
4.7.1　RSI指标的超买超卖 ………………………………………… (161)
4.7.2　RSI指标背离 ………………………………………………… (162)
4.8　BOLL指标的买卖点 …………………………………………………… (164)
4.8.1　下轨的支撑和上轨的压力 …………………………………… (164)
4.8.2　BOLL敞口与收口 …………………………………………… (165)
4.9　用技术分析把握买卖点的注意事项 …………………………………… (167)
4.9.1　多种技术指标综合分析 ……………………………………… (167)
4.9.2　无论指标发出什么信号，一定要得到走势的验证 ………… (168)
4.9.3　整体趋势对指标信号的影响 ………………………………… (169)

第5章　选择牛股的8个攻略 …………………………………………… (171)

5.1　选择基本面优良的股票 ………………………………………………… (173)
5.1.1　每股收益持续增长 …………………………………………… (173)
5.1.2　高净资产收益率 ……………………………………………… (175)
5.1.3　主营利润增长率 ……………………………………………… (176)
5.2　选择龙头股 ……………………………………………………………… (178)
5.2.1　选板块 ………………………………………………………… (178)
5.2.2　选个股 ………………………………………………………… (180)
5.3　选择热点题材股 ………………………………………………………… (181)
5.3.1　重组 …………………………………………………………… (181)
5.3.2　低碳环保 ……………………………………………………… (182)
5.4　选择热点区域股 ………………………………………………………… (185)
5.4.1　海峡西岸经济区 ……………………………………………… (185)
5.4.2　海南国际旅游岛 ……………………………………………… (186)
5.5　选择主力重仓股 ………………………………………………………… (187)
5.5.1　判断主力重仓股的方法 ……………………………………… (187)
5.5.2　买卖主力重仓股的技巧 ……………………………………… (187)
5.6　选择抗通货膨胀股 ……………………………………………………… (189)
5.6.1　通货膨胀的分类 ……………………………………………… (189)
5.6.2　抗通胀概念 …………………………………………………… (189)

5.7 选择消费垄断优势股 ……………………………………………… (191)

5.8 选择环保节能概念股 ……………………………………………… (192)

第6章 新股民的4个买入原则 ……………………………………… (193)

6.1 做好计划 …………………………………………………………… (195)

6.1.1 确定买入理由 ……………………………………………… (196)

6.1.2 制订交易计划 ……………………………………………… (196)

6.1.3 交易实施 …………………………………………………… (196)

6.2 心中有数，遇变不惊 ……………………………………………… (197)

6.2.1 设立交易系统 ……………………………………………… (197)

6.2.2 交易系统应用实例 ………………………………………… (197)

6.3 建立止损位 ………………………………………………………… (200)

6.3.1 灵活止损原则 ……………………………………………… (200)

6.3.2 刻板止损原则 ……………………………………………… (202)

6.4 分批建仓、试探性买入 …………………………………………… (204)

6.4.1 一次性交易的弊端 ………………………………………… (204)

6.4.2 分批买卖的具体操作 ……………………………………… (204)

第7章 新股民的8个炒股技巧 ……………………………………… (207)

7.1 申购新股技巧 ……………………………………………………… (209)

7.1.1 申购新股流程 ……………………………………………… (209)

7.1.2 新股申购实操技巧 ………………………………………… (211)

7.2 加仓技巧 …………………………………………………………… (213)

7.2.1 越涨越买还是越跌越买 …………………………………… (213)

7.2.2 两大买点：突破与回抽 …………………………………… (213)

7.3 抓主升浪技巧 ……………………………………………………… (216)

7.3.1 抓主升浪的操作要点 ……………………………………… (216)

7.3.2 跟主力抓主升浪 …………………………………………… (217)

7.3.3 跟热点抓主升浪 …………………………………………… (218)

7.4 追击涨停板 ………………………………………………………… (219)

7.4.1 快速出击抢龙头 …………………………………………… (219)

7.4.2 涨停洗盘不用慌 …………………………………………… (220)

7.4.3 大盘股涨停果断追高 ·· (221)
7.4.4 涨停后见流星线马上卖出 ·· (222)

7.5 布局ST股 ··· (224)
7.5.1 ST股票的炒作优势 ··· (224)
7.5.2 ST股票的摘帽条件 ··· (225)
7.5.3 ST股票的技术分析技巧 ·· (226)

7.6 捕捉黑马股 ··· (228)
7.6.1 捕捉黑马股的特殊形态 ·· (228)
7.6.2 捕捉黑马股的起涨点 ·· (228)

7.7 "T+0"操作技巧 ··· (230)
7.7.1 "T+0"交易要点 ·· (230)
7.7.2 跌停板上"T+0"操作 ·· (231)
7.7.3 交易在日内完成 ·· (232)

7.8 解套技巧 ·· (233)
7.8.1 割肉解套 ·· (233)
7.8.2 捂股解套 ·· (234)
7.8.3 摊平解套 ·· (234)
7.8.4 滚动操作解套 ··· (234)

第8章 新股民应避免的9个错误 ·· (237)

8.1 迷信内幕消息 ·· (239)
8.2 喜欢买"低价股" ·· (241)
8.3 过于频繁的交易 ·· (243)
8.4 为摊低成本而补仓 ··· (245)
8.5 "急功近利"的思想 ·· (247)
8.6 选择滞涨股等待补涨 ·· (248)
8.7 不敢追击龙头股 ·· (248)
8.8 只看当前业绩,不看以后发展 ··· (249)
8.9 选择自己不熟悉的股票 ··· (249)

第 9 章　新股民的 6 个信息渠道 (251)

9.1　获取最权威的政策信息 (253)
- 9.1.1　综合类新闻网站 (253)
- 9.1.2　重要部门网站 (254)

9.2　提前获取上市公司公告信息 (255)

9.3　获取及时的财经信息 (256)

9.4　获取基本面信息与技术面信息 (257)
- 9.4.1　通过 F10 快速获取基本面的信息概要 (257)
- 9.4.2　通过看盘获取各种技术面信息 (258)

9.5　博采众家之长——知名财经博客 (259)

9.6　充分交流的平台——股票论坛 (260)

第 10 章　创业板炒股应知应会 (263)

10.1　创业板炒股入门 (265)
- 10.1.1　什么是创业板 (265)
- 10.1.2　创业板的特点 (265)
- 10.1.3　创业板炒股开户 (266)

10.2　创业板股票特殊的分析方法 (268)
- 10.2.1　创业板炒股的心理准备 (268)
- 10.2.2　创业板的特殊炒股技法 (268)

第 11 章　3 大炒股软件使用技巧 (271)

11.1　大智慧软件实战技巧 (273)
- 11.1.1　不同市场的多种证券分析 (273)
- 11.1.2　穿越时空的时空隧道和模拟 K 线 (277)

11.2　同花顺软件实战技巧 (281)
- 11.2.1　破解时空秘密的江恩箱 (281)
- 11.2.2　监视机构动向的均笔成交 (282)

11.3　钱龙软件实战技巧 (286)
- 11.3.1　测试资金动向的长线指标 (286)
- 11.3.2　标示阻力支撑的弧度黄金线 (289)

第12章　送给新股民的4个炒股忠告 ……………………………………（293）
12.1　大势不好不做 ………………………………………………（295）
12.2　强化纪律观念 ………………………………………………（297）
12.3　股票数量要少 ………………………………………………（299）
12.4　有耐心，不急躁 ……………………………………………（300）

第1章

了解股票和股票交易

如果你爱一个人,请让他进入股市,因为,那里是天堂;
如果你恨一个人,请让他进入股市,因为,那里是地狱。

1.1 股票是个什么玩意儿

股票是个什么玩意儿？要想做股民，这是最基本的问题。但遗憾的是，在新股民的队伍中，没有几人能解释清楚这个问题。

1.1.1 什么是股票

通俗来讲，股票就是一家公司建立时发给股东的一种出资证明。手中持有股票就可以证明投资者的股东身份，并且能获得各种权利、利益。

例如，村里的武大想开一家食品加工公司。开这样一家公司需要100万，但是他自己只能拿出30万。于是他找到亲戚、朋友还有邻居们凑钱。村里的几个邻居看他为人忠厚，又很有商业头脑，于是决定"入股"。大家约定好，以后的收益按照出资比例来分配。这样，"武老大食品有限公司"就成立了。这就是"有限责任公司"的由来。

后来公司规模越来越大，需要的资金也越来也多，这时候公司的资金开始不够用了。这时武大又想出了一个主意，向本村、还有临近几个村的所有村民进行集资，还是按照出资比例分享收益。同时，每个人的出资，都以股票的形式进行记录，大家都是公司的股东。另外，为了不影响公司的正常经营，武大还和所有股东约定好，股东们不能拿着股票找公司退股，但是可以随便地转让。"武老大股份公司"正式成立。股票，以及股份公司就这样出现了。

后来，有股东需要用钱，想把股票转让出去。而另外又有人想买一些股票。因此他们之间就发生了股票的转让。后来这种股票交易越来越多，村里就成立了专门的股票交易所，这就是沪深证券交易所的由来。

1.1.2 股票的特点

在买入股票前，我们首先应该了解股票都有什么样的特点，例如买入后可以获得的权利、需要承担的义务、股票交易的基本原理等。我们仍以武老大公司的例子继续说明这些问题。

（1）决策权：谁持股多谁就说了算

在拥有武老大公司的股票后，包括武大、武二、王婆婆及其他乡亲就都是这家公司的股东了。所谓"股东"，顾名思义就是"持有股票的东家"。而"东家"这个词，翻译成现代汉语是"老板""所有者"的意思。既然大家都是东家，也就都有参与公司决策的权利。这就是持有股票后可以获得的第一个权利——决策权。

需要注意的是，因为股东数量太多，并不是每个决策都要经过所有股东投票决定。例如武老大公司要决定今天生产馒头多一些还是烧饼多一些这种小事，不可能将所有股东聚在一起再来投票。于是，就需要有一个董事会来决定公司的日常事务。

董事会的成员叫做董事。董事人数并不太多，董事的头叫做董事长。当然，在选举董事会时每位股东的投票权也是由持股数量决定的。像武大这种大股东，肯定能在董事会中谋得几个席位。武二如果想做董事也有一定把握。但王婆婆就基本没这个希望了。

王婆婆这种小股东要想参与公司决策，只能等到公司召开股东大会时。股东大会一般每年召开一次，有时公司也会召集临时股东大会。在股东大会上，所有股东都可以参与公司重大决策，并且选举产生新一届的公司董事会。由董事会代表股东进行决策，并且聘请管理层进行日常管理。

经过这样的分析我们可以看出，当投资者持有股票后，就有权出席股东大会，选举公司董事会，参与公司重大决策。至于公司日常的决策，是由董事会决定的。而董事会又会雇佣管理团队，负责公司的日常经营。

（2）收益权：按股份分钱

前边说过，公司每年的收益是由所有股东按照持股数量分配的。这就是投资者持有股票后获得的第二个权利——收益权。

例如武老大公司成立第一年的净利润总共是80万。因为公司想要扩大生产规模，于是董事会决定要将20万利润留在公司，剩下的60万就可以给所有股东分红。按照前边的数据，公司总共发行了100万股票，这样算下来每股收益是0.8元，而每股可以获得的分红有0.6元。假设武大有30万股，可以分到18万。

（3）不可偿还性：股东不可退股

购买股票后可以获得决策权和收益权，与权利对应，也应该承担一定的义务。除了遵守国家法规、遵守公司规章等基本义务外，股票持有者有一个最重要的义务就是——不可退股。这就是股票的"不可偿还性"。

也就是说，王婆婆持有的股票不能卖回给武老大公司，获得自己应有的资产。同样，武大和武二这样的大股东也不能把股份卖还给公司。

股票和债券有很大的不同。如果王婆婆花300元购买了武老大公司的债券,那就相当于她把钱借给了这家公司。钱还是自己的,只是暂借出去。到期后武老大公司会连本带利归还。

(4) 可流通性:把股票卖给别人

看到股票的不可偿还性,有投资者可能就要问了:既然股票不可偿还,那我们常说的股票交易是怎么回事呢?这就要说到股票的另一个特性——可流通性。

王婆婆虽然不能将股票卖回给武老大公司,但是她可以将股票卖给其他人。例如另一位邻居何九叔,最早并没有入股投资武老大公司。但是看到王婆婆投入300元第一年就能拿到180元分红,于是他也心动了。碰巧王婆婆急着用钱,于是她就可以把自己的股票卖给何九叔。当何九叔买入股票一段时间后不想持有了,还可以卖给其他邻居。

另外,武老大公司那么多股东,不只是王婆婆一个需要将股票卖出,邻居中也不止何九叔一个想要买入股票的。买卖股票的人数和买卖股票的数量都会很多。

除了武大的食品公司外,临近村庄还有很多想做一番事业但苦于没有资金的人计划开办公司。他们看到武老大公司的成功案例后,也都纷纷效仿这一做法。于是,阮氏河鲜、二娘包子铺、石三郎肉铺等公司的股票纷纷发行。这些公司的股票也都开始在市面上交易。整个市场上的股票交易越来越活跃。

所谓"林子大了什么鸟都有",随着股票交易规模越来越大,这个市场上的坑蒙拐骗偷等事件也越来越多。为了维护大家的利益,县老爷史大人决定将大家所有的股票交易都集中在一起。于是,真正意义上的股票市场就诞生了。

由此可以看出,股票"可流通"的特性是股票市场存在的基础。

(5) 价格波动性:股价过山车

股票的流通性是股票的最大特征,但是让数以千万的投资者杀入股市的原因,却是股票的价格波动性。

在华尔街有这样一句话:"对股市最准确的预测是,它将永远的波动下去。"股价的大幅波动,不仅为投资者带来了暴富的机会,同时也埋下了亏损的陷阱。

如图1—1所示,2006年12月,中国船舶(600150)的股价从30元起步,到2007年10月,用了仅一年的时间就涨到了300元。然后该股开始见顶下跌,到2008年10月,股价又重新回到了30元。

正是这种大幅度的价格波动,造就了股市的独特魅力,从而吸引着一批又一批的投资者,不断探索其中的奥秘。

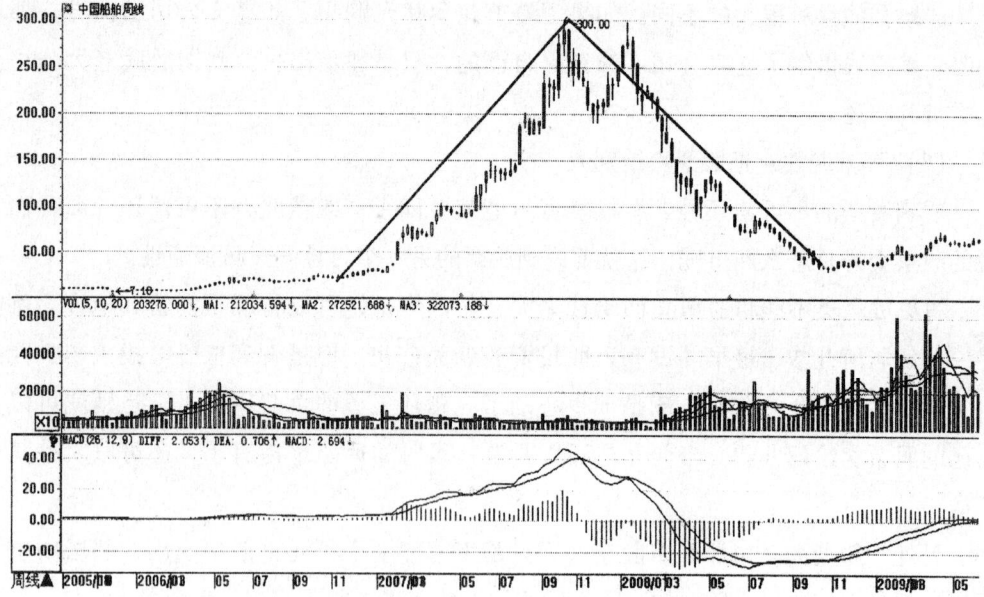

图 1—1 中国船舶周 K 线

1.2 什么影响了股价的涨跌

前边的图1—1中,中国船舶的股价从30元涨到300元,又跌回到30元。那么是什么原因造成了股价涨跌?又是什么力量推动了这种涨跌呢?

1.2.1 称重机、投票机、发动机

大家都知道,美国有位"股神"名叫巴菲特。巴菲特有句名言,"从短期来看,股市是一个投票机;而从长期来看,股市是一个称重机"。从巴菲特这句话可以看出,从短期和长期来看,推动股价涨跌的发动机是不同的。

(1)称重机:称称利润有多少

长期来看,股市是为上市公司称重的地方。这里所称的重量就是公司的盈利能力,而表盘上的读数就是股价。也就是说,股票价格在一定程度上可以反映公司的盈利能力。

通过武老大公司发行股票的故事我们可以看出,如果投资者买入一只股票后一直没有卖出,那么持有期间的收益就只是上市公司的分红。而这个分红与公司的盈利能力息息相关。

长期来看,推动股价涨跌的因素是一家公司的盈利能力。当公司的业绩能够保持持续增长时,虽然股价在这期间可能会有大的起伏,但是其整体趋势也将是向上的。投资者需要注意,这里所说的"持续增长",应该是长时期内的增长,是指至少几年或者十几年的时间都能保持增长。

(2)投票机:"买入"票和"卖出"票

短期来看,股票是投票的地方。所谓投票,就是当我们投票赞成时,得票数会上涨;当我们投票反对时,得票数就会下跌。放到股市中就是当很多人买入时,股价就上涨;当很多人卖出时,股价就会下跌。所以说,短期看股价是由市场上买入和卖出的资金量来决定的。

在前边的故事中,假设武老大公司股价涨到每股40元,此时市场上出现了赚钱效应。所有人都知道、而且只知道买股票能赚钱。大量的买入者出现,而持有的人更加不愿卖出。于是,投"买入"票的人大大超过投"卖出"票的人,股票价格就上涨了。

1.2.2　怎样通过炒股票赚钱

在股市中，有许许多多的参与者，这些参与者由于所处的不同位置，以及采取的不同策略，因此他们赚钱的方法也就有所不同。

（1）控股股东

对于股份公司的控股股东而言，为了保持对公司的控股权，他们在一般情况下是不会轻易卖出公司股票的。控股股东追求的是公司的经营控制权，以及长期发展所带来的利润增长。

注意，这只是一般情况。股市中的特殊情况有很多。

当股价大幅上涨时，特殊情况就会出现。此时如果控股股东认为股价已经远远超过了公司的真实价值，又或者控股股东出现较大的资金压力，那么控股股东很可能会选择少量的卖出股票，即大股东减持。而当股价下跌时，控股股东可能会选择买入股票，即大股东增持。

大股东的增持和减持动作，对二级市场股价会产生较大的影响，但是一般不会影响到公司的长期经营和发展。而另外一种大股东的动作，则会对上市公司的正常经营产生极大地负面影响。

有少数的控股股东，采用非法的手段，转移或占用上市公司的资产，造成上市公司的实际资产与账面资产严重不符，如挪用上市公司资金，让上市公司为母公司巨额担保，利用关联交易榨取上市公司资金等，均属于"掏空上市公司"的行为。这种行为，直接对上市公司的发展乃至生存构成巨大威胁，当投资者购买股票时一定要小心这种被掏空的公司。

（2）原始股东

这里的上市公司原始股东，是指上市之前就已经入股的中小股东，包括风险投资、公司高管等，其最大的特点，就是持股成本低。其持有的股份，上市后一旦限售期满，即可上市流通。

由于二级市场上的股价远远高于这些原始股东的持股成本，因此他们获利非常丰厚，减持意愿也非常强烈。这两年中小板和创业板，就出现了许多这种暴富的例子。

（3）二级市场投资者

在股票市场进行交易的投资者，是整个市场中最大的参与群体，包括各种基金、投资机构，以及数量众多的个人投资者。这个群体，如果按照分析方法来划分的话，可以分为价值投资者和投机者。

对于价值投资者而言，他们看重的是公司当前的实际价值，未来的发展潜力，以及每年的分红能力。他们认为，买股票就是买公司，投资者应当更多地关注公司的自身价值和未来发展。随着公司经营业绩的提升，投资者持有的股份自然也会一起增值。

一个合格的价值投资者，应该具备以下三个基本能力。

价格虚高时卖出	例如何九叔在40元价格上果断卖出股票。虽然股价后来涨到了140元，但何九叔未必就会后悔。在不知道公司未来盈利能力的前提下，如果去追求剩下的那部分收益对何九叔来说风险要大于机会。
价格被低估时买入	在故事结尾，武老大公司每年受益达到8元，股价只有20元。这样的投资已经非常划算了。但还是很少有投资者愿意买入。这是因为市场已经被恐慌的氛围笼罩。而价值投资者要做的就是在别人恐慌的时候进场买入股票。
判断公司的成长性	在衡量一家公司的实际价值时，我们应该看重的是公司未来的盈利能力，应该像潘美女一样关注公司的收益能否由0.8元变成8元，而不只是拘泥于公司今年盈利的0.8元。

对于投机者而言，公司的真实价值并不是最重要的，重要的是股票价格的上涨潜力。他们通过低买高卖来赚取差价，关注的是价格是否还能继续上涨，后面是否有人愿意出更高的价格买入。

股票市场上多数投资者，都可以划入投机者的范畴。作为一个投机者，同样也应该具备很强的分析能力。这种分析能力包括技术分析、资金管理和看盘能力等。只有具备的这样的能力，我们才能成为股市中轻松获利的投机者，而不是在最高价上接盘的"最大的傻瓜"。

1.3 股票开户的流程与费用

1.3.1 证券交易所和证券公司

证券交易所是整个股票交易的核心,我们所有的买卖委托都要在那里集中进行撮合成交。我国内地只有两家证券交易所,分别位于上海和深圳。而证券公司相当于交易的一个中介,只是帮助投资者向证券交易所的中心系统发出指令的地方。

我们需要在证券公司发出买卖指令,最终这些指令会通过专用的网络传到证券交易所的中心系统里,由那里撮合成交。成交后,信息再通过证券公司反馈给投资者。

1.3.2 去证券公司开户

股票并不是随便就能炒的。在炒股之前,我们必须要到证券公司开立一个股票账户。在证券公司开户的流程非常简单。只要去证券公司,找到客户经理,他就可以指导我们完成操作。当然,我们也可以打电话给证券公司让他们上门服务。在开立股票账户时,有四点是需要注意的。

(1) 选择信誉可靠的证券公司

信誉可靠的证券公司是保证资产的安全进而能够盈利的重要前提。一旦证券公司出现问题甚至被托管,虽然自己的交易资金不至于受到损失,但是毕竟会极大地影响到正常交易。因此,选择证券公司是非常重要的第一步。

(2) 选择硬件系统先进、服务水平高的证券公司

证券公司的系统好坏是一个很重要的问题。当看到好股票想买入时,万一网上委托突然出故障、或者电话委托占线,那将是十分痛苦的事情。

对于希望在营业部看盘交易的投资者,这一点更加重要。投资者应该关注营业部内的交易设备是否齐全,能否容纳较多投资者同时使用。这些设备主要包括:大盘显示系统、分时走势系统、成交回报系统、自助委托系统等。

(3) 选择佣金等交易费用合理的证券公司

现行佣金收取标准执行的是低于0.3%,起点5元的浮动费率制度。具体的收费标准,不同的证券公司会有所不同。

即使是同一家证券公司，不同交易方式下收取的佣金也会不同。如果通过网上交易，营业部收取的佣金标准一般在0.1%左右，而其他方式交易的佣金大概在0.15%到0.2%之间。投资者还可以根据自己的资金量和交易频繁程度，与证券公司的客户经理讨价还价，最大限度减少交易成本。不过俗话说"便宜没好货"，投资者还是应该综合考虑各种因素做出选择，不能一味追求低佣金。

（4）选择交通便利的营业部

投资者应该找一家交通方便的证券公司营业部。即使通过网上交易和电话委托交易的投资者也最好选择当地营业部。虽然有些外地的证券营业部可以提供更多的优惠服务或者是低佣金标准，但是跨地域的证券委托交易，往往会对资金流通和股票划转等造成一定的不便。

1.3.3 股票交易费用

新入市的股民可能产生这样一种困惑：明明自己在3元买入股票100股，但实际花掉的钱大约是305元。当自己在5元上卖出100股时，最终只得到了494元。这是因为我们在股票买卖过程中被扣除了一定的费用。

现在国内买卖股票时需要收的费用主要有印花税、佣金、过户费和其他费用。各种费用的详细如表1—1所示。

表1—1　　　　　　　　　股票交易的费用

费用名称	买入费用	卖出费用
印花税	—	0.1%
佣金	证券公司自订，最高0.3%	证券公司自订，最高0.3%
过户费（仅交易上海股票收取）	股票面值的0.1%	股票面值的0.1%

※ 上表中费率是根据2010年8月的收费标准

在表1—1中投资者应该注意，每笔交易佣金不足5元的，按5元收；过户费不足1元的，按1元收。另外，印花税和佣金的费率按照交易金额计算，而过户费的费率按照股票面值计算（绝大多数股票每股的面值都是1元）。

1.4 为什么要盯着大盘指数

在我们开始投资之前，首先应该了解一个重要的概念：大盘指数。只要是在接近股市的地方，我们就能经常听到类似"大盘指数"这样的词语。例如：上证指数、深证指数、综合指数等。几乎每个专业投资者每天都会盯着这些大盘指数不放。那么什么是大盘指数？为什么大家都盯着大盘指数呢？

1.4.1 大盘指数由来

在股票市场刚出现时，市场上是没有大盘指数这个概念的。每个人都只盯着自己关心的股票价格变化。但是人们逐渐发现，不同股票之间的走势会有一定的"联动性"。简单来说就是：A股票涨了，可能带动同行业的B和C股票上涨；而B和C股票一上涨，又会带动它们相同产业链上的其他几只股票上涨；用不了几天你就会发现，这种联动效应已经传导到了与A完全不相关的股票Z。

在这种情况下，关注股票Z的投资者为了提前判断股价涨跌，就不能仅仅研究与Z相关的X和Y。当然他也不能单独研究股票A，因为市场上每只股票的上涨都可能影响到Z。这时投资者需要关注的是整个市场上所有股票的走势。

在没有电脑的情况下，为了关注所有股票的情况，勤奋的投资者只能逐个翻看所有股票的资料、走势情况。在纽约证券交易所成立后的100年里，他们一直坚持着这种痛苦的工作。

直到1884年，《华尔街日报》的首任编辑查尔斯·道想到了一个好主意，他将市场上所有股票的价格分别乘以一定的系数后再叠加在一起，计算出了股票价格指数。每只股票价格变化都会引起指数相应的变化。这样，股票价格指数就可以科学地反映整个市场行情。

另外，查尔斯·道还发现，不同股票之间的联动效应是不同的。例如同是工业股票，它们之间会表现出很强的同涨同跌效应。而这些股票与食品饮料类股票之间的关系并不是很明显。为此，他对不同行业的股票编制了不同的指数。世界上历史最悠久、影响最大的股价指数——道·琼斯工业指数就这样诞生了。

表1—2所示是道·琼斯最初编制的指数系列所包括的四个指数。我们常说的道·

琼斯指数是指第一个：道·琼斯工业指数。

表1—2　　　　　　　　　　　道·琼斯指数系列

指数名称	包含股票
道·琼斯工业股价平均指数	以30家著名的工业公司股票为编制对象
道·琼斯运输业股价平均指数	以20家著名的交通运输业公司股票为编制对象
道·琼斯公用事业股价平均指数	以15家著名的公用事业公司股票为编制对象
道·琼斯股价综合平均指数	以上述三种股价平均指数所涉及全部的65家公司股票为编制对象

从20世纪90年代初开始，我国内地证券市场上也推出了股票价格指数。至今，内地股市上比较重要的指数有三个，分别是：上证综指、深证成指和沪深300指数。

➲ 上证综指：上证综指是目前内地市场上影响最大的指数，也就是我们通常说的大盘指数、上证指数。上证综指的样本为所有在上海证券交易所挂牌上市的股票，可以代表上海证券市场上所有股票的整体涨跌情况。

➲ 深证成指：深证成指是深圳证券交易所最重要的指数，也可以称为深证指数。深证成指的样本股包括40家最具代表性的上市公司。虽然只选择了部分股票，但深证成指仍然可以代表整个深圳证券市场上的股票价格走势。

➲ 沪深300指数：沪深300指数的样本股涵盖了沪深两个证券市场上最具代表性的300只股票，可以反映内地证券市场的价格走势。

除了上面这三大指数外，内地证券市场上还有其他很多的指数，如：上证50指数是反映上海证券市场上最具代表性的50只股票走势的指数，而创业板指数是反映创业板股票的指数。此外还有工业指数、商业指数和地产指数等，反应的是不同行业股票的行情。

投资者在使用指数时，有以下两点需要注意。

第一，在计算指数时是需要考虑权重的，不同股票对指数的影响不同。

为了理解权重的概念，我们可以回想小学时学过的一道数学题。

一班有40名同学，考试平均分是80分。二班只有10名同学，考试平均分是60分。问题是：两个班所有同学的平均分是多少？

当我们计算两个班所有人的平均分时，不能简单地用 $(80+60) \div 2 = 70$。两个班级人数不同，在计算指数时的比重也就不同。正确的计算方法应该是 $(80 \times 40 + 60 \times 10) \div (40+10) = 76$。

不同班级在计算平均分时的重要性，也就是权重。上边例子中，一班的权重是

40/50＝0.8，二班的权重是10/50＝0.2。在计算指数时，同样需要考虑这个因素。指数中的权重是不同股票的市值。例如2010年6月中国石油的市值是20 000亿，同期熊猫烟花的市值还不到20亿。虽然这两只股票涨跌都能影响到指数，但影响程度是不同的。

中国石油的权重是熊猫烟花的1 000倍。也就是中国石油只要上涨0.01%，就能抵上熊猫烟花上涨10%对指数的贡献度。换一种算法，像熊猫烟花这样市值的公司，即使同一天有100家涨停，如果中国石油下跌1%，那么这101只股票总起来算对指数的贡献还是0。这也就是为什么有时候很多股票上涨而指数不涨、很多股票下跌指数反而上涨的原因。

第二，不能单纯比较两个不同指数的点位高低。

我们可以说50元的中国平安比5元的中国南车贵，但是绝对不能说10 000点的深证成指就要比3 000点的上证指数高。在使用指数时，我们只能比较同一个指数在不同时期的点位，或者比较不同指数在同一段时间的涨跌幅。假设上证指数现在是3 000点，去年同期只有2 000点，这一年上证指数上涨了50%。同期内，深证指数从5 000点涨到10 000点，上涨了100%。那我们就可以说：在过去一年中，上证指数的表现不如深证指数。

这一点与我们对体育项目成绩的计算有几分相似。假设运动员小强的跳远成绩是6米，推铅球的成绩是10米。不能因为10米大于6米，我们就说小强的铅球成绩强于跳远。我们只能比较他在这两个项目上进步的程度。假设小强去年跳远成绩是5米，那今年他提高了20%；去年铅球成绩是8米，那今年他提高了25%。所以，小强今年铅球成绩的提高速度要高于跳远成绩的提高速度。

1.4.2 盯指数，判断行情强弱

当年查尔斯·道设计大盘指数的目的，就是要清楚地反映整个市场上股票的价格变化。例如某一天的指数上涨了，就说明这天是强势行情；指数下跌了，就说明这天是弱势行情。

除了观察指数一天的涨跌外，如果投资者打开一段时间内的大盘走势图，还可以看到这段时间内市场整体的走势。

如图1—2所示，在这段时间内，上证指数逐渐上涨。由此我们可以判断整个市场处于上涨氛围中。市场上的所有股票都会受到这种氛围的影响，多数股票都在上涨。

了解股票和股票交易 第1章

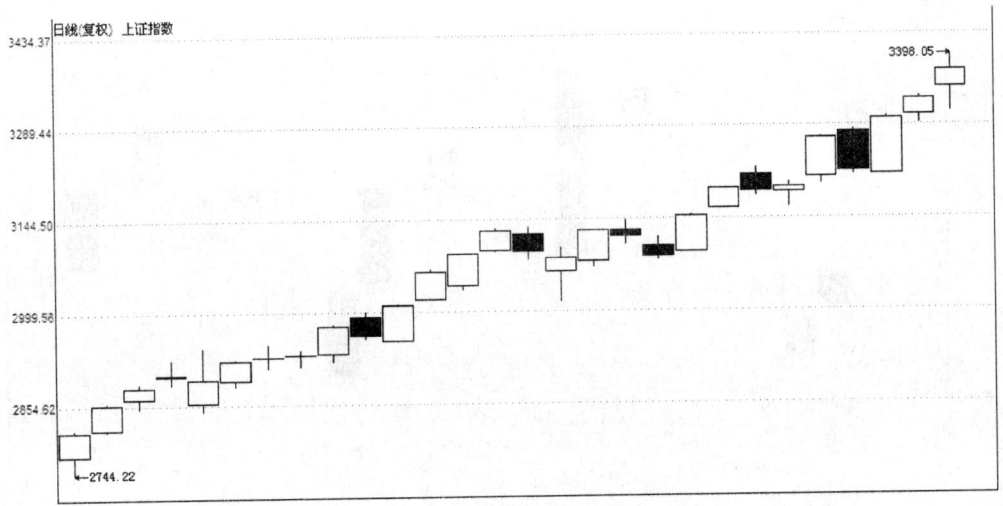

图1—2 上证指数的上涨行情

如图1—3所示，在这段时间内，上证指数逐渐下跌。由此我们可以判断整个市场处于下跌氛围中。市场上的所有股票都会受到这种氛围的影响，多数股票都在下跌。

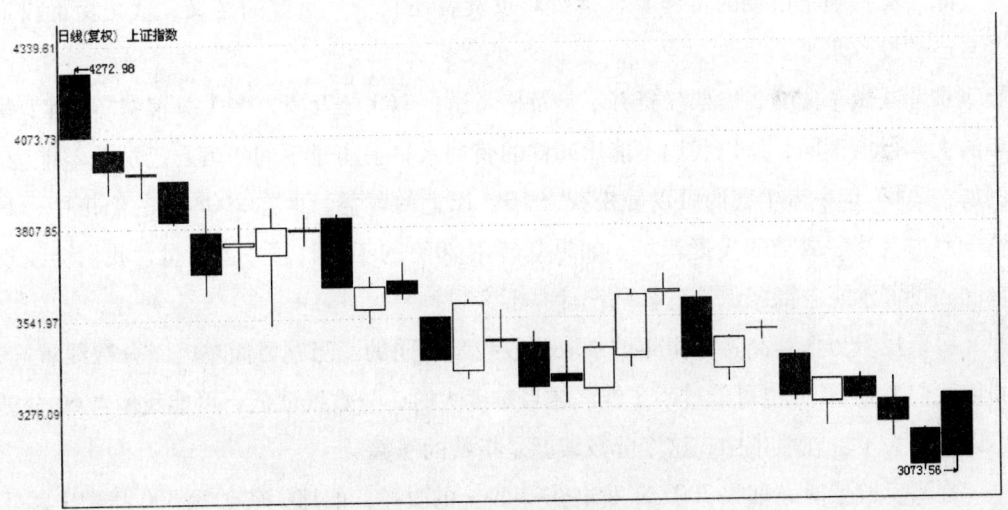

图1—3 上证指数下跌行情

如图1—4所示，在这段时间内，上证指数并没有明显的向上或者向下运动，而是在一个比较小的区间内反复震动。当看到这种走势时，我们可以认为大盘处于横盘整理行情中。此时市场上的股票有涨有跌，整体运动方向并不明显。

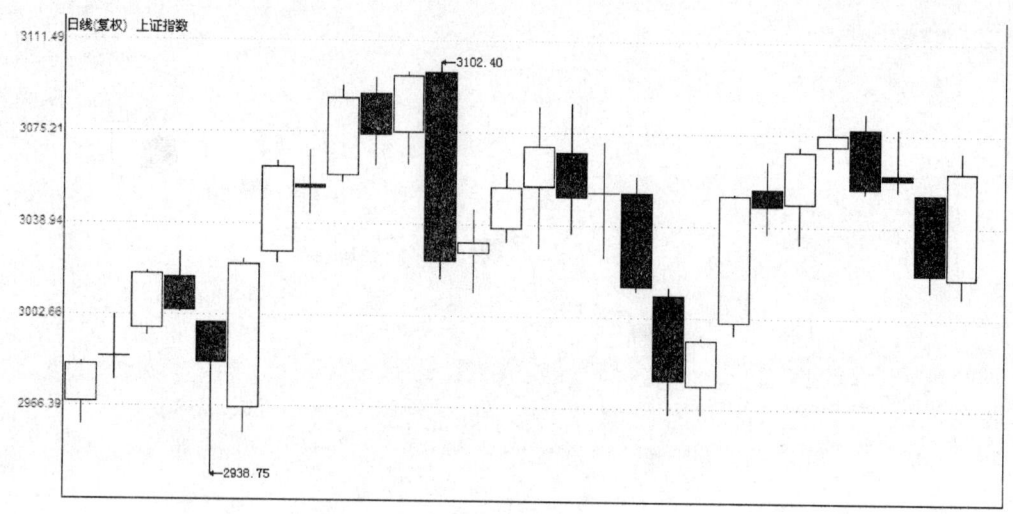

图 1—4　上证指数横盘整理行情

1.4.3　盯指数，衡量自己的水平

除了反映整个市场的走势外，指数对投资者还有一个重要的意义，就是衡量投资者自己的投资水平。

拿考试做个比喻，股票投资并不是及格考试："60 分万岁，多 1 分浪费"。因为每年的大盘行情不同，所以我们不能用同样的获利水平去衡量不同年度自己的收益能力。例如在 2007 年牛市中我们可以轻松获得 50% 以上的收益，而在 2008 年的熊市中，只要不亏损就算是成功的投资者了。如果坚持用 20% 的年均收益率去衡量，我们会发现自己的投资水平忽高忽低。这样的统计并不客观。

股票投资更像是高考，每年的录取分数线是不同的。当题目简单时，分数线就高，即使我们考到 90 分也可能过不了线。题目难度大时，分数线就低，可能我们考 60 分就可以上北大了。在股市中，这个分数线就是指数的涨幅。

在买卖股票时，如果 2007 年我们获得 50% 的收益，但那一年沪深 300 指数上涨了 160%。显然我们的收益低于指数，也就是"跑输指数"，投资成绩是不及格的。如果我们在 2008 年亏损了 50%，但那一年沪深 300 指数下跌了 66%。这样看来，我们已经跑赢了指数，投资成绩还算是可以接受的。

有的投资者可能会有疑问：为什么一定要用指数的涨跌来判断自己的投资成绩呢？其中的原因主要有两个。

第一，指数是市场上所有投资者的平均获利水平。

例如2007年沪深300指数上涨160%，这说明2007年整个市场上投资者的平均获利水平大概是160%。如果我们同期只获得了50%的收益，那也没什么值得骄傲的。相反，我们还应该仔细反思自己跑输指数110%的原因。

第二，投资者通过别的投资方式可以轻松获得等同于指数的收益。

这也是我们选择用指数来衡量自己收益能力最重要的原因。因为市场上存在很多指数型开放基金、ETF基金。这种基金会跟踪一个特定的指数。基金价格走势和这个指数走势相同。如嘉实沪深300基金、上证50ETF等。也就是说，投资者只要购入这种基金，就可以轻松获得和指数持平的收益。

因此，如果投资者的收益长期跑输大盘，那么自己去辛苦地操作股票是完全没有意义的。我们经常可以看到有投资者自豪地称自己可以跑赢大盘10%或者20%。却无论如何也看不到有投资者认为自己跑输了大盘5%还很高兴的。无论自己实际获得了多少收益，跑输给大盘都不是一件值得骄傲的事。

1.5 不可不知的炒股术语

1.5.1 股市基本用语

A股、B股、H股

A股

在我国境内上市，由境内公司发行，由内地投资者交易，以人民币计价的股票。

B股

在我国境内上市，由境内公司发行，以外币进行交易的股票。上海交易所上市的B股以美元计价交易，深圳交易所上市的B股以港币计价交易。2001年2月19日后，B股市场向持有美元或港币的内地投资者开放。

H股

公司注册地在中国内地，但在香港证券交易所上市的股票。很多公司，既在香港上市，也在内地上市，如中国石化，既有H股，又有A股。与H股类似的概念还有N股（纽约上市）、S股（新加坡上市）、L股（伦敦上市）等。

港股、红筹股

港股

所有在香港证券交易所上市的股票均称为港股。

红筹股

在境外注册、在香港上市的带有中国内地概念的股票称为红筹股。红筹股属于香港市场上的一个概念板块。

主板、中小板、创业板、三板

主板

是一个国家最主要的股票发行、上市和交易的场所。我国沪市主板股票代码以"600、601"开头，如"600028 中国石化，601857 中国石油"。深市主板股票代码以"000、001"开头，如"000002 万科A、001696 宗申动力"。

中小板

是相对于主板市场而言的，设在深圳证券交易所，实行的上市规则、交易规则与主板相同。国内中小板的股票代码以"002"开头，如"002024 苏宁电器"。

创业板

地位次于主板市场，也称"二板市场"，以美国纳斯达克为代表，在中国特指深圳创业板。创业板在上市门槛、监管制度、信息披露、投资风险等方面和主板市场有较大区别。其目的主要是扶持中小企业，尤其是高成长性企业。国内创业板股票代码以"300"开头，如"300022 吉峰农机"。

三板

全称为"代办股份转让系统"。目前三板市场又包括老三板市场和新三板市场两个部分。

老三板市场包括：原 STAQ、NET 系统挂牌公司和退市公司。股票代码以"400"（三板 A 股）、"420"（三板 B 股）开头。这些股票名称后的数字代表该股票每周交易几次。1 为每周五交易，3 为每周一三五交易，5 为每周 5 天交易。如"400001 大自然 5""400007 华凯 1""400008 水仙 A3""420008 水仙 B3"。

新三板市场是指自 2006 年起专门为中关村高新技术企业开设的中关村科技园区非上市股份有限公司股份报价转让系统。股票代码以"430"开头。

三板市场的交易规则与主板大不相同。在交易日内，交易委托申报时间为上午 9:30 至 11:30，下午 13:00 至 15:00，采用集合竞价方式进行集中配对成交，涨、跌停板限制为 5%。

总股本、流通股本

总股本

上市公司发行的全部股份。

流通股本

总股本中的一部分，可以在二级市场自由流通的股份。

在我国实施股权分置改革之前，上市公司发行的全部股份中，只有针对社会公众发行的股票是可以在二级市场上流通的，称为"流通股"。其余部分，如国有股、法人股等，均不能在二级市场流通，称为"非流通股"。在股权分置改革中，非流通股东向流通股东支付一定代价（一般称"对价"），获得了流通权，但是有一年到三年不等的限售期，期满之后方可上市流通。因此股改之后，所有股份均为流通股，只是流通股和限售流通股的区别。

蓝筹股、大盘股、权重股

蓝筹股

在股票市场上，投资者把那些在所属行业占据支配地位、业绩优良、红利丰厚的大公司所发行的股票，称为"蓝筹股"。

大盘股

指股本很大的股票。在我国，大盘股主要在石化、钢铁、银行、汽车、地产等行业中。

权重股

权重股指一只股票涨跌能影响到整个指数走向的股票。这些股票属于大盘股中的大盘股。

新股、次新股

新股和次新股，是按照上市时间长短来划分的，并没有严格的定义和区分。一般来说，股票上市的第一个交易日称为新股；上市第二个交易日到上市的一年内，称为次新股。

刚刚上市的股票往往业绩不错，而且没有历史套牢盘，另外具有很强的股本扩张能力，容易高比例送股，因此次新股是每年年报发布阶段市场上重点的炒作品种。

绩优股、成长股、垃圾股

绩优股

指业绩优良的股票，其每股收益排在市场前列，如2008年的贵州茅台和小商品城。

成长股

指公司的规模和业绩持续增长，而且增长水平超过市场平均水平的公司股票，如2004—2008年期间的苏宁电器。

垃圾股

指业绩很差的股票，公司业绩持续微利或者亏损，尤其是部分连续亏损的ST类股票。

黑马股、白马股

黑马股

指股票价值还没有被市场广泛认知，现阶段股价涨幅还不大，但是后市有望出现爆发性上涨的股票。

白马股

指已经被市场广泛认可其价值，股价涨幅已经较大的股票，一般都是公认的绩优股，如2007年的贵州茅台。

ST、摘帽

ST

ST是"特别处理"的意思，按照规定，如果上市公司的财务状况出现异常，其股票简称前面就要戴上"ST"的标记，俗称"戴帽"，如"ST 梅雁"。

特别处理分为终止上市风险的特别处理和其他特别处理。

终止上市风险特别处理，是指在"ST"前面再加一个"*"，俗称"披星戴帽"，如"*ST 波导"。大多数的披星戴帽，都是因为连续两年亏损，或者每股净资产低于 1 元。

其他特别处理，是指只在股票名称前加"ST"。当公司最近一年的每股净资产为负数，或者主营业务无法正常运行、董事会无法正常召开等问题时，将实施其他特别处理。当"*ST"类股票在第三个会计年度实现盈利，但是主营业务无法正常运行，或者扣除非经常性损益后业绩亏损的股票，虽然去掉"*"，但是仍然保留"ST"。

摘帽

公司在戴上"ST"帽子后，如果业绩能扭亏为盈，或者不再具备"特别处理"的其他条件，就可以去掉简称前的"ST""*ST"，俗称"摘帽"。一只股票"摘帽"前后往往会受到投资者的追捧。因此"摘帽"也是市场上常见的一类炒作题材。

限售股、解禁

限售股

限售股是指在一段时间内被限制上市交易的股票。根据股票来源不同，限售股可以分为股改限售股和首发增发限售股。

解禁

意为"解除禁售"，限售股过了限售期限后，转为完全的流通股，可以在二级市场上卖出。限售股解禁后将被允许在二级市场上抛售，这会给市场带来不小的压力。

股改限售股、首发增发限售股

股改限售股

指因为股改原因所形成的限售股。这类股票都是股改之前的非流通股，通过股改获得上市流通的权利，但是要在一段时间内限制交易。根据非流通股比例不同，股改限售股又分为大非和小非。

大非是股改前非流通股占总股本比例超过 5% 的股票。这些股票的限售期限为两年。

小非是股改前非流通股占总股本比例小于 5% 的股票。这些股票的限售期限为一年。

首发增发限售股

在"新老划断"后，上市公司 IPO 或者增发股票时，会有一部分股票被限制流通。这部分股票被称为首发增发限售股。首发增发限售股的种类和限售期如表 1—4 所示。

表1—4　　　　　　　　　　首发增发限售股的种类和限售期

股票种类	限售期
新股发行时向机构投资者配售的股票	自新股上市首日起3个月
新股发行时向战略投资者配售的股票	自新股上市首日起12个月
新股上市时控股股东持有的股票	自新股上市首日起36个月
新股上市时控股股东以外其他股东持有的股票	自新股上市首日起12个月
公开增发时向机构投资者配售的股票	自增发股票上市首日起1个月
定向增发时控股股东及战略投资者认购的股票	自定向增发完成日起36个月
定向增发时控股股东及战略投资者以外的其他投资者认购的股票	自定向增发完成日起12个月

定向增发、公开增发、配股

增发和配股都是上市公司在初次的上市融资之后发生的再融资行为。增发是上市公司再次发行股票的行为。可以分为定向增发和公开增发。

定向增发

仅仅向特定的机构或者基金增发股票，例如向大股东定向增发收购资产等。

公开增发

指向社会公开发行新股，一般来说，对现有的股东按照一定比例发行，其余股票在网上向社会公开发行。

配股

上市公司仅仅向原股东发行新股的行为。配股价格往往低于市场交易价格。但是配股后股价会按照股票价格、配股价格和配股比例除权。

在熊市中，上市公司的再融资属于一个不小的利空。但是在牛市中，再融资消息更容易被市场接受。当上市公司将筹集资金投资到热点项目时，再融资会成为一个利好消息。

现金分红、送股、转增股

上市公司分红的方式，分为现金分红、送股以及转增股份。

现金分红

以现金的形式发放红利。现金红利一般被看做投资者的普通所得，需要缴纳个人所得税。个人所得税税率为股票面值的20%，目前暂时减半（按10%）征收。

送股

以赠送股票的方式分红。送股与现金分红一样，也需按照股票面额（一般都是1元）缴纳10%的个人所得税。

转增股

将部分资本公积金转为股份的方式分红。如深天健在 2008 年年报中的分红方案，就是采用资本公积金转增股本的方式，向全体股东每 10 股转增 5 股。与现金分红和送股不同的是，转增的股份不需缴纳个人所得税。

除权、除息、填权、填息、贴权、贴息

除权

由于公司股本（股份总数）的增加，会造成每股净资产有所减少。这时需要在股价中剔除这部分因素。这个剔除行为就是除权。除权后股价会相应降低。

除息

由于公司发放现金股利，会造成每股净资产有所减少。这时需要在股价中剔除这部分因素。这个剔除行为就是除息。除息后股价会相应降低。

填权、填息、贴权、贴息

除权和除息在股价上的表现为开盘价相应幅度的降低。在此之后如果股价上涨，补回这部分差价就叫做填权和填息。如果股价在除权（除息）后下跌，那么就叫贴权或者贴息。

1.5.2　股市行情用语

牛市、熊市、猴市

牛市

整体股市持续上涨，交易活跃，不断创出新高的行情。

熊市

股市持续下跌，交易清淡，虽然经常出现反弹，但是仍然在不断创出新低的行情。

猴市

也就是震荡市，在牛市或者熊市的某个阶段中，股指方向不明，上下震荡的行情。

利好、利空

利好

指能引起股价上涨的消息或者因素。

利空

指引起股价下跌的消息或者因素。

高开、低开，高走、低走

高开
指当日开盘价超过上一交易日收盘价。

低开
指当日开盘价低于上一交易日收盘价。

高走、低走
高开高走是指高开后直接上涨，高开低走是指高开后直接下跌；低开高走是指低开后直接上涨，低开低走是指低开后直接下跌。

跳空缺口、补缺口

跳空缺口
指当日最低价超过上一交易日最高价，或者当日最高价低于上一交易日最低价。

补缺口
缺口是一段股票交易的价格空白区域。出现缺口后，当股价经过一段时间的上涨或者下跌，完全弥补这个空白区域，就称为"补缺口"。

反弹、反转

反弹
股指在连续下跌之后出现小幅上涨，但这种上涨是暂时的，很快又会重新下跌。

反转
股指的运行性质出现了根本性的转变，比如从牛市转折为熊市，或者从熊市转折为牛市。

突破、回抽

突破
指股价走势出现了对某个重要位置的穿越。自下而上的穿越，称为"向上突破"；自上而下的穿越，称为"向下突破"。有时，"突破"也会特指"向上突破"，"向下突破"往往称为"跌破"。

突破有"有效突破"和"假突破"之分。衡量"有效突破"的标准是股价在3个交易日内是否回调，或者突破后的涨幅或者跌幅大于等于3%。否则这种突破就是假突破。

回抽
指股价突破某个重要位置后，例如前期高点、形态的颈线位置等，在数天内会重新回到该位置附近，以测试是否突破成功。股价完成向上突破或者向下突破后，均可能出现回抽的过程。

股价完成突破后可能有回抽过程，也可能没有。如果出现回抽，那么往往会为投资者提供非常合适的买点或者卖点。

1.5.3 股市交易用语

最小交易单位

按照规定，我国证券市场的最小交易单位是"一手"，即100股。也就是说，每次委托数量，不能低于100股，同时只能是100股的整数倍。不足100股的部分，称为"零股"。

买入时应以100股或者其整数倍来委托，如买入500股（5手），不能买入120股。

卖出时，允许卖出不足100股的零股部分。由于在配股或者送转股时，会出现不足一手的零股，如每10股送3股，那么如果投资者持有100股，送股后就变成了130股，出现了30股的零股。卖出零股时必须一次性卖出，不能分批卖出。投资者买入的零股由证监会指定的券商统一买入。

炒股软件中涉及股票数量的部分，其单位一般都为"手"。

仓位、建仓、清仓、补仓、斩仓

仓位

仓位是对投资者持股数量的形象称呼。投资者用多大比例资金购买了股票，就称为有多大仓位。

建仓

开始购入股票。

清仓

把持有的股票全部抛售。

补仓

继续买入已经持有的股票。

斩仓

在亏损的情况下卖出股票。

满仓、半仓、空仓、重仓、轻仓

满仓

所有的资金都已经购买了股票。

半仓

一半的资金已经购买了股票。

空仓

没有购买任何股票。

重仓

持有股票的市值超过剩余现金，即股票多，现金少。

轻仓

持有股票的市值低于剩余现金，即股票少，现金多。

踏空、套牢

踏空

投资者判断股价会回落，于是选择空仓或者将股票卖出，但是股价却持续上涨。这时投资者错过了上涨行情，就称为踏空。

套牢

当投资者买入股票后，股票的价格开始下跌。如果投资者抛出股票就会出现亏损，这就称为套牢。投资者手中被套牢的股票，称为"套牢盘"。在整个股票价格走势图上，套牢盘分布比较集中的价格区域，称为"套牢区"。

解套、割肉

解套

当投资者被套牢后一段时间，通过股价上涨、股票分红或者波段操作等途径，使投资者卖出股票后不再产生亏损，就称为解套。

割肉

当投资者被套牢后，如果按照亏损的价格把股票卖掉，这种卖出的交易就叫做割肉。

浮盈、浮亏

浮盈

投资者持有的股票，当前的价格已经超过买入成本，此时的盈利属于账面盈利，也称浮盈。浮盈表示投资者的盈利只是账面上的，会随着股价变动而变动，并不是真正盈利。

浮亏

投资者持有的股票，当前的价格已经低于买入成本，此时的亏损属于账面亏损，也称浮亏。浮亏表示投资者的亏损只是账面上的，会随着股价变动而变动，并不是真正亏损。

左侧交易、右侧交易

左侧交易指在股价真正见底或者见顶之前，就提前开始买入或者卖出，而不去等待股价转势。

右侧交易则恰恰相反,是指在股价真正见底或者见顶、趋势已经明朗之后,才开始买入或者卖出。

1.5.4　股市参与者用语

看多、看空

看多

是指投资者认为股价会上涨。

看空

是指投资者认为股价会下跌。

多头（死多）、空头（死空）

多头

指预期股价会上涨的投资者。一般在牛市的中后期,市场上的投资者大多数都会成为多头。看多非常坚定的多头,称为"死多"。

空头

指预期股价会下跌的投资者。一般在熊市的中后期,市场上的投资者大多数都会成为空头。看空非常坚定的空头,称为"死空"。

多翻空、空翻多

多翻空

原本预期股价会上涨的多头,后来转变观点开始看空。

空翻多

原本预期股价会下跌的空头,后来转变观点开始看多。

逼空、多杀多

逼空

股价持续上涨,使得此前的空头纷纷踏空,迫使空头认错并只能在更高的价位买入。牛市当中的逼空行情经常出现。逼空行情的最大特征就是持续上涨。

多杀多

大量多头认为股票会上涨而买入股票。但此后股价不涨反跌,刚刚入场的多头开始纷纷倒戈卖出,并迫使其他多头也跟随卖出。在熊市的中后期出现突发利好时,这种多杀多行情经常出现。

多头陷阱、空头陷阱

多头陷阱

庄家为了诱骗散户做多买入而设置的陷阱。当股价突破某个重要阻力位后，大量多头看好后市纷纷入场买入，但是随后股价却开始下跌，将此前追入的多头悉数套牢。股价此前的突破上涨，对于这批多头来说，等于是一个陷阱。

空头陷阱

庄家为了诱骗散户做空卖出而设置的陷阱。当股价跌破某个重要支撑位置，很多持股者开始纷纷看空卖出，但是随后股价却不跌反升，使得卖出的投资者踏空后面的上涨行情。

1.5.5 股市分析用语

基本面、政策面、技术面

基本面

指宏观经济、行业及公司基本情况，包括宏观经济运行状况、公司的经营状况、财务状况、成长预期等。

政策面

指对股市产生影响的国家政策方面的因素，包括宏观经济政策、产业发展政策、证券市场相关政策等。

技术面

是指用来观察和预测股价走势的各种技术指标和方法，例如成交量、股价走势形态、均线系统等。

每股收益、每股净资产、净资产收益率

每股收益

公司某一时期税后净利润和总股本之比，也就是每一股股份在这段期间净挣多少钱，是衡量公司价值最重要的指标之一。

每股净资产

公司某一时期净资产和总股本之比，反映每一股股份拥有的资产现值（股东权益）。每股净资产越多，对股价的支撑就越大。如果公司情况类似，股价相近，那么每股净资产越高的股票，说明股东承担的风险就越小。

净资产收益率

每股收益和每股净资产之比，说明公司运用自有资产的获利能力，是衡量公司经营和盈利能力的一个重要指标。

市盈率（PE）、市净率（PB）

市盈率

股价和每股收益之比，可理解为投资者的回本周期。例如，某股票现价10元，最近的年报显示的每股收益为1元，那么市盈率就是10倍，表明投资者的回本周期是10年。市盈率高，则回本周期长，投资风险高；市盈率低，则回本周期短，投资风险低。

市净率

股价和每股净资产之比。市净率表示投资者花钱购买股票后所获得实际资产的比例。一般来说市净率较低的股票，投资价值较高；相反，市净率较高的股票，投资价值较低。不过投资者在判断投资价值时，还应综合考虑当时的市场环境以及公司经营情况、盈利能力等因素。

题材概念、板块

题材概念

是指股票炒作的原因或者借口。对于题材概念的炒作是股市中的常见现象。例如，奥运题材、甲流概念、新能源概念。

板块

是指具有相同题材概念的多只股票的组合。这些股票，或者同属一个行业，或者同属一个地域，或者在某个大经济背景下同时受益。同板块中的股票可能会因为一个相同的题材出现集体上涨的行情。例如，按照行业分类，有地产板块、银行板块、钢铁板块、医药板块等；按照地域分类，有北京板块、上海本地股板块、福建板块、西藏板块等；按照业绩分类，有绩优板块和ST重组板块等。

顶背离、底背离

顶背离

指股价在波动过程中一顶比一顶高、不断创出新高的同时，某个技术指标却一顶比一顶低、不能创新高的形态。顶背离属于股价见顶下跌的信号。

底背离

指股价在波动过程中一底比一底低、不断创出新低的同时，某个技术指标却一底比一底高、不能创新低的形态。底背离属于股价见底反弹的信号。

超买、超卖

超买

从字面意思可以看出，股价"超出了买方的实力"，意思是股价连续上涨后，买方力量已经强盛到极点，回调的风险逐渐增大。

超卖

与超买相反,股价连续下跌后,卖方力量已经强盛到极点,股价随时可能出现反弹。

金叉、死叉

金叉

技术指标中的一根快线和一根慢线均处于上涨过程中,此时快线由下向上穿越慢线,即形成金叉。

死叉

技术指标中的一根快线和一根慢线均处于下跌过程中,此时快线由上向下跌穿慢线,即形成死叉。

趋势、趋势线、支撑线、阻力线

趋势

指股价在某个时期内的运行方向。股价的运行并不是直上直下的,而是在不断地上下波动中进行。

当股价每次波动的高点,均能突破前期高点,同时回落的低点,不会低于前期低点,也就是高点和低点均在不断抬高,股价就处于上升趋势;当股价每次波动的高点,均低于前期高点,同时下跌的低点,总是低于前期低点,也就是高点和低点在不断下降,股价就处于下降趋势。

趋势线

在股价波动中,将两个或者两个以上的阶段低点或者高点相连,就构成一条趋势线。在上升趋势中,将两个或两个以上的阶段低点相连,就构成上升趋势线;在下降趋势中,将两个或者两个以上的阶段高点相连,就构成下降趋势线。

支撑线、阻力线

将趋势的两个低点连接的趋势线,很可能在未来对股价构成支撑,称为"支撑线";将趋势的两个高点连接的趋势线,很可能在未来对股价构成阻力,称为"阻力线"。

支撑线和阻力线之间可能会相互转换。当股价跌破支撑线后,原先的支撑线可能会变为阻力线;当股价突破阻力线后,原先的阻力线可能会变为支撑线。

1.5.6 股市盘口用语

盘口、买盘、卖盘

这些名词都是盘面上经常会看到或者用到的。

盘口
最初用于足球博彩中,在股市中指个股买进和卖出的委托挂单情况和交易情况。

买盘
指股票买方的买入意愿和实力,直观体现在委托买入挂单的数量上。

卖盘
指股票卖方的卖出意愿和实力,直观体现在委托卖出挂单的数量上。

内盘、外盘

内盘
指以买入价格成交的股票数量,以买入报价成交说明卖盘踊跃,愿意向下低价卖出。

外盘
指以卖出价格成交的股票数量,以卖出价格成交说明买盘踊跃,愿意向上高价买入。

量比、委比、换手率

量比
衡量当日成交量与最近5个交易日的平均成交量的变化程度;量比大于1,说明成交量相比之前5个交易日平均水平有所放大;量比小于1,说明成交量相比之前5个交易日平均水平有所减少。量比越大,说明放量越明显;量比越小,说明缩量越明显。

委比
委买手数和委卖手数之差与委买手数和委卖手数之和的比值。委买手数即委托买入的挂单之和。委卖手数即委托卖出的挂单之和;委比的数值范围是 -100% ~ +100%。委比越大,说明市场买气越强,股价上涨概率越大。

换手率
某个时间内,股票的总体成交数量与该股的流通股本之比。换手率说明了股票交易的活跃程度。例如,海虹控股在2009年11月3日换手率达到37%,说明当天有超过1/3的股票进行了换手。

崩盘、护盘、洗盘、震仓

崩盘
是指由于某种原因,短时期内大量恐慌性卖盘涌出,而买盘则寥寥无几,导致整体股市大幅度下跌。1987年10月19日,美国股市出现崩盘,在开盘后仅仅3小时内,道琼斯工业指数的跌幅就超过了20%。

护盘

是指大势开始转弱，而政府或庄家出于某种原因，不希望股价下跌，并在某个位置利用资金托住股价，或者发布利好消息，意图稳定市场情绪。

投资者需要注意的是，一旦大盘或者某只股票到了必须要"护"的地步，就说明自身肯定已经出现严重问题，因此当投资者听到"政府护盘""庄家护盘"的消息时，还是应该谨慎一些，不要盲目入市。

洗盘

庄家在拉升过程中，为了让低价位买进的投资者卖出股票，以减轻上方压力，抬高市场平均成本，庄家会采用打压、长时间横盘、上下震荡等手段，诱使投资者卖出持股，这个过程称为洗盘。

震仓

是庄家洗盘的一种惯用方式，目的在于将持股不坚定的获利盘（投资者持有的已经获利的股票）和短线盘（短线投资者持有的股票）清洗出局。庄家一般采用放量大阴线的方式，制造出货假象，诱使其他投资者卖出。

第 2 章

洞察盘面的 N 个看点

2.1 大盘盘面实战看点

我们以上证指数为例，说明一下大盘分时图中的主要看点。

如图 2—1 是上证指数在 2010 年 9 月 29 日的分时走势图。

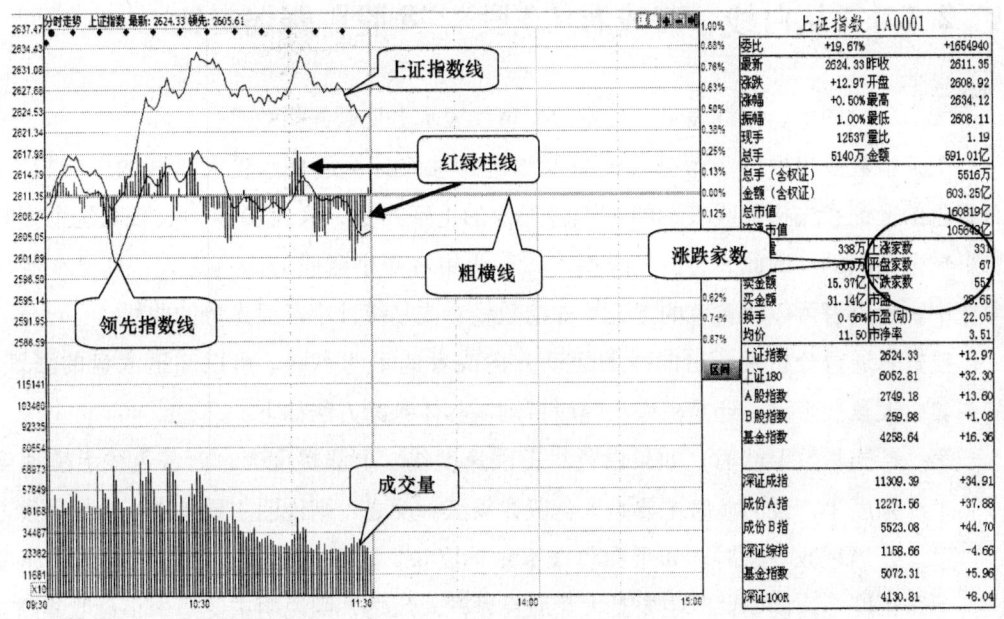

图 2—1　上证指数分时走势（2010.09.29）

图中"上证指数线"，是上证指数的实际走势，在行情软件中一般以白色表示。它的波动代表了指数的涨跌变化。我们经常提到的"沪市大盘点位"，就是这根白线所代表的点位。

"领先指数线"，表示"不含加权的大盘指数"，在行情软件中一般以黄色表示。投资者可以将其理解为重点统计小盘股走势的曲线。

大盘分时图中间的粗水平线，代表上交易日指数的收盘点位。指数线在横线上边表示本交易日指数上涨，在它下边表示指数下跌。

围绕这根粗横线上下波动的红绿柱线，表示市场上所有股票的买盘和卖盘的对比情况。在横线上方时显示为红色柱状线，表示市场上总买盘大于总卖盘的差值；在横线下方时显示为绿色柱状线，表示市场上总卖盘大于总买盘的差值。

走势图下方的黄色柱状线，表示每分钟的成交量，单位为手。柱状线变长时，表示成交量放大；柱状线变短时，表示成交量缩减。

走势图的右边，是成交信息显示栏，包括实时的价格信息、成交信息、涨跌家数等信息。

大盘分时图上的信息很多，投资者在看盘时应该有重点的看。实际操作过程中，投资者应该重点关注以下两点。

2.1.1 从白线、黄线看"2股""8股"强弱对比

大盘分时图中，白线表示上证指数，黄线表示上证领先指数。

上证指数是根据各上市公司的总股本进行加权计算而来，受大盘股的影响较大。而黄色的上证领先指数线表示的是不含加权的上证指数，大盘股和小盘股对这个指数的影响是相同的。因此，与白色线相比，黄线相对受小盘股的影响更大一些。在实际操作中，投资者可以将黄色的上证领先指数线看成是统计小盘股走势的曲线。

投资者通过分析黄、白曲线的运动方向或者速率的不同，可以知道大盘的涨跌，是主要由大盘股带动，还是由中小盘股带动。具体判断方法如下。

第一，当指数上涨时，如果白色线上涨速度快、上涨幅度大，而黄色线上涨速度慢、上涨幅度小，说明此时主要是大盘股在领涨。反之，则说明主要是中小盘股领涨。

第二，当指数下跌时，如果白色线下跌速度快、下跌幅度大，而黄色线下跌速度慢、下跌幅度小，说明此时主要是大盘股在领跌。反之，则说明主要是中小盘股领跌。

第三，如果白色线在黄色线之上，说明当前行情中大盘股的走势要强于中小盘股。反之，则说明大盘股走势弱于中小盘股。

第四，个别时候，白色线和黄色线会出现方向相反的走势。如果白色线涨、黄色线跌，说明大盘股涨，中小盘股却在跌。反之，则说明中小盘股涨，而大盘股跌。

通过上述方法，投资者就可以从两条曲线的相对运动中知道当前资金的操作重点是大盘品种还是中小盘品种，从而为自己短线选股提供参考。

图2—2中左侧是上证指数在2010年8月9日的分时图。在图中可以看出，领先分时线全天位于大盘分时线上方，涨势强于大盘分时线。这个形态说明这天中小盘股的涨势较强，是带动大盘上涨的主要力量。

图2—2中右侧是上证指数在2010年9月6日的分时图。在这张分时图上可以看出，上午9:30至10:00期间领先分时线有一波较大幅度下跌，而大盘分时线的跌幅并不大。这说明是中小盘股票造成了这波下跌走势。领先分时线全天的表现

弱于大盘分时线。这说明大盘股是推动指数上涨的主要力量。

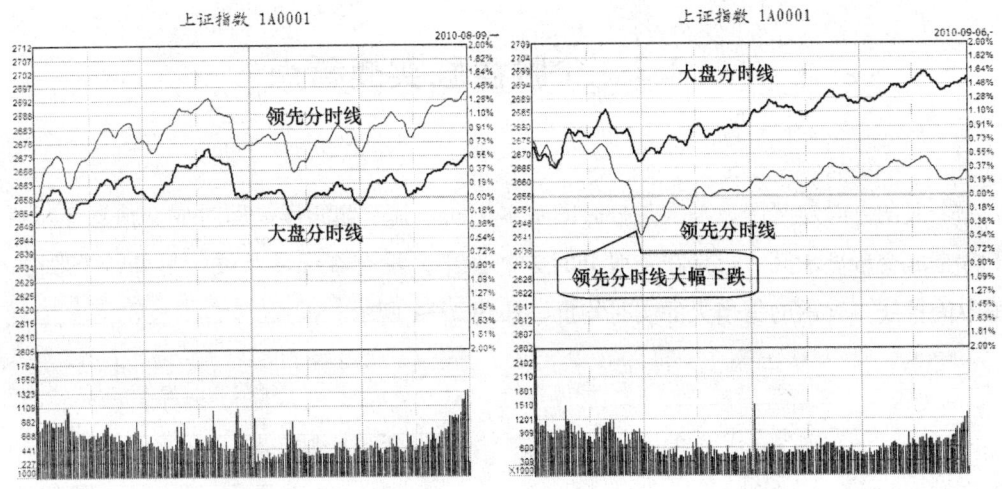

图 2—2　上证指数分时走势（2010. 08. 09、2010. 09. 06）

2. 1. 2　从涨跌家数看市场人气

涨跌家数反映的是整个市场上上涨和下跌股票的数量，从中投资者可以看出市场的活跃程度。当上涨家数远远超过下跌家数时，说明市场气氛非常活跃，适合投资者进行短线操作；当涨跌家数持平，或者下跌家数超过上涨家数，就说明市场人气比较低迷，不适宜短线参与。

最新	2610.68	昨收	2611.35
涨跌	-0.68	开盘	2608.92
涨幅	-0.03%	最高	2634.12
振幅	1.16%	最低	2603.93
现手	0	量比	1.10
总手	9471万	金额	1066.58亿
总手（含权证）			10335万
金额（含权证）			1094.16亿
总市值			159969亿
流通市值			105138亿
委卖量	352万	上涨家数	280
委买量	336万	平盘家数	50
卖金额	18.01亿	下跌家数	619
买金额	24.77亿	市盈	26.56
换手	0.96%	市盈(动)	20.50
均价	11.26	市净率	3.29

图 2—3　上证指数行情信息（2010. 09. 29）

如图 2—3 所示，2010 年 9 月 29 日收盘后，上证指数行情中统计的上涨家数是 280 家，下跌家数是 619 家。这说明行情走势较弱，多数股票都在下跌。而这一天上证指数的跌幅只有 0. 03%。这可以说明拖累指数下跌的多数是中小盘股票。对大盘影响较大的大盘股多数上涨，对大盘起到了稳定的作用。

2.2 个股盘面实战看点

个股的分时走势图，与大盘分时图基本相同。其右侧同样是即时成交信息显示栏，下方是成交量显示区。只是在个股分时走势图中，没有红绿柱状线。另外，个股分时图中的黄线，表示的是当天的实时均价，如图2—4所示。

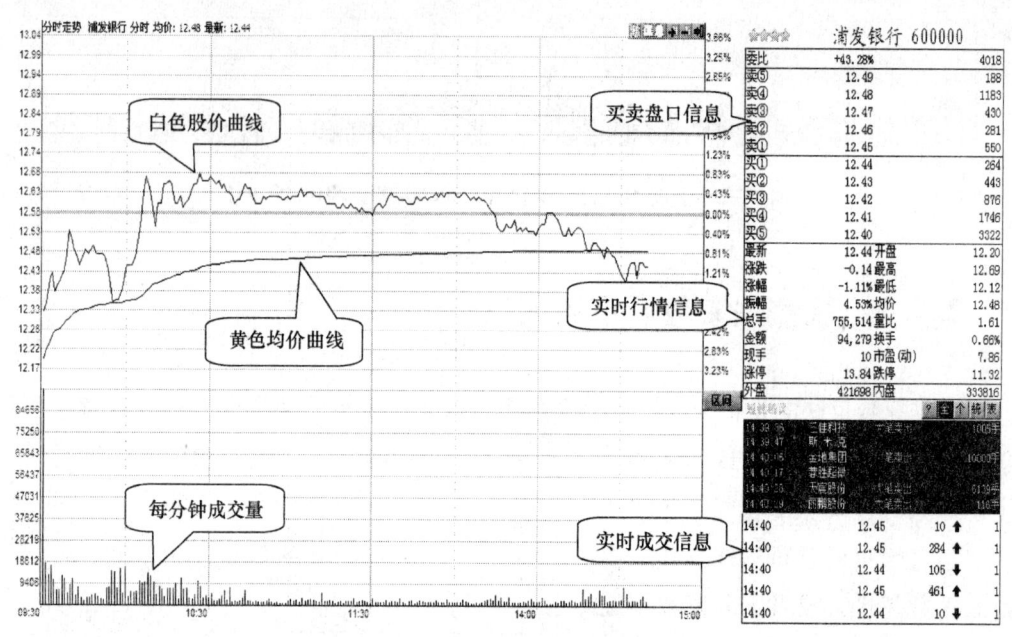

图2—4 浦发银行分时图（2009.09.29）

2.2.1 从股价与均价线的关系看当日走势强弱

在个股分时图中，白色曲线表示股价，黄色曲线表示开盘到现在的均价。均价体现的是从开盘到当前的平均交易成本，因此投资者可以从股价与均价线的位置关系中，看出当日走势的强弱程度。

如果股价一直保持在均价线上方，那么当天买进的投资者大部分处于赢利状态，就说明当天股价的走势较强；如果股价一直保持在均价线下方，那么当天买进的投资者大部分都处于亏损状态，同时也说明股价走势较弱。

如图2—5所示，2010年9月29日，浙江富润（600070）的股价大部分时间都在均价线之下，盘中股价虽然有两次突破了均价线，但每次均无功而返，说明当日走势偏弱，短线不宜介入。

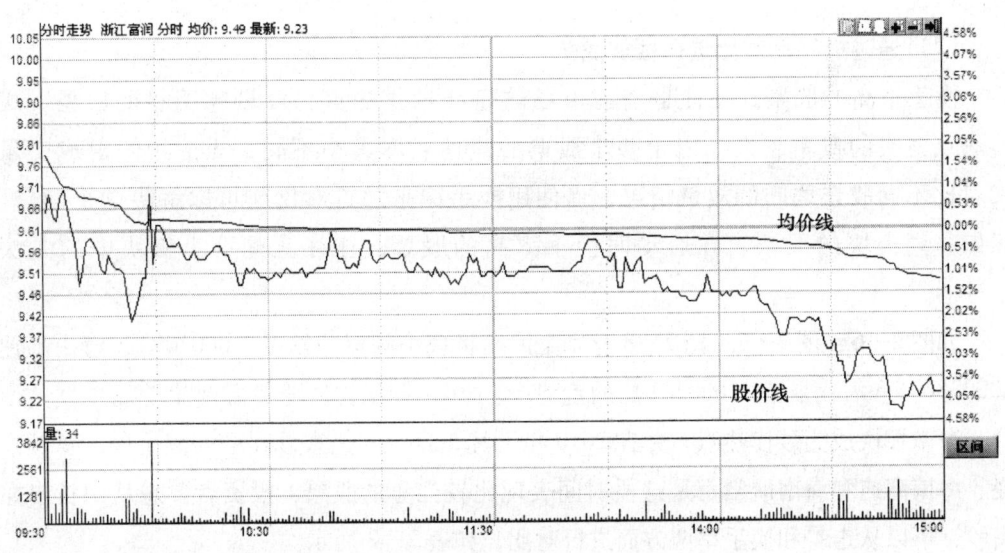

图2—5　浙江富润分时走势（2010.09.29）

2.2.2　从换手率看股票活跃程度

换手率，就是当天或者一段时期内的成交量与总流通股数的比值，反映股票转手买卖的频率。换手率高，说明该股受关注程度高，买卖活跃。

（1）如何衡量换手率的高低

一般而言，换手率由高到低可以分为5级，如表2—1所示。

表2—1　　　　　　　　　　　对成交量分级

换手率高于20%	过度放量
换手率位于10%～20%	明显放量
换手率位于3%～10%	交易活跃
换手率位于1%～3%	交易清淡
换手率低于1%	极度缩量

当股价经过长期阴跌，出现换手率低于1%的情形时，往往预示着底部即将来临；当股价经过大幅度上涨后，换手率出现超过20%的情形时，往往意味着机构已经开始出货，股价即将见顶。如果高换手率出现在股价刚启动时，那么往往预示着行情仍可看高一线。

（2）通过换手率对比选择板块龙头

换手率高的股票，往往是当前市场的短线炒作热点，放量越明显的股票，成为热点龙头的概率越大。由于各个股票的流通股本大小不同，无法用绝对成交量来对比不同股票之间的放量情况，而使用换手率来进行对比就可以解决这个问题。例如，同板块的股票，在启动时换手率高的股票，往往就是这个板块中的龙头品种。

如图2—6、图2—7、图2—8分别是海南板块中的罗顿发展（600209）、海南高速（000886）和海南航空（600221）的走势图。2010年年初，随着海南旅游岛规划的出台，海南板块成为炒作热点，并在2010年1月5日正式进入炒作的高潮阶段。罗顿发展、海南高速和海南航空都是这段时间表现比较强势的股票。投资者要想从中找出龙头股，可以从走势和换手率两方面进行对比，如表2—2所示。

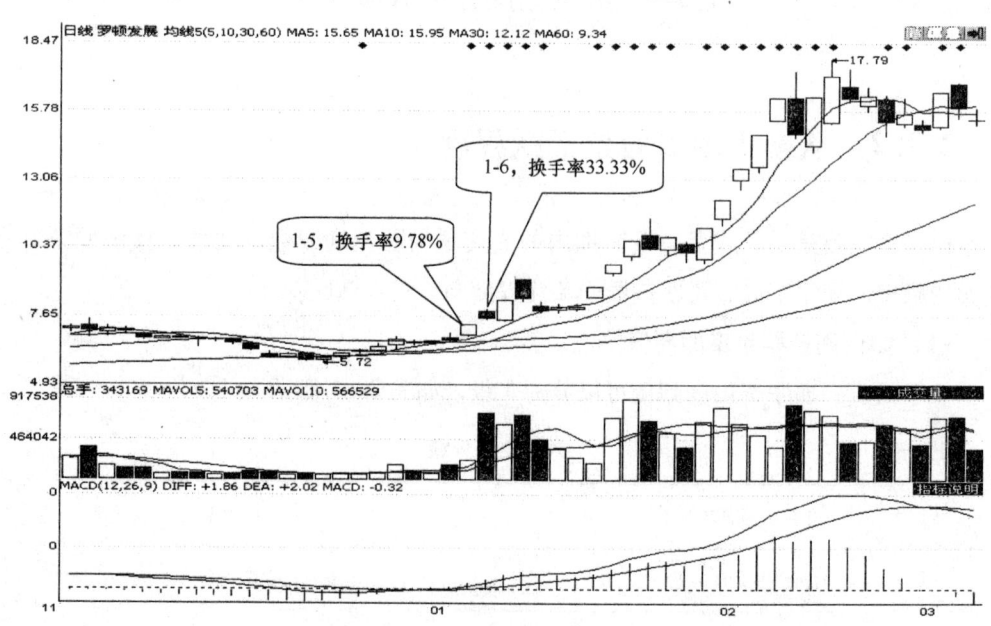

图2—6　罗顿发展（600209）日K线

第 2 章 洞察盘面的 N 个看点

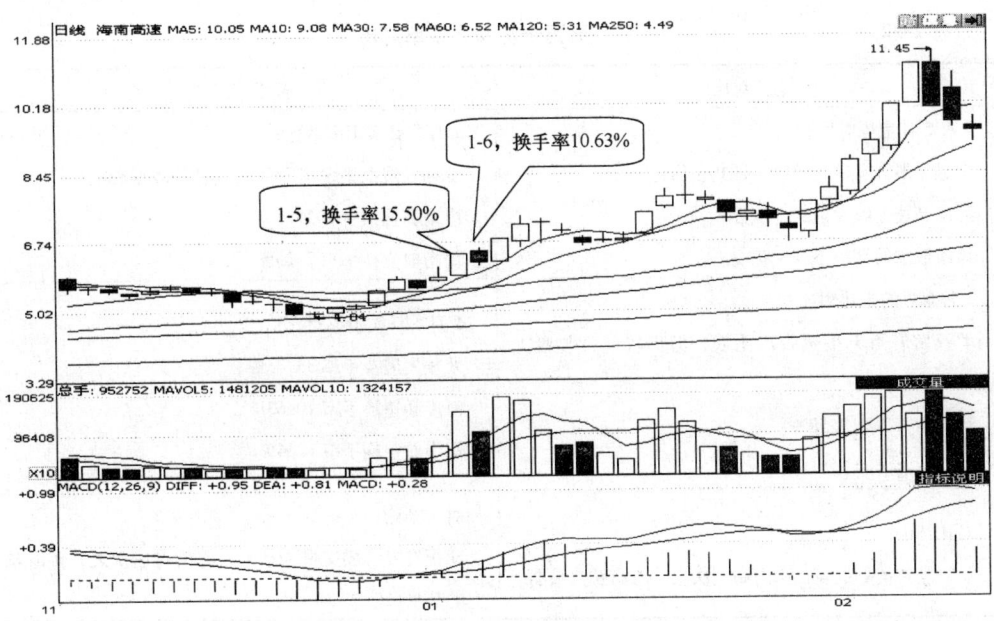

图 2—7　海南高速（000886）日 K 线

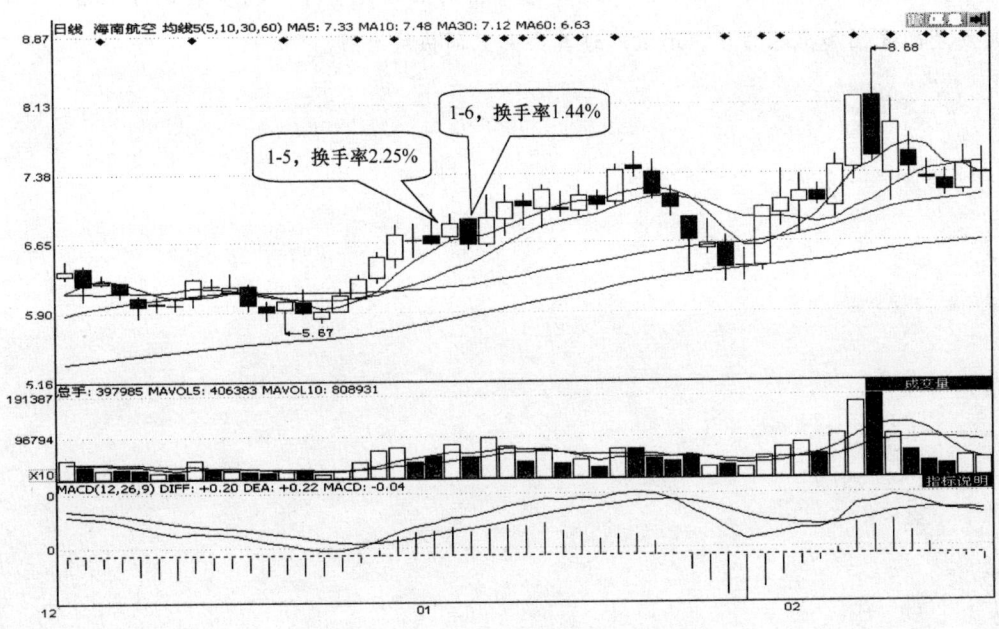

图 2—8　海南航空（600221）日 K 线

表 2—2　　　　　　　　　　三只股票走势和换手率对比

走势对比	换手率对比
1月5日走势对比： 罗顿发展开盘后5分钟内即封上涨停； 海南高速在收盘前封上涨停； 海南航空的涨幅不到4%	1月5日换手率对比： 罗顿发展换手率9.78%（受涨停较早影响）； 海南高速换手率15.5%； 海南航空换手率2.25%
1月6日的走势对比： 罗顿发展当天虽然收出阴线，但仍较前日收盘上涨3.31%； 海南高速下跌3.58%； 海南航空下跌3.51%	1月6日换手率对比： 罗顿发展换手率33.33%； 海南高速换手率10.63%； 海南航空换手率1.44%
对比结论： 罗顿发展走势最强；海南高速次之；海南航空最弱	对比结论： 罗顿发展的成交最为活跃；海南高速次之；海南航空的交易最清淡

投资者通过以上两方面的对比，可以轻松得出结论：罗顿发展是海南板块的龙头品种，是短线交易的首选品种。从这三只股票的后续走势中，投资者也可以看出，罗顿发展的涨幅和上涨力度，远远超过其余两只同板块个股。

2.3 个股盘口实战看点

如果说股价是多空双方不断斗争的结果，那么买卖挂单的显示区域，就是双方的战场。其中买一到买三、卖一到卖三的位置，是战场的前沿阵地；买四、买五和卖四、卖五属于后方阵地。

2.3.1 从买卖挂单看主力意图

在这个战场上，主力经常采用不同的挂单手法，来达到迷惑其他投资者、操纵股价的目的。例如，主力故意在卖四、卖五的位置挂出大卖单，让投资者误以为卖压沉重，从而纷纷卖出。但是如果这些大卖单只是在后方压阵，根本不到前沿阵地去真正拼杀，说明主力并非真正要卖出股票，其真实意图很可能是制造虚假抛压，达到暗中吸货的目的。

看清买卖挂单的变化以及内在含义，我们就能够洞察主力的真实意图，更好地把握买卖时机。

(1) 上方挂大卖单

当投资者在盘面上发现，卖三、卖四或者卖五的位置出现大卖单，而买入挂单相对较小时，此时有以下两种可能。

第一，如果股价处于低位，盘中虽然有大卖单，但买单却比较活跃，往往意味着主力正在建仓，投资者可以逐步跟进。

投资者需要格外注意的是，如果以上的情况出现在股价涨幅已经很大的情况下，同时股价上涨困难而成交量放大，则很可能是主力出货，投资者需要保持警惕。

第二，如果股价逐步下跌，但是成交量并不大，往往意味着主力在刻意打压股价进行洗盘，此时投资者可以保持持续的关注，待调整结束后可及时跟进。

(2) 下方挂大买单

当投资者发现，在买三、买四或者买五的位置出现大买单时，此时有以下可能。

第一，出现大买单的同时股价横盘震荡或者下跌。这说明主力很可能在被动护盘。主力之所以被动护盘，可能是因为不希望给其他投资者更低价位买入的机会，也有可能是主力出货不顺而被动护盘。不论何种原因，此时主力并没有进行主动性的买入，同时也缺乏跟风买盘，投资者不宜入场。

图2—9中，新都酒店（000033）在买三、买四和买五的位置出现明显的大买单，但是股价却持续走弱。由于当天大盘下跌，这些委托买单很可能是主力在被动护盘，投资者暂时不宜介入。

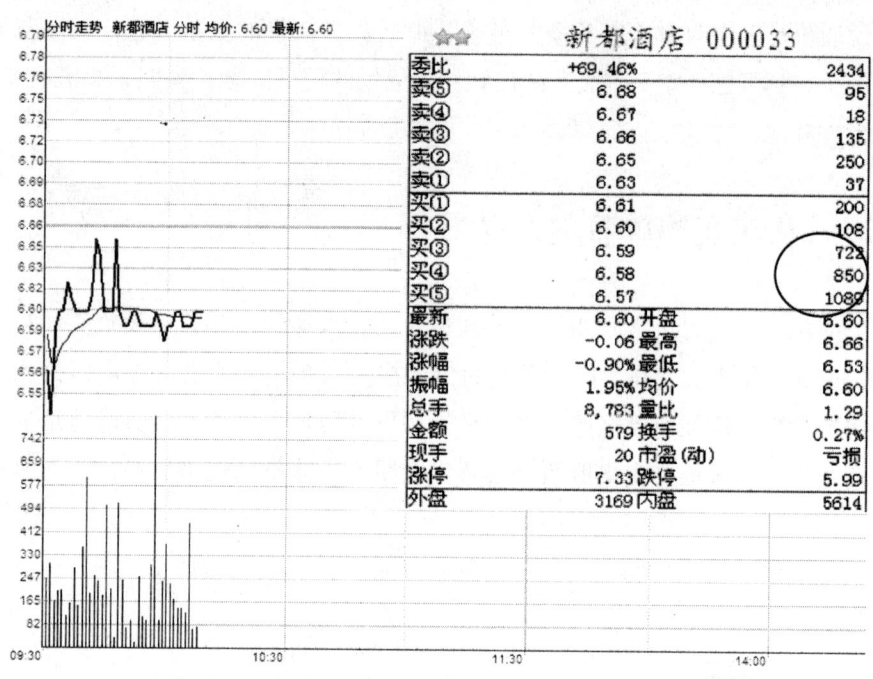

图2—9 新都酒店分时走势（2010.09.30）

第二，大买单出现，而股价逐步上涨，同时主动性买盘较多，大买单也不断向上移动时，往往说明主力在吸引买盘入场。如果此时股价处于较低位置或者刚刚启动，那么主力正在借力拉升的可能性很大，投资者可以积极买入。但如果此前股价已经有了较大涨幅，盘中出现放量滞涨行情时，投资者需要保持警惕，此时主力可能正在拉升出货。

2.3.2 从特殊盘口看股价方向

除了大买单和大卖单外，市场上还经常会出现一些特殊的盘口形态。这些特殊形态很可能是主力买卖股票造成的。当看到这些形态时，投资者应该知道主力有什么想法，进而判断未来股价的运行方向。

(1) 扫盘和砸盘

扫盘形态是市场上突然有大买单出现，将卖盘上的挂单连续吞没，推动股价上涨。与扫盘对应，砸盘的形态是市场上突然有大卖单出现，将买盘上的挂单连续吞没，打压股价下跌。

扫盘和砸盘的形态十之八九是因为市场主力在买入或者卖出股票时造成的。通过这样的操作，主力的目的可能有两个。

其目的之一，是借扫盘的机会大举买入股票，或者借砸盘的机会大举卖出股票。因为扫盘或者砸盘容易造成股价大幅波动。主力如果利用扫盘的方式建仓会使自己的买入成本不断升高，而利用砸盘的方式出货会使自己的卖价不断降低。所以除非时间紧迫，否则主力很少会利用这两种方式买入或者卖出股票。

主力扫盘或者砸盘的另一个目的，是要在市场上制造疯狂或者恐慌的气氛，从而达到诱多或者诱空的目的。当主力准备买入股票时，如果市场上的交易清淡，他可能会先大笔买入，制造扫盘的假象。在主力扫盘的同时股价会持续上涨。这时投资者可能会受到引诱买入股票，主力则轻松地在高位将股票卖出。相反，当主力砸盘时，可能也只是为了在市场上制造恐慌气氛。当投资者纷纷陷入恐慌卖出股票时，主力则可以在低位买进。

(2) 低位调整期的巨量卖单

当股价持续在低位调整时，成交量往往会持续萎缩。这时如果在卖四或者卖五的位置上出现一个巨大的卖单，卖出数量超过了所有买单的承受能力，就很可能是主力刻意在制造恐慌。其目的是为了让投资者看空后市，失去信心后卖出股票。而主力则可以趁机吸筹建仓。如果这时有新的资金进入，在大卖单下方逐渐买入，则是对上述情况的确认。

投资者应该注意，主力在高位挂上的大卖单可能成交也可能被撤销。如果一段时间后这笔委托被撤销，则是主力还没完成建仓的信号。之后股价往往会继续调整。如果一段时间后有大量买单进入，突破这个阻力，则很可能是主力刻意制造了放量上涨的行情。未来股价会进入持续的拉升行情。

(3) 下跌途中的巨量买单

一只股票经过较长时间的跌势后，如果在买三到买五的位置有大买单进入，则可能是主力的护盘动作。投资者应该注意，主力这样护盘并不意味着股价就会止跌。相反，这是主力对自己实力没有信心的表现。这种护盘十有八九会以失败告终。当股价继续下跌时，这些护盘买单往往会撤销，股价下跌难以获得有效支撑。

2.4 不同时段实战看点

每天股市交易时间总共4个小时,分别是上午9:30至11:30,下午13:00至15:00。在不同的交易时段内,整个市场上投资者的心态和交易活跃程度会有所不同。投资者也应该根据不同的交易时段制订不同的操作策略。实战中,一般将每天的4小时交易时间分为三段,如表2—3所示。

表2—3　　　　　　　　　一个交易日内的三个交易时段

早盘	开盘后半小时 9:30—10:00
盘中	上午10:00—11:30 和下午13:00—14:30
尾盘	收盘前半小时 14:30—15:00

如果投资者注意观察的话,就会发现,每天的早盘和尾盘时段,是一天中成交量最大的时段,尤其是早盘时段最为明显。这是因为上一个交易日结束后,消息面往往会有新的变动。而多空双方经过盘后的冷静分析后,会制订出新的交易计划,开盘后正是初步实施的阶段。因此早盘是多空博杀最为激烈的时段,也是短线看盘的重点时段。

另外,当投资者跟踪一只股票一段时间后,有时就会发现该股票走势的一些特殊的"习性",或者称为"股性"。这是因为主力做盘经常会有自己的一些习惯。例如,有的主力喜欢在早盘做打压动作,有的主力习惯在尾盘进行拉高等。看盘时也应注意总结股票或者主力的习性,做到有针对性的看盘。

2.4.1 盘前实战看点

在每个交易日的开盘前,短线投资者都需要关注以下四点内容。

(1) 看欧美股市、汇率、黄金、石油等国际资本市场走势

随着经济全球一体化的不断推进,各个国家股市的联动性越来越强,尤其是中国股市和美国股市之间的相互联动。美国股市的交易时段在北京时间的晚上。如果头天晚上美国股市大幅下跌,那么第二天我国股市很可能会跳空低开。

如图2—10所示,2010年7月16日,美国道·琼斯指数下跌2.52%。受其影响,国内的上证指数低开10点,并且在整个上午持续低迷。

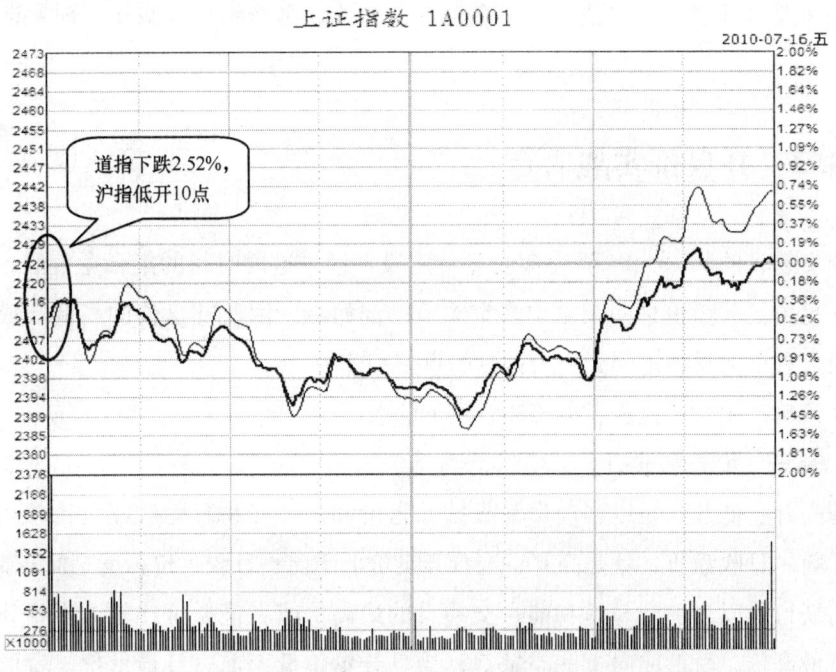

图2—10　上证综指分时走势（2010.07.16）

除了美国股市外,国际金价、油价和汇率变动都会影响到我国股市的行情。这些品种虽然是24小时交易,但其价格波动的活跃期间往往是在晚上。当晚间这些市场上出现剧烈的价格波动时,势必会影响到国内股市相关股票的开盘走势。例如,头天晚上国际金价大幅飙升,那么国内股市开盘后,几大黄金股的走势就值得关注。

（2）关注重要财经新闻

投资者应该重点关注的新闻包括：政策变动、行业新闻、货币信贷政策等。这些新闻都将对当日的盘面构成较大影响。看到这些新闻,投资者应该分析是利空还是利好,对股市的影响是整体的还是局部的,是短期影响还是中长期影响。做出这些判断,投资者就可以采取相应的投资对策。

（3）浏览重要股票论坛

投资者通过浏览股票论坛,可以了解市场人气状况,知道目前广泛讨论的话题是哪些,多空双方的主要观点是什么。尤其是和自己观点相反的内容,更要客观地进行分析。这样可以弥补自己可能的疏忽之处,更好地把握市场热点和脉络。

(4) 再一次审视自己的交易计划

当做完以上三步后,投资者应该在开盘之前,再一次认真审视自己当天的交易计划。如果需要对计划进行调整,应该在开盘前完成,尽量不要在盘中一时兴起改变交易计划。

2.4.2 开盘价实战看点

每个交易日的9:15~9:25是集合竞价阶段。经过这段时间的集合竞价后,会产生当天的开盘价。开盘价是一天之中多空斗争的起始点,因此开盘价的高低和成交量的大小,很大程度上反映了当天主力做盘的意图和实力。

在开盘价产生时,投资者应该注意以下两点。

(1) 高开、低开和缺口

所谓高开、低开,是以当前交易日的开盘价和前一交易日的收盘价比较。当日开盘价高于前一日收盘价,就是高开;当日开盘价低于前一日收盘价,就是低开。

所谓缺口是以当前交易日和前一交易日的最高价或者最低价比较。当日开盘价高于前一日最高价,就形成向上跳空缺口;当日开盘价低于前一日最低价,就形成向下跳空缺口。

通过开盘价的高低,投资者可以了解市场上多方和空方的意愿。高开说明市场上做多意愿强烈,低开说明市场上做空意愿强烈。如果股价高开或者低开幅度很大,出现缺口时,说明市场上已经出现十分强烈的做多或者做空氛围。

(2) 集合竞价的成交量

集合竞价阶段的成交量,预示着当天股票的活跃程度。集合竞价成交量大,就说明开盘参与者多,多空分歧较大,那么当天该股往往会走势活跃;集合竞价成交量小,就说明开盘时参与者少,该股乏人关注,预示着该股当天的活跃程度比较低。

投资者需要注意的是,集合竞价的成交量大,说明参与者多,同时也说明市场分歧较大。那么当天的走势,会呈现要么剧烈震荡,要么大涨大跌的情形。

如图2—11所示,2010年10月8日,冀中能源(000937)高开3.3%,同时量比指标达到29.91。这说明市场上做多意愿强烈,而且动能充足,当天有望出现大涨行情。开盘后量比指标虽然持续下降,但一直维持在10倍以上。下午开盘后,股价成功封上涨停板。

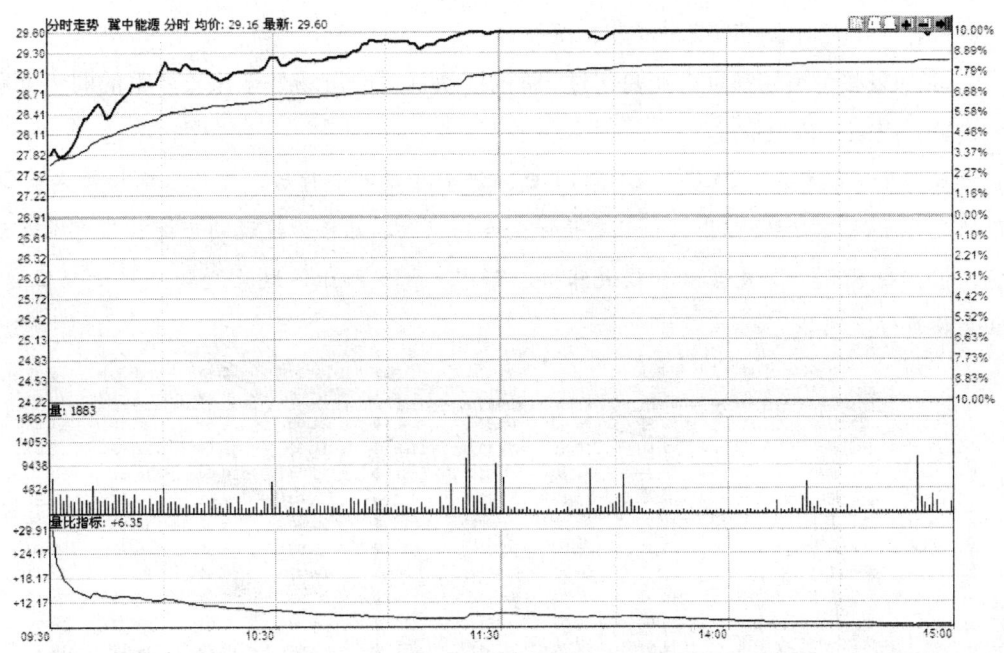

图2—11 冀中能源分时图（2010.10.08）

2.4.3 早盘实战看点

开盘后的半小时，是一天中最重要的看盘时段，投资者需要重点关注以下几个方面。

(1) 看大盘强弱

市场的整体强弱状况是短线交易必须关注的内容。在强势市场中进行短线交易，自然如鱼得水。而在弱势市场中，就会陷入危机四伏的境地。

判断大盘强弱的几个看点如下。

看点1：看涨幅榜前列

一般来说，开盘后的半小时内投资者可以对"沪深A股"行情报价界面进行涨幅排名，观察沪深两市的涨幅榜。通过涨幅榜判断行情强弱的方法有以下几条。

⇨ 如果沪深两市有五家以上的股票涨停，那么市场处于强势，投资者可以大胆选股，进行短线操作。

⇨ 如果涨幅榜位于前20位的股票涨幅均在3%以上，那么市场同样处于强势，投资者仍然可以短线积极参与。

⇨ 如果涨幅榜上没有股票涨停，或者涨幅超过3%的股票数量较少，那么市场处于弱势，投资者对于短线交易要非常慎重。

◯ 如果整个市场都没有涨幅超过3%的股票，说明市场处于比较严重的弱势，短线投资者应该保持观望。

如图2—12所示，2010年10月13日，沪市开盘半小时后，虽然涨幅榜排名前20位的股票涨幅均在4%以上，但只有豫光金铅一只股票涨停。这说明市场虽然有上涨动能，但信心不足。指数难以有较大涨幅。如图2—13所示，这天指数走势十分低迷，截至收盘仅上涨0.7%。

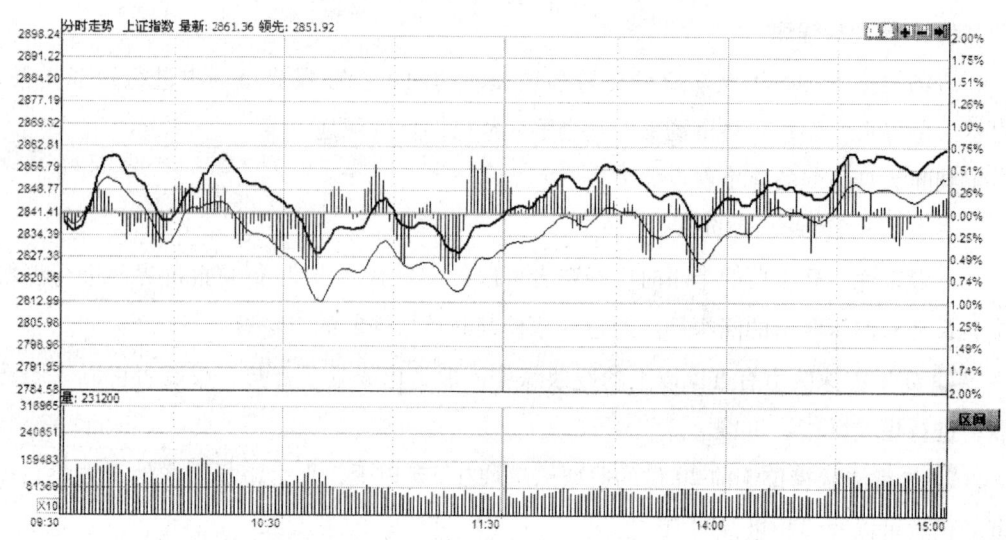

图2—12　沪市开盘半小时涨幅榜（2010.10.13）

图2—13　上证指数分时图（2010.10.13）

看点2：看成交量变化

上涨时有量、下跌时无量，是大盘处于上涨行情中的正常形态。相反，当大盘上涨时无量、下跌时有量，说明市场上做多动能不足，做空氛围强烈。这是大盘进入下跌周期的信号。看到这种形态，投资者应该注意回避风险。

如图2—14所示，2010年9月15日开盘后半小时内，上证指数出现了上涨时无量、下跌时有量的价量配合形态。这个形态是指数进入下跌行情的信号。这个交易日指数的走势十分低迷。

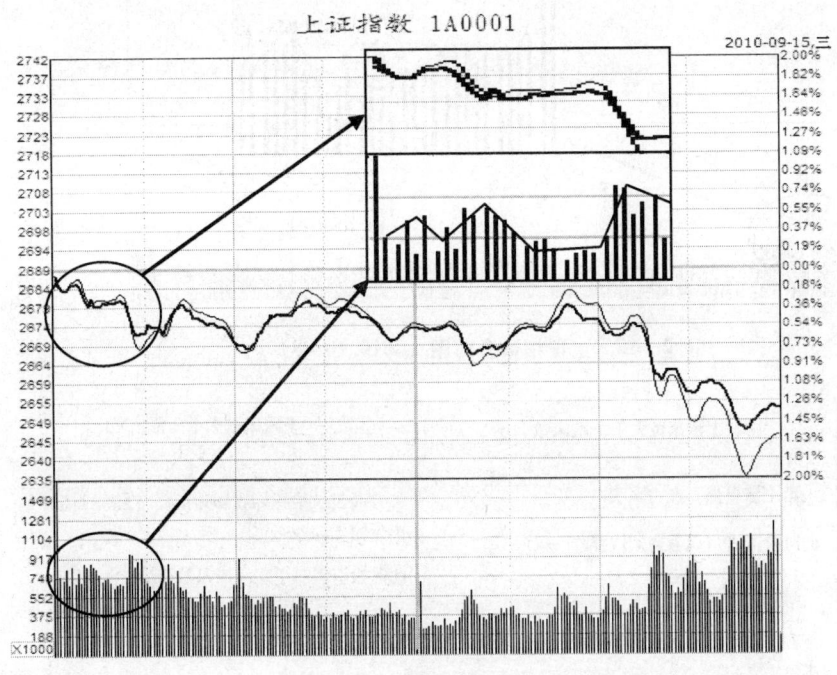

图2—14 上证指数分时图（2010.09.15）

如图2—15所示，2010年10月8日开盘后半小时内，上证指数出现了上涨时有量、下跌时无量的形态。这是大盘处于上涨行情中的正常形态。这个形态出现后行情继续看好。

看点3：看涨跌家数

投资者通过大盘涨跌幅度和涨跌家数对比，可以了解当前大盘涨跌的真实情况。具体的判断方法和操作策略如图2—16所示。

（2）看个股走势找强势股

很多强势股，其强势特征在早盘就已经体现无疑。尤其是刚刚从底部启动的强势股，由于主力要迅速脱离成本区，因此开盘后往往会选择迅速拉升。

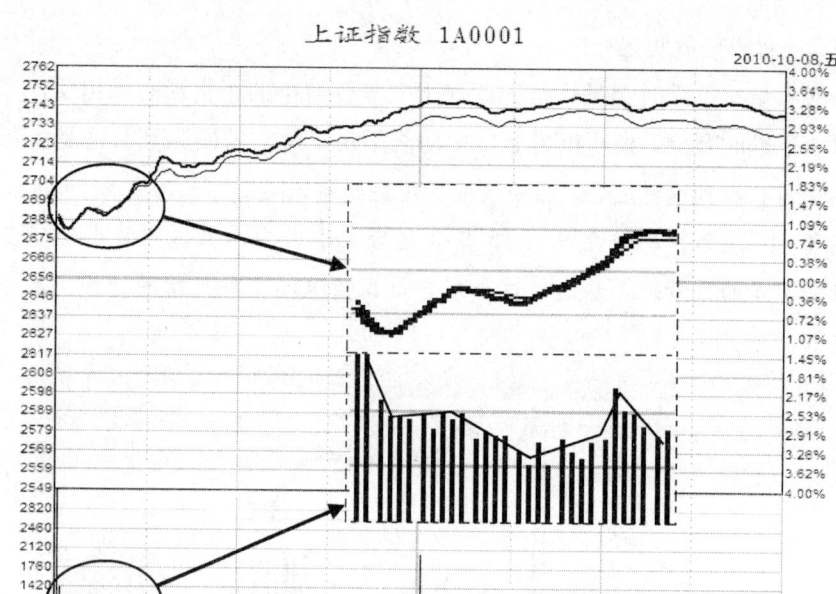

图 2—15 上证指数分时图（2010.10.08）

	上涨家数大于下跌家数	下跌家数大于上涨家数
大盘上涨	大盘上涨自然，涨势真实。 此时投资者可以考虑短线操作	主力通过拉抬指标股影响指数。上涨行情的水分较大。 此时投资者对于短线应保持谨慎
大盘下跌	主力通过打压指标股压制指数。下跌行情的水分较大。 此时投资者可对目标个股进行低吸操作	大盘自然下跌，跌势真实。 此时投资者应避免短线操作

图 2—16 对比大盘涨跌幅度和涨跌家数

如果个股高开后继续走高，同时成交量持续放大，股价涨势非常流畅，那么往往意味着该股在整个交易日内保持强势的概率极大，甚至有可能在早盘就封上涨停。当投资者发现个股出现这种走势时，如果大盘趋势配合，同时股价的阶段性幅度不大，那么短线可以积极追涨。

如图 2—17 所示，2010 年 9 月 8 日开盘后半小时内，广晟有色（600259）股价放量涨停。这是强势股票的明显特征。看到这个形态后，投资者可以追高买入股票。

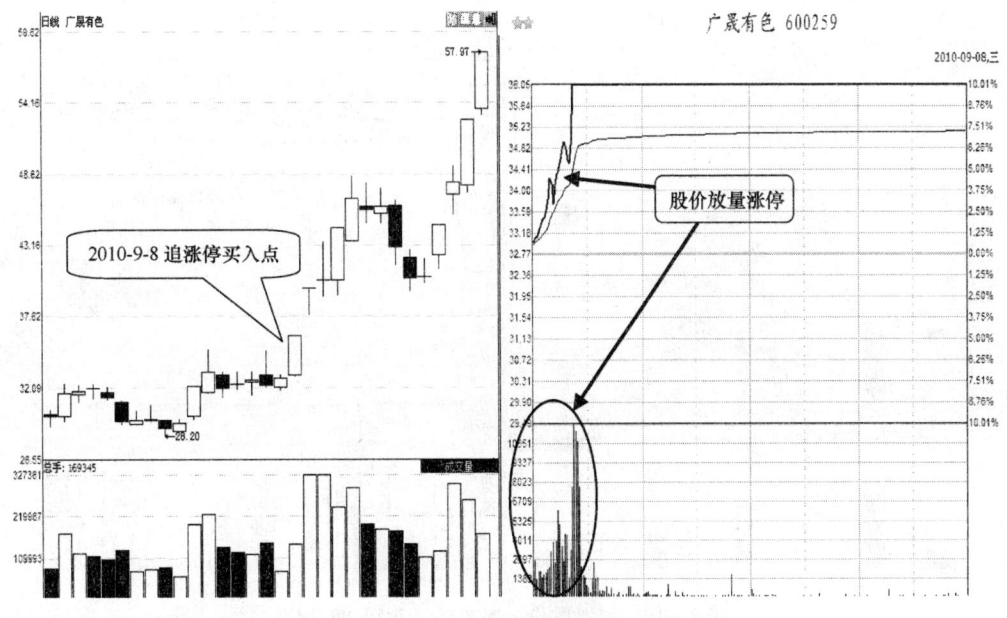

图 2—17 广晟有色分时图（2010.09.08）

2.4.4 盘中实战看点

一般来说，刚刚开始拉升，或是日线图上刚出现突破迹象的个股，其盘中的走势往往比较稳健，最大特点就是主力很少将股价再打到均价下方运行，均价线对股价构成强有力的支撑。

2.4.4.1 盘中均价线支撑的买点

投资者如果错过了开盘强势的个股，在盘中时段，要及时发现能够温和放量，并将股价逐步推向均价线上方的个股。投资者可以选择在均价线附近介入这类股票。

如图 2—18 所示，2010 年 9 月 13 日，凯撒股份（002425）在开盘快速拉升后在顶部出现整理行情。股价整理过程中在均线位置多次获得支撑。这个形态说明该股票已经完成了有效突破，是股价将继续上涨的信号。

2.4.4.2 盘中跌破均价线的看点

如果个股早盘虽然冲高，但是盘中走势不仅走弱，而且跌破均价线并回抽无力，此时投资者要保持警惕，因为有可能该股在开盘的冲高，仅仅是主力的一个诱多动作。

如图 2—19 所示，2010 年 8 月 17 日，汉王科技（002362）在早盘时段放量冲高。但是开盘半小时后，股价开始逐渐走低，并且在下午开盘半小时内跌破均价线。这个形态说明开盘后股价冲高可能只是主力在诱多。开盘追高买入的投资者应该在随后一个交易日将股票卖出。

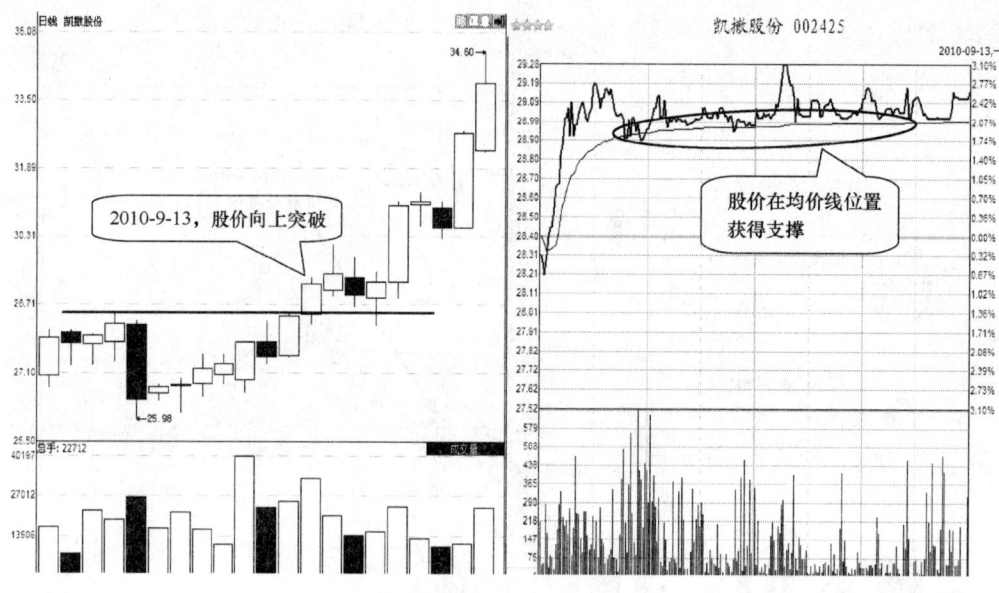

图2—18 凯撒股份分时走势（2010.09.13）

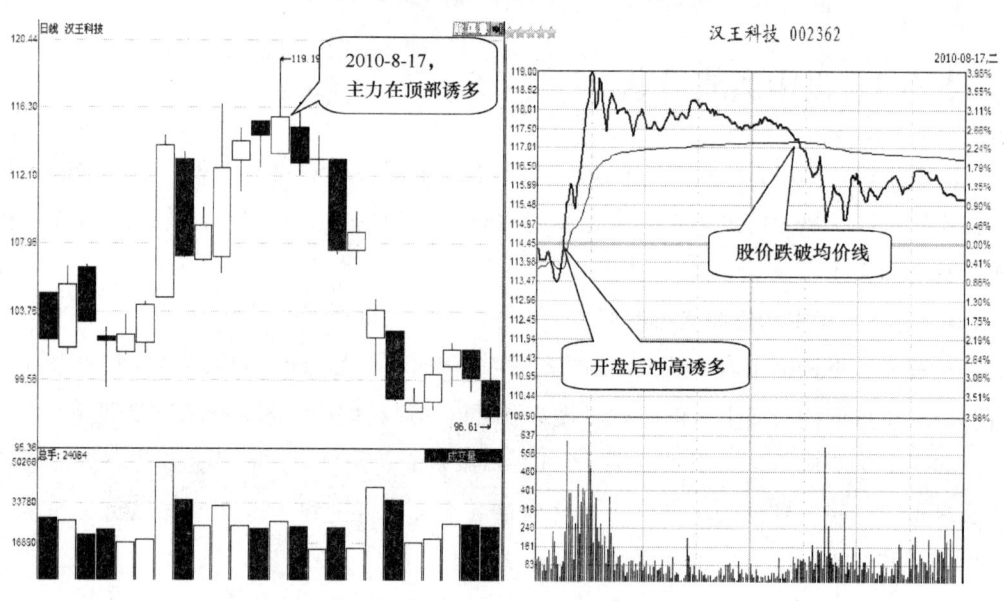

图2—19 汉王科技分时走势（2010.08.17）

2.4.5 尾盘实战看点

收盘价是一天当中最重要的价格。收盘价的高低显示了整个交易日多空双方争斗的最终结果，也将为下个交易日的开盘价提供重要依据。因此，尾盘往往是多空双方争斗最激烈的时刻。

同时，由于早盘和盘中的走势具有较多的不确定性因素，到了尾盘，许多不确定性因素已经消失，多空双方的力量对比基本可以确定。这使得不少短线投资者喜欢在尾盘进行交易。尾盘阶段往往可以成为整个交易日内交易最活跃的时刻。

庄家也充分利用大家对尾盘的关注程度，经常在尾盘突然拉高或打压股价。这些动作，在股价的不同位置，有着不同的含义。

因此，对于尾市阶段行情的异动，投资者需要综合分析，进行仔细鉴别。在尾盘阶段的异动行情主要包括"拉尾盘"和"砸尾盘"两种情形。

2.4.5.1 拉尾盘

尾盘时某股的股价突然出现大幅上涨，而且收盘价往往都是当天的最高价，或者相距不远，称为"拉尾盘"。拉尾盘主要有两种表现形式。一种是两点半之后即开始拉升且拉升时间较长，另一种是直到临收盘时才出现突然地拉升动作。

（1）两点半后开始拉升

个股在两点半之后出现大幅上涨，成交放大，尤其是拉升后的股价创出当天的新高，并且在拉升后股价仍能保持强势，此时投资者需要保持高度关注。如果这种走势出现在一个阶段性的低位，同时全天的成交量出现放大情形，一般来说都意味着股价开始启动，短期内行情仍可看高一线。此时投资者可以短线参与。

如图2—20所示，2010年7月7日，荣华实业在早盘以及盘中的走势都比较稳健，盘面波澜不惊。到收盘前半小时，股价突然放量上涨。这表示有短线资金在收市前集中买入。如果观察K线图可以看出，这之前股价一直在回调当中，当日尾盘突然启动，预示着短线调整的到位。此时投资者可以买入股票进行短线操作。

（2）临收盘时拉升

在个股的尾盘走势中，经常出现临收盘才开始大幅拉升的情况。这种拉升持续的时间太短，因此无法评价股价走势的真正强度。在这种情况下，投资者如果入场追涨，就会承担较大的市场风险。

如图2—21所示，2010年4月13日收盘前几分钟，江山化工（002061）股价被突然拉升。这时投资无法判断股价未来运行的方向，不能贸然追涨。此后几个交易日，股价持续走低。这时投资者应该尽快卖出手中的股票。

2.4.5.2 砸尾盘

尾盘下跌，也分为两点半开始下跌和临收盘才下跌两种情形。一般情况下，尾盘下跌有可能是主力利用尾市突击打压出货，也有可能是主力在打压洗盘。不过不管哪种情形，投资者都不要急于参与。因为即便是主力在打压洗盘，那么第二个交易日往往还会有低点出现。

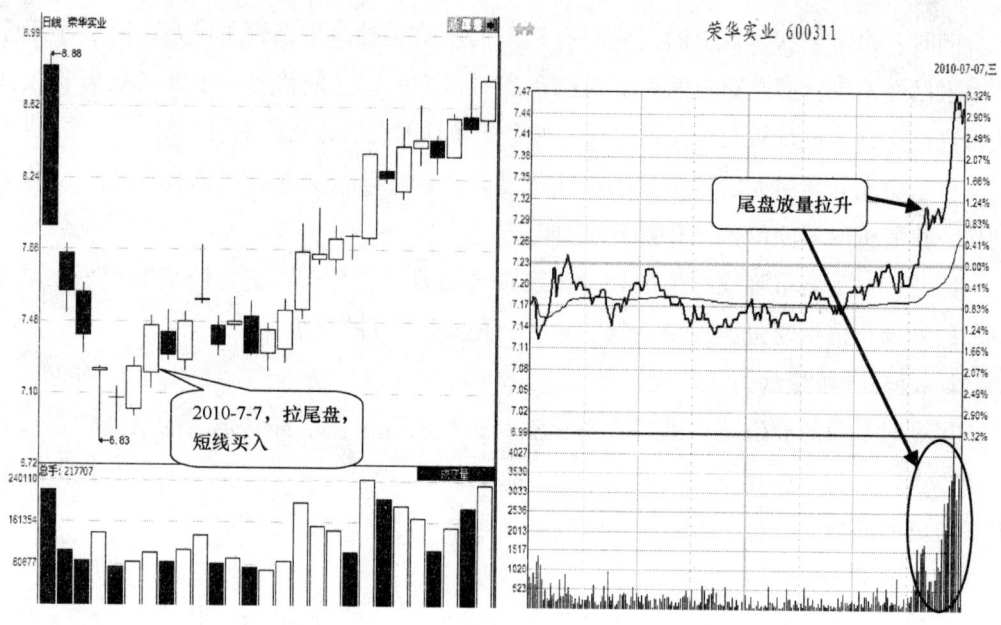

图2—20 荣华实业分时图（2010.07.07）

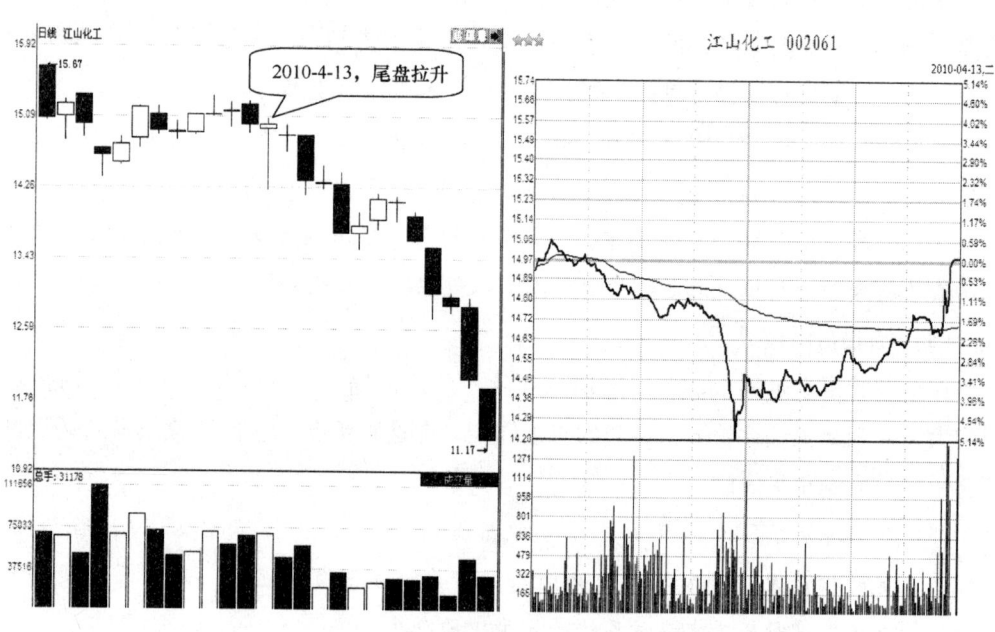

图2—21 江山化工分时图（2010.04.13）

如图2—22所示，2010年8月20日收盘前半小时，三五互联（300051）股价突然连续下跌。这个形态出现在股价连续上涨一段时间后，是市场上风险变大的信号。看到这个形态时，投资者应该密切关注股价走向。此后一个交易日，股价持续下跌。这时投资者应该尽快将手中的股票卖出。

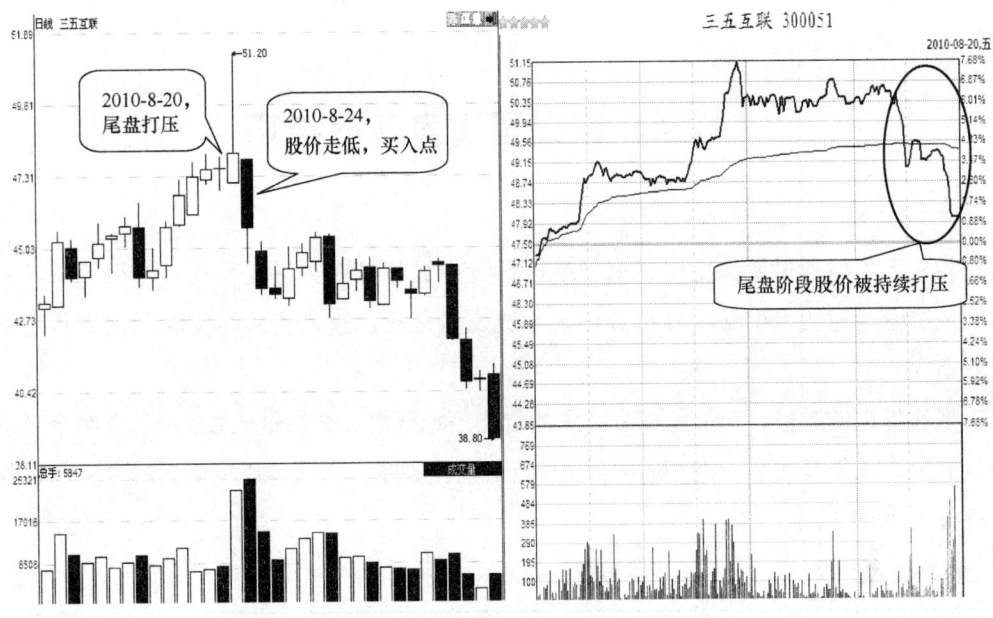

图2—22 三五互联分时图（2010.08.20）

如图2—23所示，2010年6月3日收盘前半小时，鼎盛天工（600335）股价突然连续下跌。这个形态说明市场上风险加大，投资者应该谨慎观察。随后三个交易日，股价连续放量上涨。这可以说明行情转好。之前股价在尾盘被打压的形态很可能是主力在拉升股票前的洗盘动作。看到这个形态后，投资者可以追高买入股票。

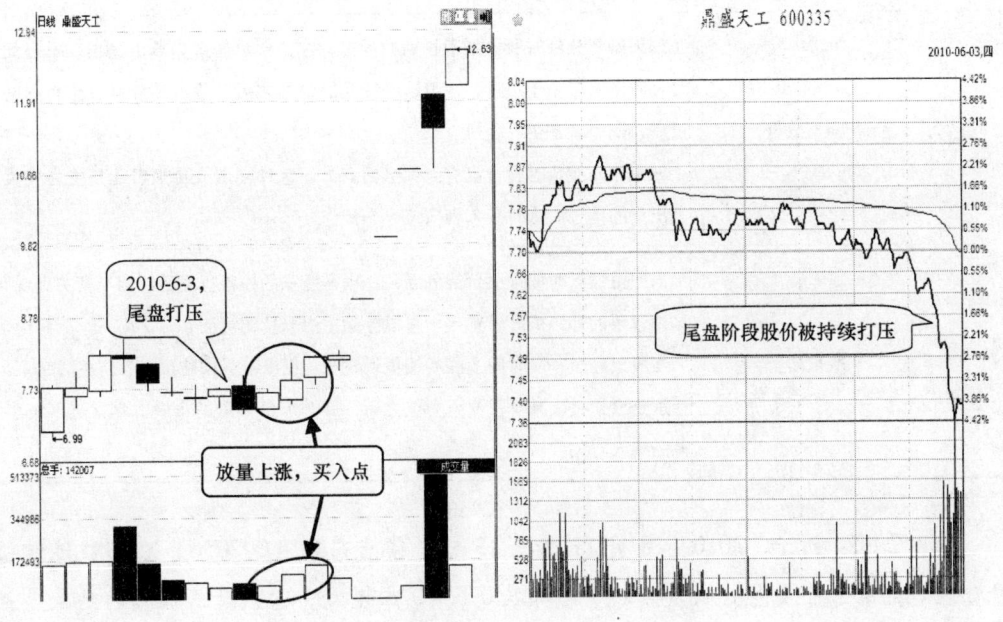

图2—23 鼎盛天工分时图（2010.06.03）

2.5 成交量看盘实战技巧

投资者可以通过量比指标，来判断当日盘中放量情况。量比是指开市后每分钟的平均成交量与过去5个交易日每分钟平均成交量之比。这个指标，反映了当前行情的放量情况。

量比指标的数值，会显示在分时图的右侧信息框内。如果量比大于1，说明今日成交量放大；如果量比小于1，则表示今日成交量在萎缩。不同量比值范围的含义及操作策略如表2—4所示。

表2—4　　　　　　　　　不同量比区间及其操作策略

区间	含义	操作策略
0.5~1.5	成交量变化不大	——
1.5~2.5	温和放量	如果温和放量时股价也处于温和爬升状态，则升势相对健康，投资者可继续持股；若股价下跌，则说明在短期内跌势难以结束
2.5~5	明显放量	如果明显放量同时股价相应地突破重要支撑或阻力位置，则突破有效的概率很高，可以采取相应的买卖操作
超过5	剧烈放量	如果剧烈放量时股价处于长期的低位，往往预示着主力突击进场。不过此时投资者不必急于跟进，一般这种突兀的放量之后，股价都会有一个整固的过程，此时就是买入良机。 如果剧烈放量时股价已有巨大涨幅，出现这种剧烈放量则可能是主力在大力出货的信号。这时投资者应该小心操作
低于0.5	严重缩量	当严重缩量时如果股价能创新高，则是庄家的控盘程度已经相当高的表现。这种股票的筹码被高度锁定，可以排除主力出货的可能 当股票经过一段时间上涨后缩量调整时，极度缩量往往预示着调整的结束。特别是放量突破某个重要阻力位之后，展开缩量回调的个股，常常是不可多得的买入对象

如图2—24所示，2010年8月11日至13日，横店东磁（002056）在高位连续缩量整理。连续三个交易日收盘时的量比都在0.5~0.6左右。这预示着调整的结束，是买入信号。

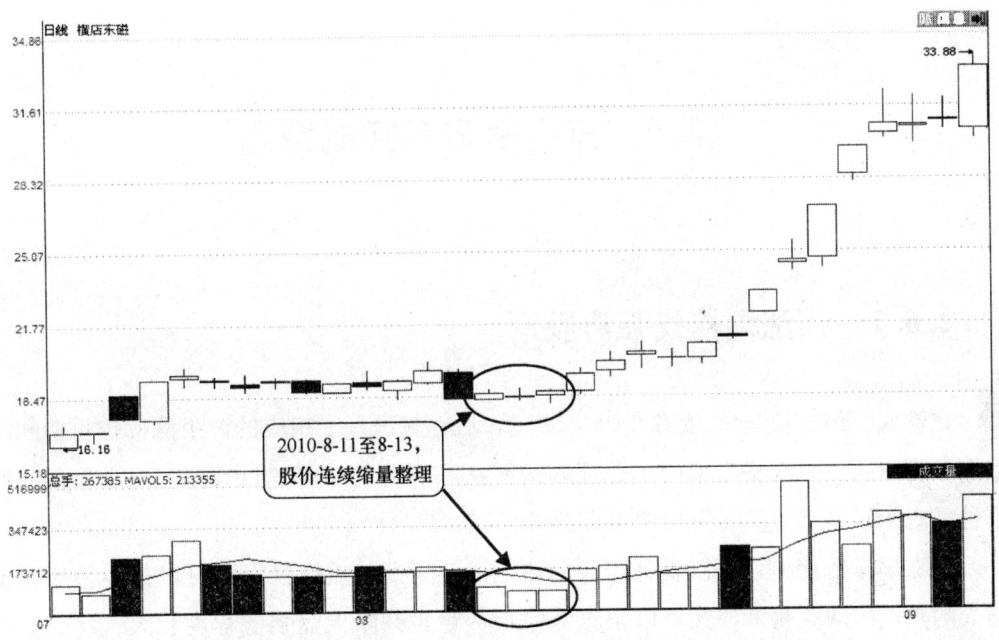

图 2—24　横店东磁日 K 线

2.6 排行榜看盘实战技巧

2.6.1 用涨幅榜找强势股票

在输入"61+Enter"或者"63+Enter"后,就进入了相应的沪市涨幅排行榜和深市涨幅排行榜。系统将当前的个股涨幅按照从高到低的顺序进行排序,位于前列的股票种类对于短线来说具有重要的参考意义。

在涨幅排行榜中,可以看到当天的热点股票情况。短线投资者可以很容易地找出当天的热点板块是哪个,还可以根据涨停板数量来判断大盘强势程度和人气状况。然后可以结合大盘、个股状况选择是否进行短线交易,以及决定短线交易的品种。

如图2—25为2010年10月11日收盘后的"61+Enter"资料,即上海市场的涨幅排行。从这份榜单中可以看出:上海市场上涨幅排名前20位的股票中有5只农业板块股,分别是:新赛股份、敦煌种业、北大荒、万向德农和中粮屯河。同时还有化肥农药类股票华鲁恒升和食品加工类股票冠农股份。从这个数据上看,农业板块是短线操作很好的投资标的。

代码	名称	星级	涨幅%	现价	总手	现手	昨收	开盘	最高	最低	涨速%	量比
1	601177	N杭齿		+117.85	18.06	74.40万	30 ↑	8.29	15.88	19.21	14.57	+0.06	—
2	600348	国阳新能	★★★★	+10.03	19.09	75.30万	8 ↓	17.35	18.75	19.09	18.71	+0.00	2.15
3	600426	华鲁恒升	★★★★	+10.03	15.80	21.35万	14 ↓	14.36	14.49	15.80	14.49	+0.00	3.15
4	600218	全柴动力	★★★★	+10.03	13.17	15461	8 ↓	11.97	13.17	13.17	13.17	+0.00	0.19
5	600117	西宁特钢	★	+10.02	8.89	37.59万	8 ↓	8.08	8.36	8.89	8.36	+0.00	5.09
6	601918	国投新集	★★★	+10.02	14.38	54.02万	2 ↓	13.07	13.70	14.38	13.70	+0.00	5.81
7	601788	光大证券	★★★	+10.02	16.36	58.16万	4 ↓	14.87	14.90	16.36	14.85	+0.00	5.11
8	600540	新赛股份	★★	+10.02	17.13	37.56万	4 ↓	15.57	16.50	17.13	16.00	+0.00	2.45
9	600354	敦煌种业	★★	+10.01	32.41	33776	10 ↓	29.46	30.51	32.41	30.50	+0.00	1.22
10	600030	中信证券	★★★★★	+10.01	12.42	366.36万	14 ↓	11.29	11.38	12.42	11.32	+0.00	4.22
11	600188	兖州煤业	★★★★	+10.00	22.21	10.82万	1 ↓	20.19	22.21	22.21	22.21	+0.00	1.01
12	600598	北大荒	★★	+9.99	15.19	111.13万	36 ↓	13.81	14.28	15.19	14.28	+0.00	6.96
13	600251	冠农股份	★★	+9.99	28.18	24.36万	19 ↓	25.62	26.35	28.18	26.35	+0.00	4.14
14	600362	江西铜业	★★★	+9.99	37.65	30.20万	710 ↓	34.23	37.01	37.65	36.55	+0.05	1.88
15	600644	乐山电力	★★★	+9.98	15.98	47.63万	544 ↓	14.53	14.81	15.98	14.68	+0.00	2.43
16	600371	万向德农	★★★	+9.98	15.21	40089	5 ↓	13.83	15.21	15.21	15.21	+0.00	0.77
17	600642	申能股份	★★★	+9.97	9.15	74.84万	79 ↓	8.32	8.50	9.15	8.48	+0.00	8.39
18	600737	中粮屯河	★★	+9.94	16.26	47.58万	245 ↓	14.79	15.20	16.27	15.15	+0.00	4.31
19	600578	京能热电	★★★	+9.80	12.77	22.45万	55 ↓	11.63	11.88	12.79	11.50	+0.08	2.61
20	600962	国投中鲁	★	+9.33	15.47	16.05万	5 ↓	14.15	14.25	15.57	14.14	+0.00	2.60

图2—25 沪市涨幅排行榜(2010.10.11)

此外，投资者从榜单中还可以得到当天行情整体强弱的信息。这天最终封上涨停的股票有15只。市场整体十分强势。这时投资者可以积极短线操作。

在利用涨幅排行榜发掘热点板块时，应注意这些都是属于动态信息，同时显示的是已经存在的。在行情波动较大的情况下，涨幅榜排名也在一直变动，而且上了排行榜也并非说明该股后期走势仍将保持强势，在"T+1"制度下，应注意防范"单日行情"的风险。

2.6.2 用综合排名找热点股票

在输入"81+Enter"和"83+Enter"后，就分别进入了沪深两市的综合排行榜，上面分9个项目对当前的所有股票的交易情况进行了排行。

在这些分类中，短线投资者应重点关注5分钟涨幅排名、5分钟跌幅排名和今日量比排名三项。

➲ 5分钟涨幅排名，表明了在刚过去的5分钟内，什么股票涨速最快。这是发现短线牛股的最主要观察窗口。比如发现大盘正在上涨时，可以观察5分钟涨幅榜，从中可以发现是哪些股票或者板块在领涨大盘；

➲ 5分钟跌幅榜，其透露的信息和5分钟涨幅榜基本相同。当大盘出现一波跌势时，可以看出哪些股票或者板块在领跌；

➲ 今日量比排名，表明了当前哪些股票相对于昨日放量最明显。对于这些突然放量的股票，投资者可以观察其股价所处位置。如果其走势处于低位放量或者长期横盘中，则后市大幅上涨的可能较大。

如图2—26所示，投资者从2010年10月11日的沪市综合排名信息中可以发现，在"今日量比排名"一栏中，包括申能股份、华电能源和上海电力在内的三只电力能源股票上榜。这说明除了多只股票强势涨停的农业板块外，电力能源板块在这个交易日的表现也值得关注。

今日涨幅排名			5分钟涨速排名			今日委比前排名		
N杭齿	18.06	117.85	红豆股份	7.67	2.27	国投新集T	14.38	100.00
国阳新能T	19.09	10.03	*ST山焦T	7.98	2.18	光大证券	16.36	100.00
华香恒升T	15.80	10.03	天津松江	10.43	1.66	乐山电力T	15.98	100.00
全柴动力T	13.17	10.03	东风科技T	16.96	1.31	申能股份	9.15	100.00
西宁特钢T	8.89	10.02	黄山旅游T	20.14	1.31	北大荒T	15.19	100.00
国投新集T	14.38	10.02	晋西车轴T	11.97	1.27	新赛股份T	17.13	100.00
今日跌幅排名			5分钟跌速排名			今日委比后排名		
海正药业	40.00	-7.60	N杭齿	18.06	-1.31	*ST高陶T	52.81	-100.00
五洲明珠T	23.88	-7.30	大商股份T	54.95	-0.96	青岛啤酒T	38.02	-95.60
马应龙T	43.20	-7.06	二重重装	11.44	-0.95	广汽长丰T	12.15	-95.34
新华百货T	35.40	-6.96	王府井T			天津松江	10.43	-91.03
益佰制药T	24.88	-6.78	南方航空T			马应龙T	43.20	-90.87
华海药业	20.33	-6.70	ST昌河T			*ST宝龙T	12.18	-88.51
今日振幅排名			今日量比排名			今日总金额排名		
N杭齿	18.06	55.97	申能股份	9.15	8.36	江西铜业	37.65	70.2亿
老白干酒T	43.85	15.98	华电能源	3.91	8.34	紫金矿业	8.61	60.5亿
山西汾酒T	69.37	12.15	亚盛集团	5.31	7.88	中信证券	12.42	44.7亿
广晟有色	62.94	11.86	北大荒T	15.19	6.94	山东黄金	61.71	40.9亿
欧亚集团T	29.28	11.54	二重重装	11.44	6.27	中国平安T	58.20	40.6亿
伊利股份T	40.90	11.30	上海电力T	4.30	5.93	包钢稀土T	77.00	35.7亿

三只电力能源股位于量比排名前列

图2—26 沪市综合排名（2010.10.11）

第 3 章

看懂K线形态，
找到买卖点

3.1 单根K线实战技法

K线又称蜡烛线、日本线、阴阳线、棒线等。这种图形起源于日本十八世纪德川幕府时代，被用来记录米市的行情与价格波动。后来，K线被引入到股票市场和期货市场，用来标画证券价格的波动。

3.1.1 单根K线图基本构成

一只股票在每个交易时段（如交易日、交易周或交易月等），都会产生该时段的开盘价、收盘价、最高价和最低价这四个价格，K线就是由这四个价格绘制而成。

一根完整的K线，一般由三部分构成，分别为中间的矩形区域（实体部分），以及矩形上方的线段（上影线）和下方的线段（下影线），而这三部分的四个端点则分别代表了该只股票的四个价格，如图3—1所示。

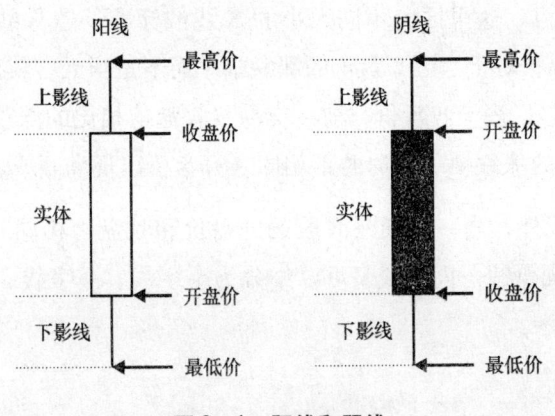

图3—1 阳线和阴线

如果股票在某一交易时段（本书一般指当前交易日）的收盘价高于开盘价，那么这根K线就称为"阳线"（如图3—1中左侧所示），其实体颜色为白色（国内炒股软件中用红色表示），实体的下端表示开盘价，上端表示收盘价，实体的高度代表了该交易时段内收盘价相对开盘价的涨幅大小。如果收盘价低于开盘价，那么这根蜡烛线就称为"阴线"（如图3—1中右侧所示），其实体颜色为黑色（国内炒股软件中用绿色表示），实体的上端表示开盘价，下端表示收盘价，实体的大小代表了收盘价相对开盘价的跌幅大小。

> 从图3—1中可以看出，K线实体的颜色，取决于当天收盘价相对于当天开盘价的涨跌，而不是当天收盘价与前一个交易日收盘价的涨跌。因此如果某个交易日开盘时有着大幅度的高开或者低开现象，那么就容易出现"收盘价相对开盘价涨，但相对上交易日收盘价跌"的"假阳线"，或者"收盘价相对开盘价跌，但相对上交易日收盘价涨"的"假阴线"。

K线上影线的最顶端代表了该交易日的最高价，K线下影线的最底端代表了当天的最低价。从中投资者可以看出，上下影线的两端之间的距离，体现了当天股价的最大波动幅度。

如果某根K线没有上影线，那么就是所谓的"光头K线"。如果某K线没有下影线，那么就是所谓的"光脚K线"。如果某根K线既没有上影线，也没有下影线，那么就是所谓的"光头光脚K线"。

按照实体大小，可以对K线进行一定的分类。以阳线为例，可以分为大阳线、中阳线和小阳线。在日K线图中，一般认为实体部分涨幅超过5%的阳线为大阳线，实体部分涨幅超过2%但不足5%的为中阳线，实体部分涨幅小于2%的为小阳线。阴线也以此类推。

> 投资者需要注意，这里区分不同大小的K线的标准，是K线"实体部分的涨跌幅"，即当天收盘价相对于当天开盘价的涨跌幅，而不是当天"实际的涨跌幅"。当天实际的涨跌幅指的是，当天收盘价与前一交易日收盘价相比的涨跌幅。这个幅度与当天K线"实体部分的涨跌幅"有时并不相同（开盘价出现高开或者低开情形时）。

除了阳线和阴线外，当一个交易时段的开盘价和收盘价相同时，会形成一些特殊的K线形态，称为同价线。同价线又可以细分为十字线、一字线、T字线和倒T字线，如图3—2、3—3所示。

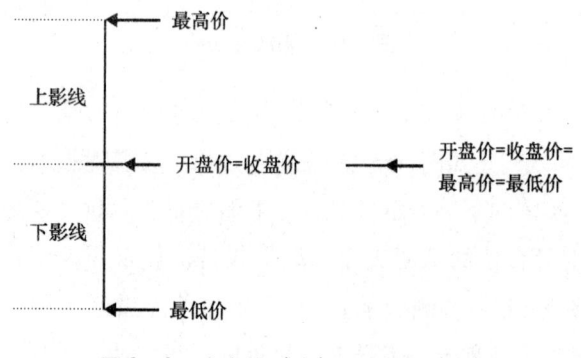

图3—2 十字线（左）、一字线（右）

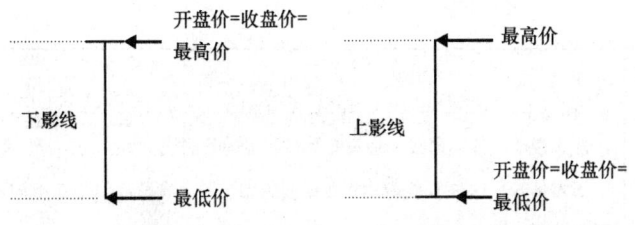

图 3—3　T 字线（左）、倒 T 字线（右）

十字线是指开盘价和收盘价相等，最高价略高、最低价略低的 K 线。这种 K 线的实体部分为一字形，有一定长度的上影线和下影线。

一字线是指开盘价、收盘价、最高价和最低价均相等的 K 线。这种 K 线只有一个一字形实体，没有上影线和下影线。

T 字线是指开盘价、收盘价和最高价相等，最低价略低的 K 线。这种 K 线的实体部分为一字形，没有上影线、有一定长度的下影线。

倒 T 字线是指开盘价、收盘价和最低价相等，最高价略高的 K 线。这种 K 线的实体部分为一字形，有一定长度的上影线、没有下影线。

3.1.2　单根 K 线的变形及其信号指示作用

K 线图反映了当前交易时段内买方与卖方实力的较量，因此，K 线图上的每一点变化都可能对未来股价的走势产生巨大的影响。

一般来说，上影线和阴线的实体表示卖方力量，也就是促使股价下跌的力量；下影线和阳线的实体表示买方力量，也就是促使股价上涨的力量。投资者要判断未来股价的趋势，首先要对每一根 K 线的含义有清晰的认识。表 3—1、3—2 中列出了单根 K 线的几种主要变化形态，以供投资者参考。

表 3—1　　　　　　　　　　单根 K 线的形态表 1

形态	分析
长阳线	形态说明：没有影线或者只有很短影线的长阳线。 买卖信号：这种 K 线表示买盘相当强劲，后市看涨。但是在不同情况下，投资者应该区别分析。 1. 当股价在低价位整理时出现这类图形时，是买入信号。 2. 当股价上涨一段时间后再出现这类图形时，应该持币谨慎观望

续表

形态	分析
长阴线	形态说明：没有影线或者只有很短影线的长阴线。 买卖信号：这种K线表示卖盘相当强劲，后市看跌。但是在不同情况下，投资者应该区别分析。 1. 当股价在高位整理时出现这类图形时，是卖出信号。 2. 当股价下跌一段时间后再出现这类图形时，可以继续持股观望

表3—2　　　　　　　　　　单根K线的形态表2

形态	分析
长上影线	形态说明：上影线较长，且上影线长于下影线。 买卖信号：这种K线表示在买方力量的推动下，股价在盘中有过一轮上涨。但是经过短暂的上涨后，买方力量逐渐不足。股价最终被卖方打压回去。 1. 当实体为阳线时，表示买方力量稍强，常为反转信号。如果在大涨后出现，表示股价可能下跌；如果在大跌后出现，表示后市可能反弹。 2. 当实体为阴线时，表示卖方力量较强，股价上涨无力。如果在一段上涨行情后出现是卖出信号。 3. 当实体部分很短时，同样表示卖方力量较强，股价上涨无力
长下影线	形态说明：下影线较长，且下影线长于上影线。 买卖信号：这种K线表示在卖方打压下，股价在盘中出现一轮下跌。但是经过短暂的下跌之后，由于卖方力量不足，股价最终被买方拉升。 1. 当实体为阳线时，表示买方力量较强。股价下跌空间已经有限。如果在一段下跌行情后出现是买入信号。 2. 当实体为阴线时，表示卖方力量较强，但是股价继续下跌时可能获得支撑。 3. 当实体部分很短时，股价先跌后涨，表示买方力量较强，股价有上涨趋势
十字线	形态说明：上下影线都很长，实体部分很短甚至没有，形似"十"字。 买卖信号：这种K线表示买卖双方力量接近。 1. 当股价经过一段明显的上涨或者下跌行情后出现这种形态，表示之前持续推动股价上涨的买方或者持续打压股价下跌的卖方力量已经衰竭，是行情转向的信号。 2. 当股价在横盘整理时出现这种形态，后市股价走向很难判断。这时投资者无论要买入还是卖出都应该谨慎。尽量等到行情明朗后再操作

如图3—4所示，2010年3月，银鸽投资（600069）经过一段时间下跌后进入底部整理行情。3月29日，股价大幅上涨9.21%，出现长阳线。这是买盘强劲的信号，后市看涨。看到这个形态后，投资者可以在3月30日买入股票。

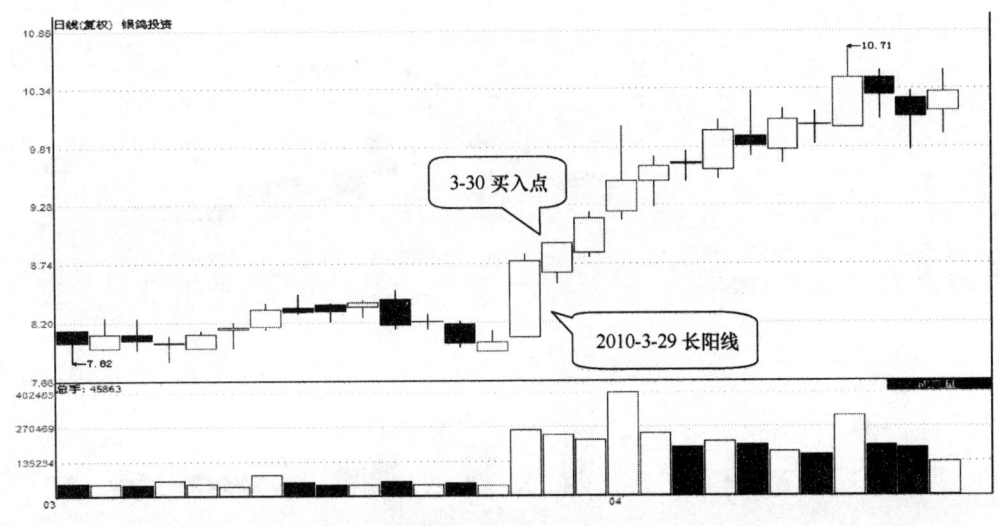

图3—4 银鸽投资日K线

如图3—5所示，2010年3月开始，日照港（600017）经过一段时间上涨后进入顶部理情。4月27日，股价大幅下跌7.21%。这是卖盘强劲的信号。后市行情看跌。看到这个形态后，投资者应该尽快将手中的股票卖出。

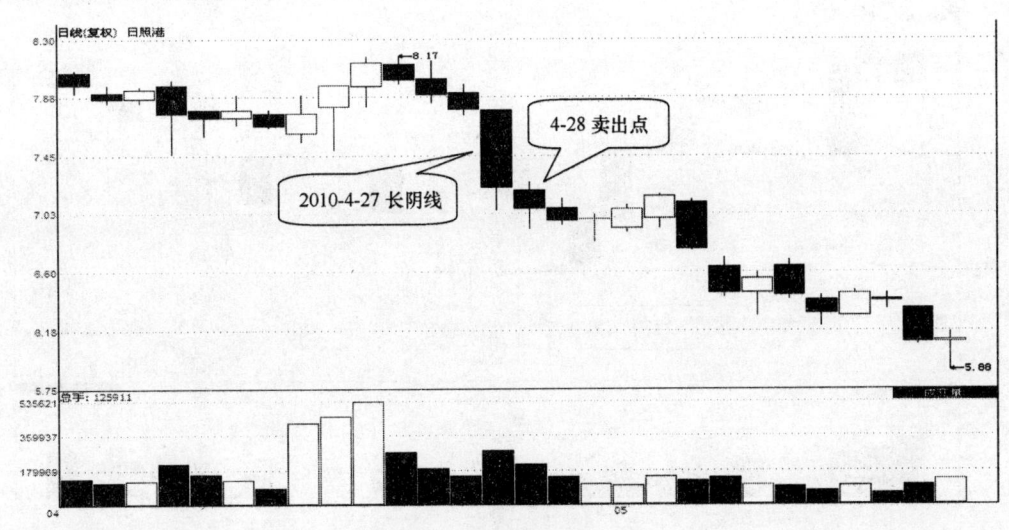

图3—5 日照港日K线

如图3—6所示，2010年2月，厦门港务（000905）股价持续上涨。3月2日，股价虽然在开盘后继续上涨,但不久就受到压力回调。最终收盘后出现一根带有长上影线的K线。这个形态表示经过一段时间上涨后,股价遇到较大阻力。看到这个形态,投资者应该将手中的股票卖出。

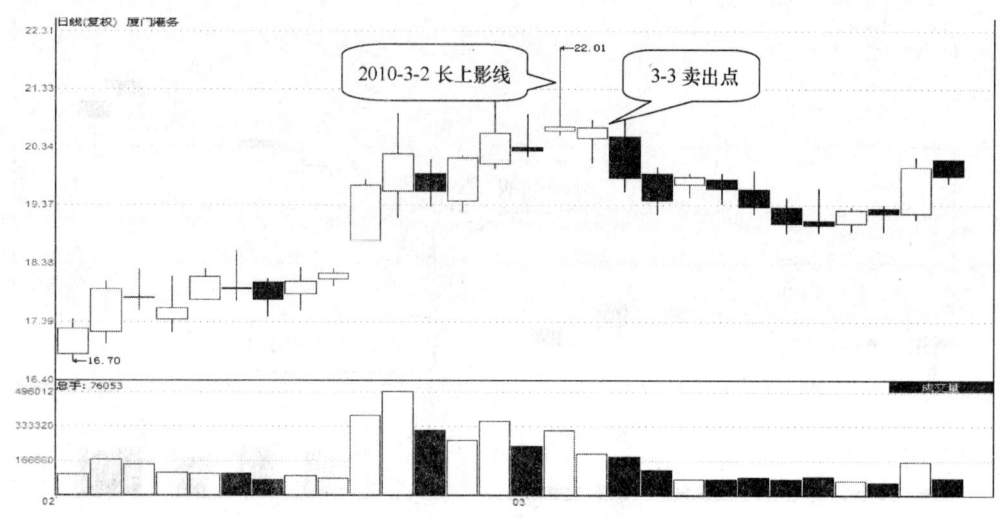

图3—6 厦门港务日K线

如图3—7所示,2010年6月中旬开始,山东威达(002026)股票小幅回调。7月2日,股价大幅下跌后被强势拉升,截至收盘出现一根带长下影线的K线。这个形态表示股价下跌获得强力支撑,下跌行情即将结束。

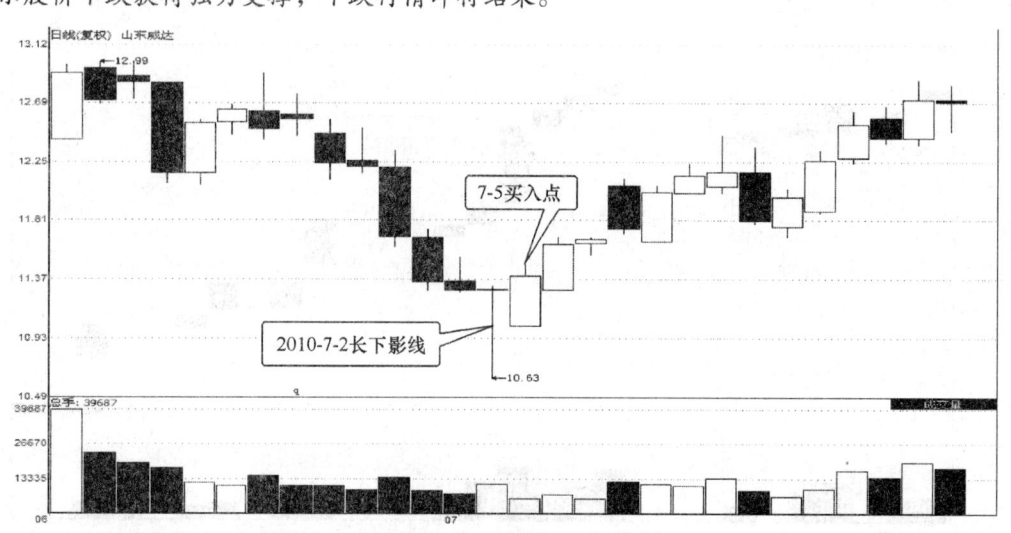

图3—7 山东威达日K线

7月5日和6日,股价连续两天收出中阳线。此时强势行情已经基本确立。投资者可以在 7 月 7 日买入股票。

如图 3—8 所示，2010 年 3 月底开始，中国神华股价小幅上涨。4 月 6 日开盘后，股价在高位反复震荡，截止收盘出现一根十字线。这表示买卖双方陷入僵持，之前买方强势的局面已经结束。4 月 7 日开盘后股价持续下跌，此时投资者应该尽快卖出股票。

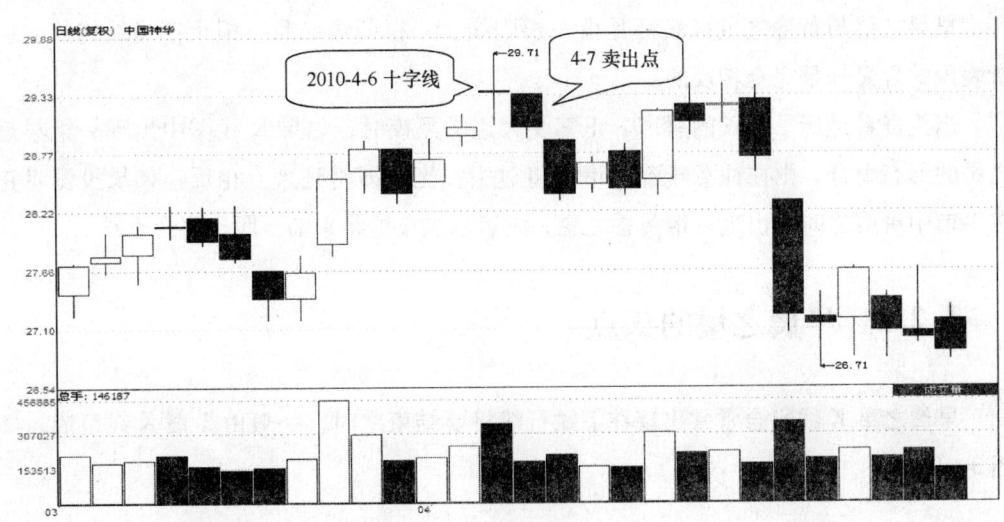

图 3—8　中国神华日 K 线

3.2　早晨之星与黄昏之星

早晨之星与黄昏之星虽然都是由一根阳线、一根阴线以及一根十字星线构成，但所表现的含义却是完全相反的。

当投资者经历了漫长的熊市、正感受无边的黑夜时，如果K线图中出现一组早晨之星的形态组合，则往往意味着熊市即将过去，光明即将到来。相反，如果投资者正在牛市中拼搏之时，出现一组黄昏之星，则表示黑夜即将来临，股价将会下跌。

3.2.1　早晨之星的买点

早晨之星K线组合常常出现在下跌行情将要结束之时，一般由3根K线组成，如图3—9所示。

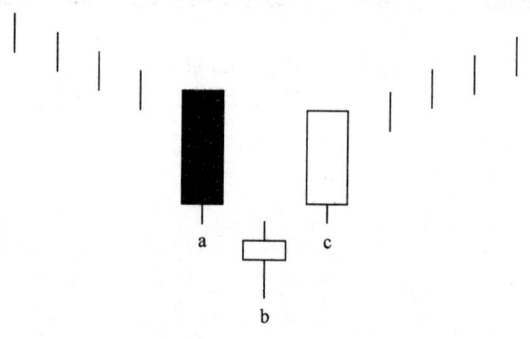

图3—9　早晨之星

在股价下跌行情中，首先出现一根中阴线或大阴线a，表示市场持续下跌，抛压巨大，空方占据主动。

紧跟阴线a之后，出现一根向下跳空的小星线b。星线b可以是小阳线、小阴线或者十字星，带有较长的上下影线。这根K线表示多空双方陷入僵持，股价有止跌反弹趋势。

在星线b之后又出现一根中阳线或大阳线c。阳线c的实体深入到阴线a中甚至将其实体部分覆盖。这表示多方开始反攻并逐渐占据优势。

操作要点

1. 早晨之星表示多空双方力量转换，市场由空方主导行情变成多方主导行情，是买入信号。

2. 早晨之星的买入点在阳线 c 后。早晨之星形态一旦完成，表示行情已经转变，投资者可以积极买入。

3. 按照早晨之星形态买入后，投资者应该将止损位设定在星线 b 的下影线底端。如果在出现早晨之星后几天内股价跌破这个价位，表示形态失败。这时投资者需要马上卖出股票。

如图 3—10 所示，2010 年 7 月 2 日至 6 日，成发科技（600391）的 K 线图上出现了早晨之星形态。这是卖方力量衰弱，买方逐渐强势的信号。看到这个形态后，投资者可以在 7 月 7 日开盘就买入股票。

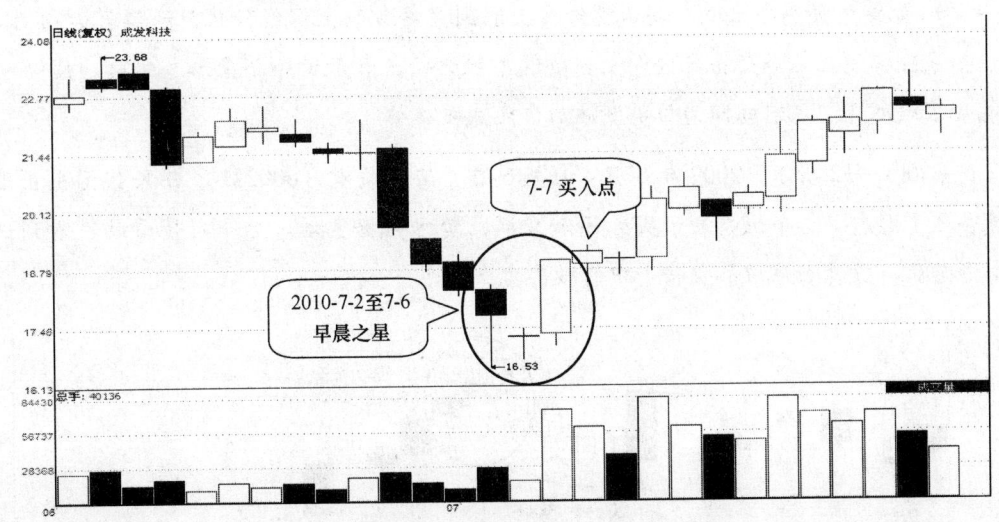

图 3—10　成发科技日 K 线

3.2.2　黄昏之星的卖点

黄昏之星具有很强的警示作用。一般情况下，在股价经历了一段上涨行情之后，如果 K 线图上出现黄昏之星形态，往往意味着行情将出现转变，下跌极有可能到来。黄昏之星一般由 3 根 K 线组成，如图 3—11 所示。

在股价上涨过程中，首先出现一根中阳线或

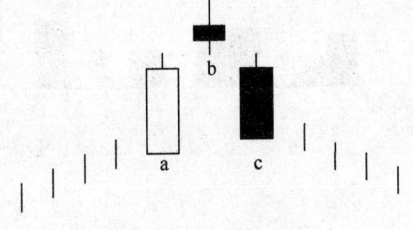

图 3—11　黄昏之星

者大阳线 a，表示多方占据主动，正在推动股价上涨。

紧跟阳线 a 之后，出现一根向上跳空的小星线 b。星线 b 可以是小阳线、小阴线或者十字星，带有较长的上下影线。这表示上方抛盘压力巨大，多空双方陷入僵持，股价有滞涨下跌的可能。

紧跟星线 b 之后又出现一根跳空下跌的中阴线或者大阴线 c。阴线 c 的实体深入到阳线 a 实体中。这表示经过僵持后空方胜出，股价即将下跌。

操作要点

1. 黄昏之星表示市场行情由多方占优变成多空僵持，再变成空方占优势的过程，预示股价即将下跌，是卖出信号。

2. 黄昏之星的卖出点在阴线 c 完成后。阴线 c 一旦完成，表示行情已经转变，投资者应该尽快将股票卖出。

3. 黄昏之星形态出现，表示股价在上涨到星线 b 的上影线价位时遇到巨大阻力。但如果股价能在几个交易日内向上突破这个阻力位，表示黄昏之星形态失败，股价可能会继续上涨。之前的阻力位被突破后会变成支撑位。

如图 3—12 所示，2009 年 8 月 4 日至 6 日，海南航空（600221）日 K 线图上出现黄昏之星形态。这个形态表示买方逐渐衰弱，卖方占据主动。后市行情看跌。看到这个形态后，投资者应该尽快将手中的股票卖出。

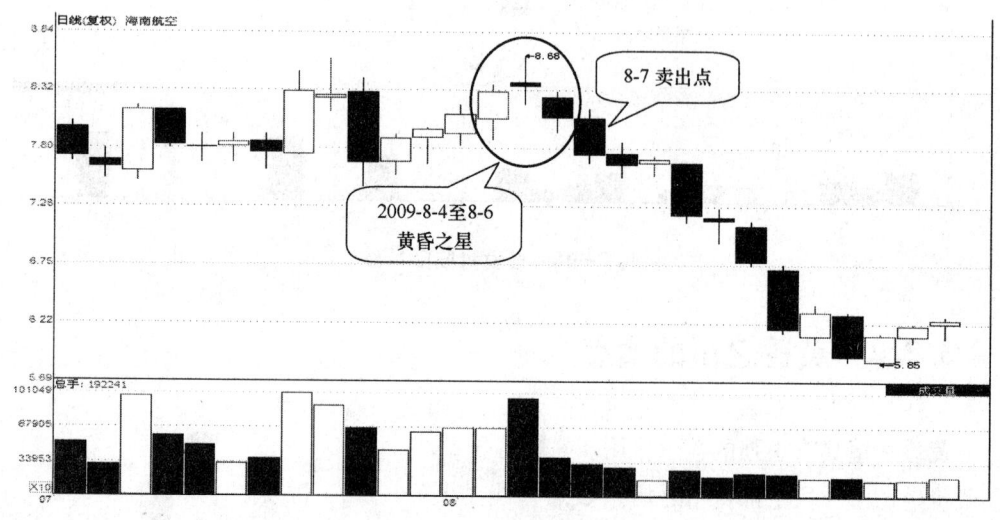

图 3—12　海南航空日 K 线

3.3 曙光初现与乌云盖顶

曙光初现与乌云盖顶之间的关系和早晨之星与黄昏之星之间的关系相近。只是与后两者相比，曙光初现与乌云盖顶少了一根中转的星线。因此，这两种形态带来的行情转变往往给人一种快速、强烈的感觉。

3.3.1 曙光初现的买点

曙光初现形态出现在下跌行情中，由一阴一阳两根K线组成。这一形态的出现，往往意味着下跌行情有了结束的可能，如图3—13所示。

在股价持续下跌过程中，先是出现一根中阴线或者大阴线a。这表示下跌行情还在继续。

接着阴线a，出现一根跳空低开的中阳线或者大阳线b。阳线b虽然低开，但开盘后持续上涨，最终收盘价深入到阴线a实体的1/2以上处。

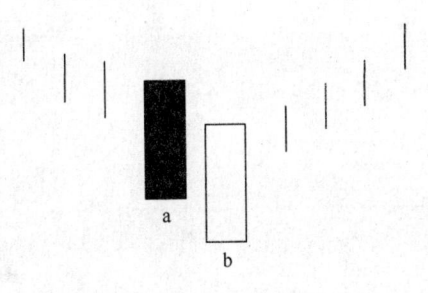

图3—13 曙光初现

> 操作要点
> 1. 曙光初现形态表示下跌行情结束，多方力量开始反攻。预示着股价见底反弹，是看涨信号。
> 2. 阳线b的收盘价一定要穿入到阴线a实体的1/2以上，否则形态无效。

如图3—14所示，2009年2月中旬开始，东方金钰（600086）股价小幅回调。2月27日和3月2日，东方金钰日K线图上出现曙光初现形态。这是下跌行情结束，多方力量开始反攻的信号。看到这个形态后，投资者可以适当买入股票。

3.3.2 乌云盖顶的卖点

乌云盖顶形态往往出现在上涨行情的末尾，由一阳一阴两根K线组成，如图3—15所示。

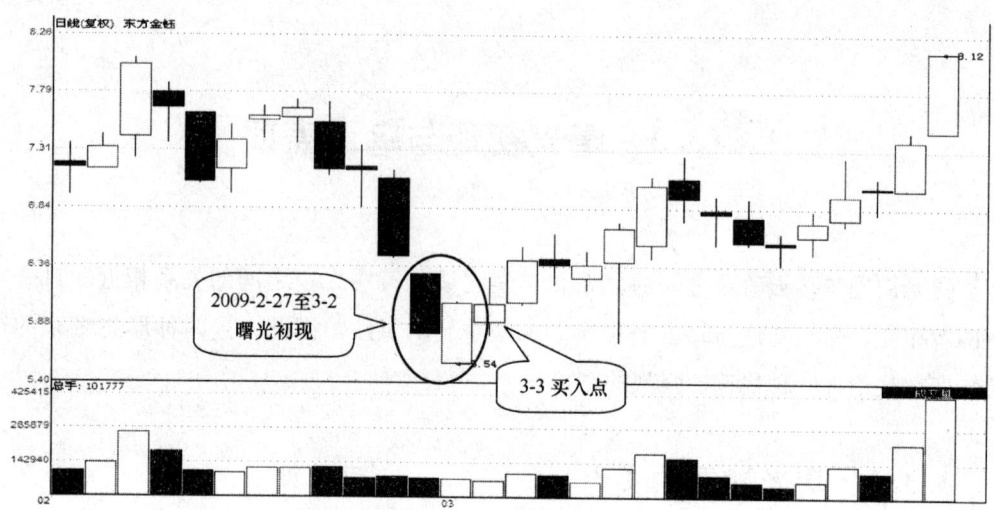

图 3—14 东方金钰日 K 线

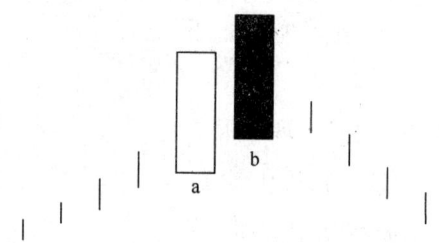

图 3—15 乌云盖顶

在股价持续上涨过程中，首先出现一根中阳线或者大阳线 a。这表示上涨行情还在继续。

紧接着阳线 a，股价高开低走，最终出现一根中阴线或者大阴线 b。阴线 b 的实体深入阳线 a 实体超过 1/2 以上。

操作要点

1. 乌云盖顶形态表示前期获利的投资者正在踊跃将股票卖出。股价上涨遇到阻力，可能会见顶下跌，是看跌信号。

2. 看到乌云盖顶形态后，投资者应该尽快将手中的股票卖出，回避风险。

3. 乌云盖顶形态中，阴线 b 的收盘价一定要深入到阳线 a 实体的 1/2 以上，否则形态无效。

如图 3—16 所示，2010 年 5 月 7 日至 10 日，中江地产（600053）日 K 线图上出现乌云盖顶形态。这是股价上涨遇到较大阻力，即将回调的信号。看到这个信号后，投资者应该在 5 月 11 日开盘后尽快将手中的股票卖出。

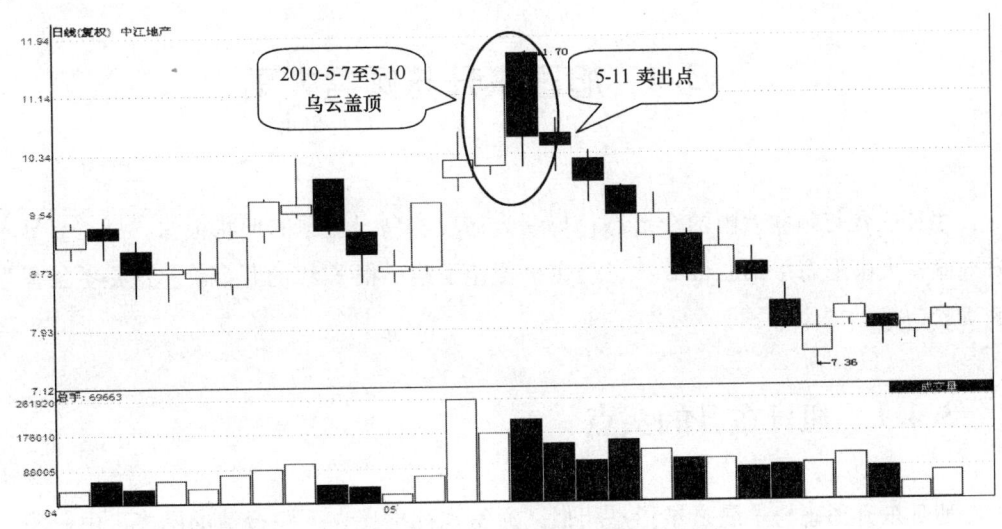

图 3—16 中江地产日 K 线

3.4 旭日东升与倾盆大雨

旭日东升与倾盆大雨两个形态，与曙光初现和乌云盖顶的形状很像。只是旭日东升与倾盆大雨形态中第二根 K 线已经完全覆盖了第一根 K 线的开盘价。这是更加强烈的买卖信号。

3.4.1 旭日东升的买点

旭日东升形态与早晨之星形态相似，通常也都出现在下跌行情的尾声，由一阴一阳两根 K 线组成，如图 3—17 所示。

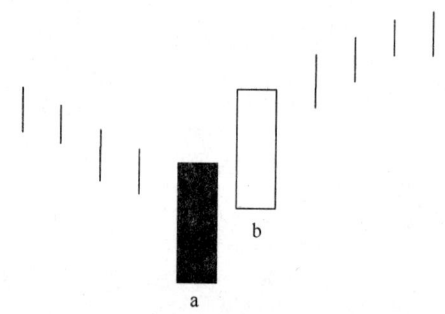

图 3—17 旭日东升形态

在股价下跌行情中，首先出现一根中阴线或者大阴线 a。紧跟阴线 a 之后，出现一根跳空高开的中阳线或者大阳线 b，阳线 b 的收盘价高于阴线 a 的开盘价。

> **操作要点**
>
> 1. 旭日东升形态表示股价经过连续下挫，空头能量已释放殆尽。在空方无力再继续打压时，多方重新占据主动，股价高开高走。因此，旭日东升形态是较强的看涨买入信号。
>
> 2. 在阳线 b 的走势完成后，投资者可以积极买入。
>
> 3. 如果旭日东升形态完成后，如果股价再次下跌，跌破了阴线 a 的最低点，则表示形态失败，这时投资者应该果断卖出股票。

如图3—18所示，2009年4月8日至10日，皖维高新（600063）经过一段时间横盘整理后，日K线图上出现旭日东升形态。这是多方开始占据主动，调整即将结束的信号。看到这个形态后，投资者应该积极买入股票。

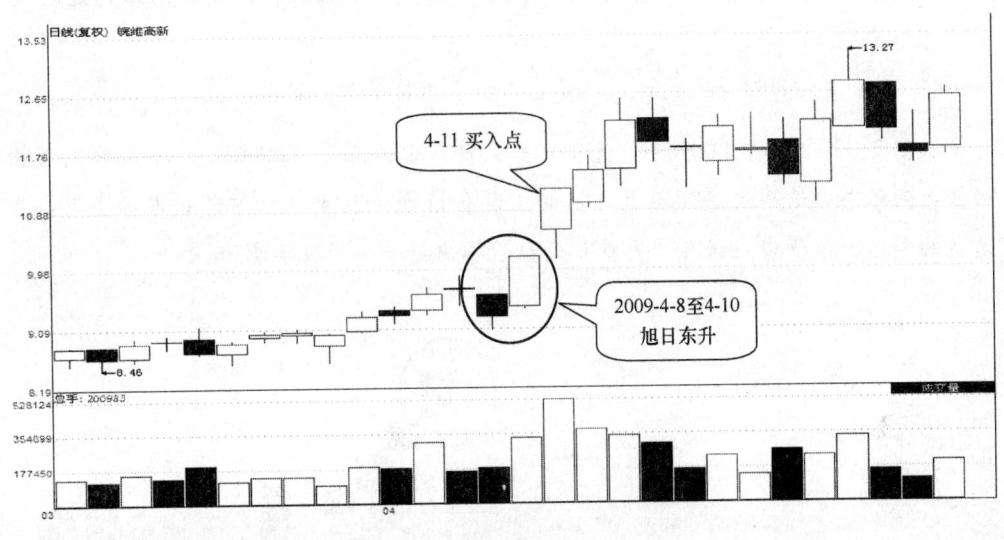

图3—18　皖维高新日K线

3.4.2　倾盆大雨的卖点

倾盆大雨形态通常出现在上涨行情的尾端，由一阳一阴两根K线组成，如图3—19所示。

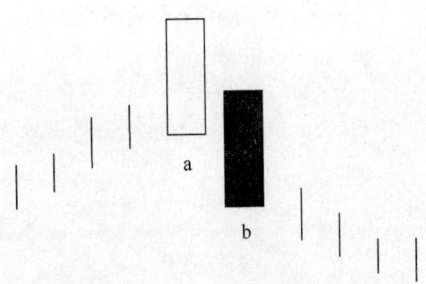

图3—19　倾盆大雨形态

在股价上涨过程中，首先出现一根中阳线或者大阳线a。这表示上涨行情仍在继续。紧跟阳线a之后，出现一根低开低走的中阴线或者大阴线b。阴线b的收盘价低于阳线a的开盘价。

操作要点

1. 倾盆大雨形态表示股价经过连续上涨后，多方力量已经消耗殆尽，空方的卖盘汹涌。股价继续上涨的压力较大，很可能会掉头下跌。因此，倾盆大雨形态是较强的看跌卖出信号。

2. 在倾盆大雨形态完成后，投资者需要尽快将手中的股票卖出。

如图3—20所示，2009年8月4日至5日，中国石化（600028）日K线图上出现倾盆大雨形态。这个形态预示着之前的上涨行情即将结束，空方开始占据主动。看到这样的形态，投资者应该在8月6日开盘后尽快把手中的股票卖出。

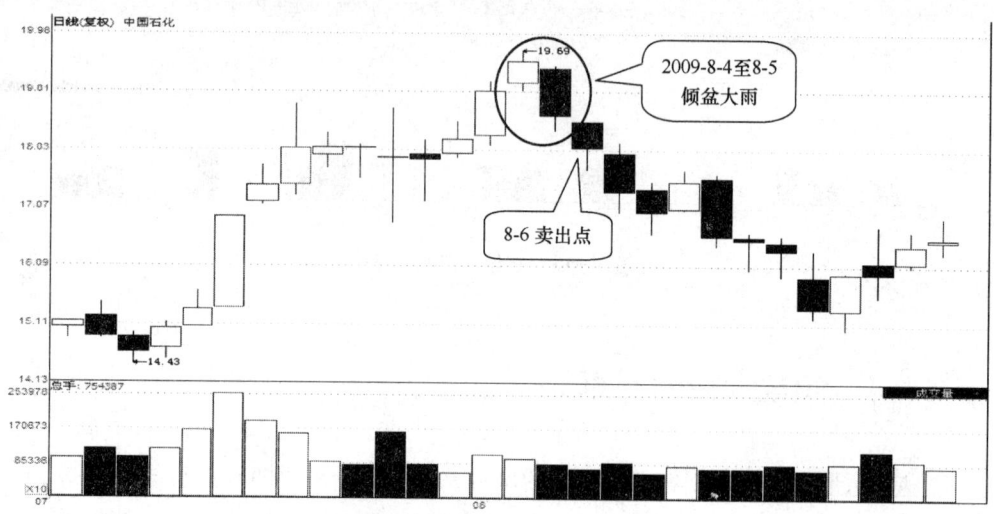

图3—20　中国石化日K线

3.5 阳包阴与阴包阳

阴包阳与阳包阴同属于包容形态，都有行情转向的指示作用。二者主要的区别在于阴线与阳线出现的先后、大小与位置不同，自然看涨和看跌的信号也就不同。

3.5.1 阳包阴的买点

阳包阴也称看涨包容形态，一般出现在一段下跌行情之后。这个形态出现意味着下跌行情即将终结，如图3—21所示。

在股价持续下跌一段时间后，出现一根阴线a。阴线a的实体部分较短，表示下跌趋势减缓。紧跟阴线a之后，出现一根阳线b。阳线b的实体将阴线a完全包容（但并不一定包容阴线a的上下影线）。这表示多方力量压倒空方，开始占据主动。因此，阳包阴形态为底部看涨信号。

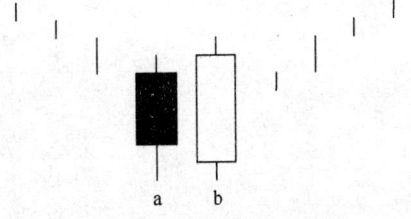

图3—21　阳包阴形态

> 操作要点
> 1. 阳包阴形态为底部看涨信号。看到此形态后，投资者可以积极买入股票。
> 2. 按照阳包阴形态买入股票后，投资者可以将止损位设定在阳线b的最低价上。如果股价跌破这个价位，说明下跌行情还在继续，此时投资者应该尽快卖出股票。

如图3—22所示，2010年7月2日至5日，全柴动力（600218）日K线图上出现阳包阴的形态。这个形态表示多方开始占据主动，是股价即将见底反弹的信号。看到这个形态后，投资者可以在7月6日开盘后积极买入股票。

3.5.2 阴包阳的卖点

阴包阳也称看跌包容，一般出现在股价上涨一段时间后。是前小后大、前阳后阴的两根K线组合，如图3—23所示。

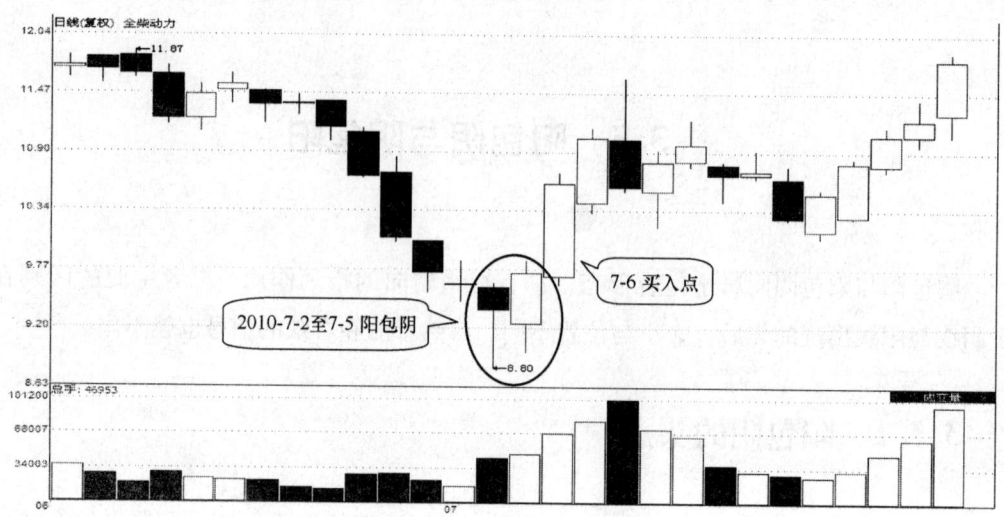

图 3—22　全柴动力日 K 线

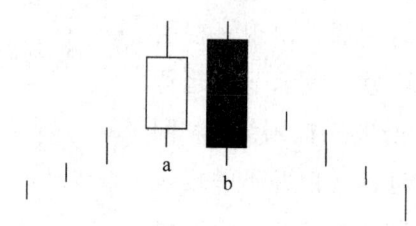

图 3—23　阴包阳形态

在股价持续上涨一段时间后，出现一根阳线 a。阳线 a 的实体部分较短，上涨趋势已经减缓。紧跟阳线 a 之后，出现一根阴线 b。阴线 b 的实体将阳线 a 的实体部分完全包容。这表示空方力量压倒多方，开始占据主动。因此阴包阳形态为顶部看跌信号。

操作要点

1. 阴包阳形态为顶部看跌信号。看到此形态后，投资者应该尽快卖出股票。

2. 如果出现阴线 b 的同时成交量也大幅放大，则大大增加了看跌信号的可靠性。

如图 3—24 所示，2010 年 4 月 1 日和 2 日，云南城投（600239）日 K 线上出现阴包阳形态。这个形态表示空方开始占据主动，为顶部看跌信号。看到这个形态后，投资者应该尽快将手中的股票卖出。

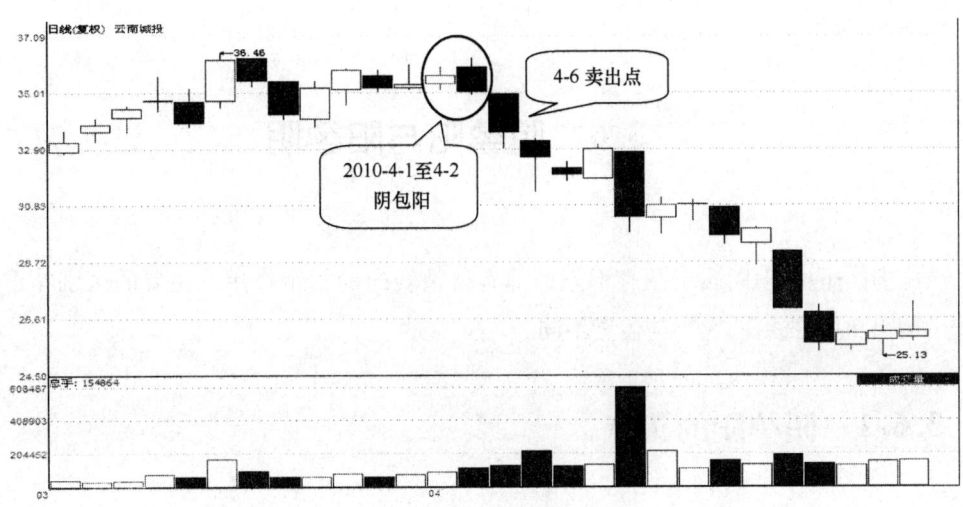

图 3—24　云南城投日 K 线

3.6 阴孕阳与阳孕阴

阳孕阴与阴孕阳同属于孕育形态，都有行情转向的指示作用，主要的区别在于阴线与阳线出现的先后、大小与位置不同。

3.6.1 阴孕阳的买点

阴孕阳形态，一般出现在股价下跌过程中，是行情发生变化的警示信号。该形态反映了经过前一段时间的下跌，行情有可能出现转变，如图3—25 所示。

在股价下跌过程中，先出现一根大阴线或者中阴线 a，表示空方强势。紧跟阴线 a 之后出现一根小 K 线 b。K 线 b 可以是小阳线、小阴线或者十字线。表示之前强势的空方力量衰竭，多空双方陷入僵持。

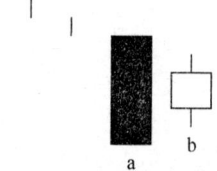

图 3—25　阴孕阳形态

> 操作要点
>
> 1. 阴孕阳形态表示市场行情由空方主导变成多空僵持，为股价见底的信号。此时投资者并不能贸然买入股票，可以先观察一段时间。如果未来股价突破阴线 a 的开盘价，则可以买入股票。
>
> 2. 阴孕阳形态表示股价在阴线 a 的最低价上获得支撑。如果日后股价跌破这个价位，则支撑失败。未来股价可能会继续下跌。
>
> 3. 孕育形态的反转信号强度不如包容形态。在孕育形态出现后，当前上涨或下跌行情将会结束，但之后市场并不一定立即转向，可能会进入整理状态。

如图 3—26 所示，2010 年 7 月 8 日和 9 日，大元股份（600146）日 K 线图上出现阴孕阳的形态。这个形态说明多方力量逐渐变强，之前的弱势下跌行情即将结束。看到这个形态后，投资者可以在 7 月 12 日开盘后适当买入股票。

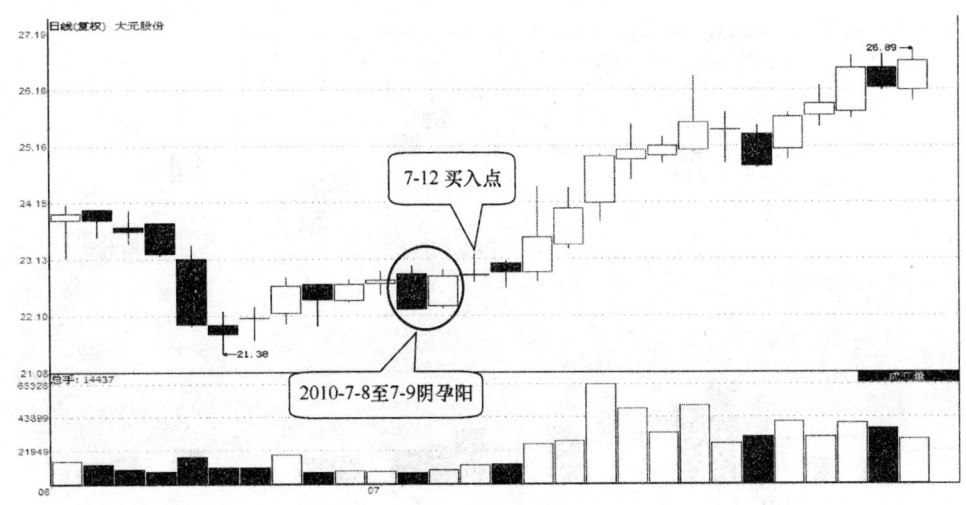

图 3—26 大元股份日 K 线

3.6.2 阳孕阴的卖点

阳孕阴形态，出现在股价上涨过程中，是行情发生变化的警示信号。该形态反映了经过前一段时间的上涨，行情有可能出现变化，如图 3—27 所示。

行情上涨一段时间后，先出现一根大阳线或者中阳线 a，表示多方强势。紧跟阳线 a 之后出现一根小 K 线 b。K 线 b 可以是小阳线、小阴线或者十字线。表示之前强势的多方力量衰竭，多空双方陷入僵持，是之前上涨行情结束的信号。

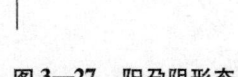

图 3—27 阳孕阴形态

> **操作要点**
> 1. 阳孕阴形态为上涨行情结束的信号，但不是一个强烈的卖出信号。
> 2. 看到这个形态，投资者可以考虑分批卖出股票，等待行情明朗后，再做进一步的卖出或买入决策。

如图 3—28 所示，2010 年 4 月 21 日和 22 日，永鼎股份（600105）日 K 线图上出现了阳孕阴形态。这说明之前占优的多方已经无法主导行情，多空双方重新陷入僵持。看到这个形态，投资者可以在 4 月 23 日先卖出一部分股票。

此后股价连续三个交易日下跌。到 4 月 27 日，下跌趋势已经形成。这时投资者应该将剩余股票全部卖出。

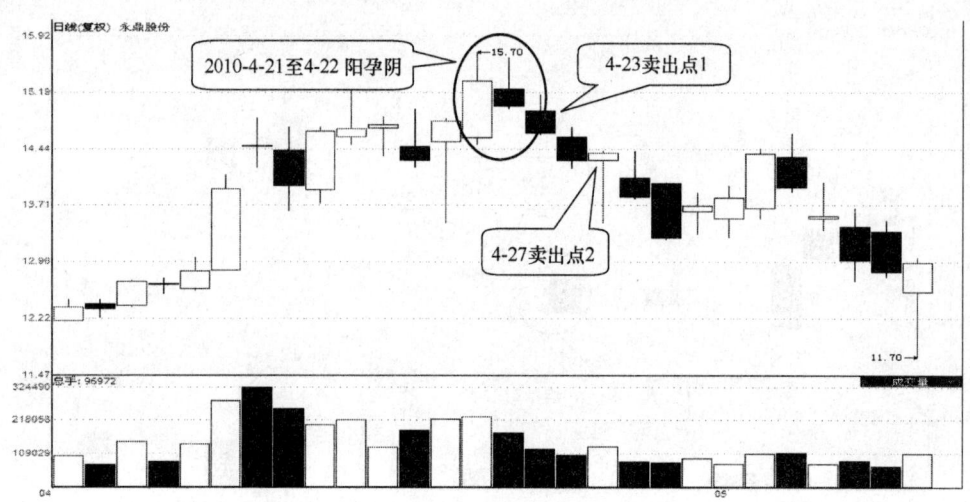

图 3—28　永鼎股份日 K 线

3.7 红三兵与黑三卒

红三兵与黑三卒形态正好相反，在很多行情中都可能出现。红三兵或黑三卒具备强烈的看涨或看跌的指示作用。

3.7.1 红三兵的买点

红三兵形态由接连出现的三根小阳线组成，如图3—29所示。

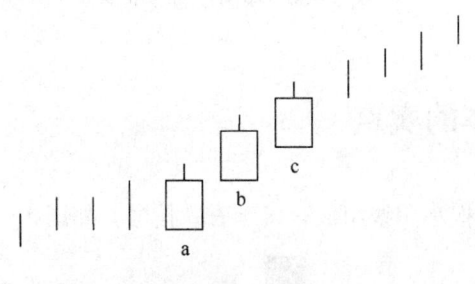

图3—29 红三兵

在红三兵形态中，连续出现三根小阳线a、b、c。这三根小阳线的收盘价均高于前一根K线的收盘价。三根小阳线可以有上下影线，也可以没有。

> **操作要点**
>
> 1. 如果红三兵形态出现在某个低价位，同时市场已经稳定了一段时间，那么就表示市场趋势即将反转，多方力量推动股价向上攀升，是看涨买入信号。
> 2. 如果红三兵形态出现在上涨行情中，同时伴随着成交量的逐渐放大，表示多方能量在持续增强，股价仍可能继续走高。
> 3. 在红三兵形态完成后，投资者可以积极买入，等待股价上涨。
> 4. 投资者可以将止损价位设定在三根小阳线a、b、c的最低点。如果股价跌破这个价位，说明形态失败，这时投资者需要果断卖出股票。

如图3—30所示，2009年1月13日至15日，中国联通（600050）日K线图上出现了红三兵形态。这三根阳线的涨幅虽然不大，但可以说明强势的多方正在稳步拉升股价，后市看涨。看到这个形态后，投资者可以大胆买进股票。

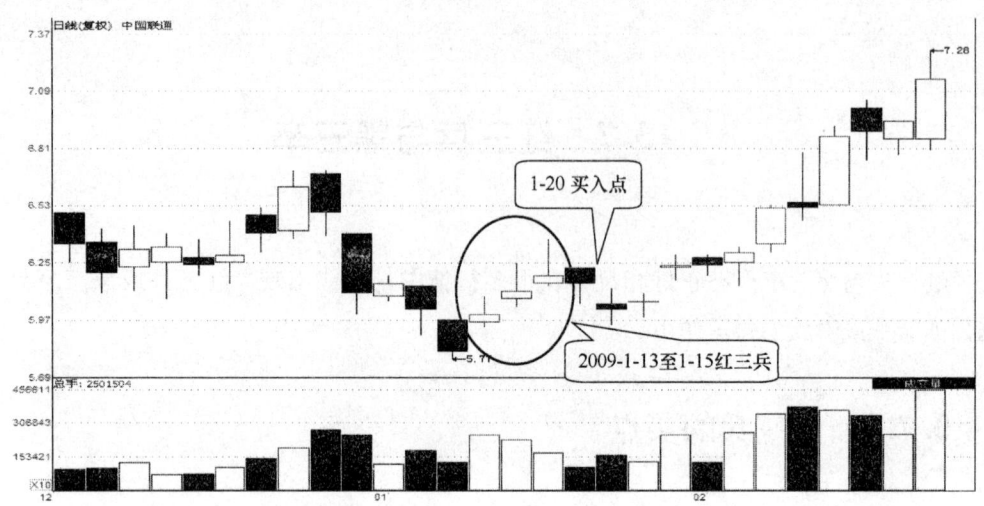

图 3—30　中国联通日 K 线

3.7.2　黑三卒的卖点

黑三卒由连续的三根小阴线组成，属于看跌信号，如图 3—31 所示。

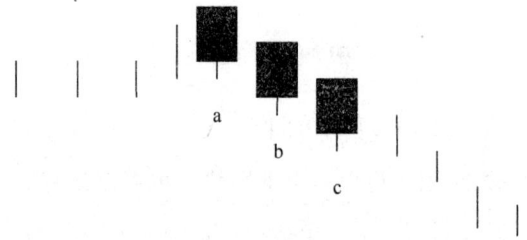

图 3—31　黑三卒

在黑三卒形态中，连续出现三根小阴线 a、b、c。这三根小阴线的收盘价均低于前一根 K 线的收盘价。三根小阴线可以有上下影线，也可以没有。

> 操作要点
>
> 1. 黑三卒形态既可以在涨势中出现，又可以在跌势中出现。如果在涨势中出现，则表示之前的上涨趋势已经结束，行情将面临下跌或短期的回调；如果在跌势中出现，则是股价加速下跌的预兆。
> 2. 黑三卒形态完成后，投资者需要尽快将手中的股票卖出，以回避下跌风险。

如图 3—32 所示，2008 年 7 月 30 日至 8 月 1 日，鄂尔多斯（600295）日 K 线图上

出现了黑三卒形态。这个形态说明空方力量占优,正在持续打压股价。看到这样的形态后,投资者需要尽快将手中的股票卖出。

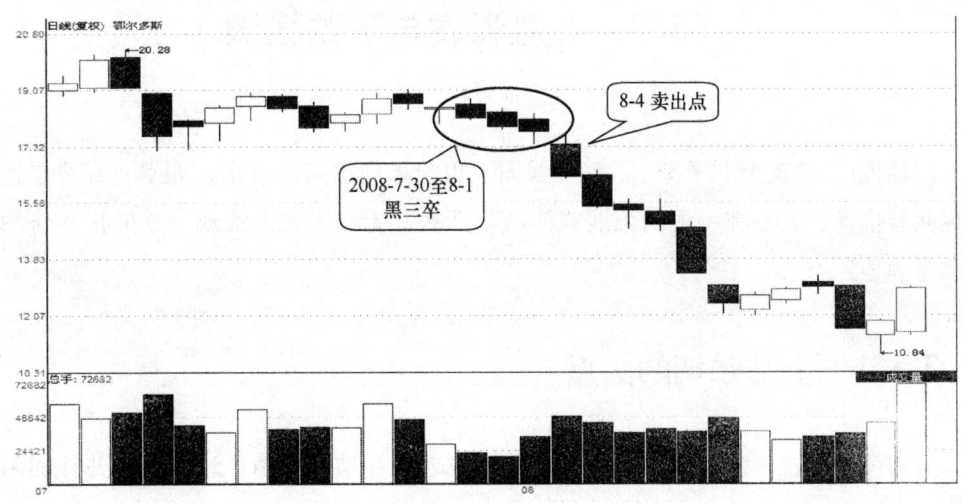

图3—32　鄂尔多斯日K线

3.8 上涨强调与下跌强调

俗话说："重复就是重要。"在 K 线图上也能显现出这一点来，如果一只股票连续出现两根位置、大小都一致的阳线或阴线，那么，无疑未来上涨或下跌的指示作用就会非常强烈。

3.8.1 上涨强调的买点

上涨强调形态一般出现在股价下跌行情或者横盘整理行情中，由两根并排的阳线组成，如图 3—33 所示。

在股价下跌过程中，首先出现一根阳线 a，表示股价有上涨的趋势。

紧跟阳线 a 之后，股价大幅低开，几乎全部丧失掉阳线 a 实体部分的涨幅。不过，在开盘后股价持续上涨，最终的收盘时已经完全弥补了开盘的跌幅，形成阳线 b。

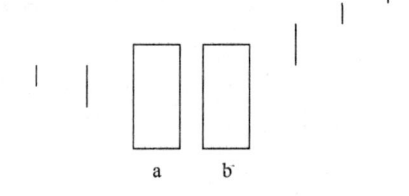

图 3—33 上涨强调形态

阳线 a 和阳线 b 的开盘价和收盘价均大致相等，组成了并排的阳线组合。

> **操作要点**
> 1. 在上涨强调形态中，阳线 b 是对阳线 a 上涨趋势的强调，表示股价上涨虽然还有一定阻力，但上涨动力充足。因此该形态是股价上涨的信号。
> 2. 在阳线 b 出现后，投资者可以积极买入股票，等待上涨。
> 3. 上涨强调形态的止损位应该设定在阳线 a 和阳线 b 的开盘价附近。一旦股价跌破这个价位，说明上涨趋势被破坏，投资者需要尽快卖出股票止损。

如图 3—34 所示，2010 年 7 月 6 日和 7 日，南京中商（600280）日 K 线图上出现了上涨强调形态。这个形态表示多方已经占据主动，空方无力继续打压股价。看到这个形态后，投资者可以在 7 月 8 日积极买入股票。

看懂 K 线形态，找到买卖点　第 3 章

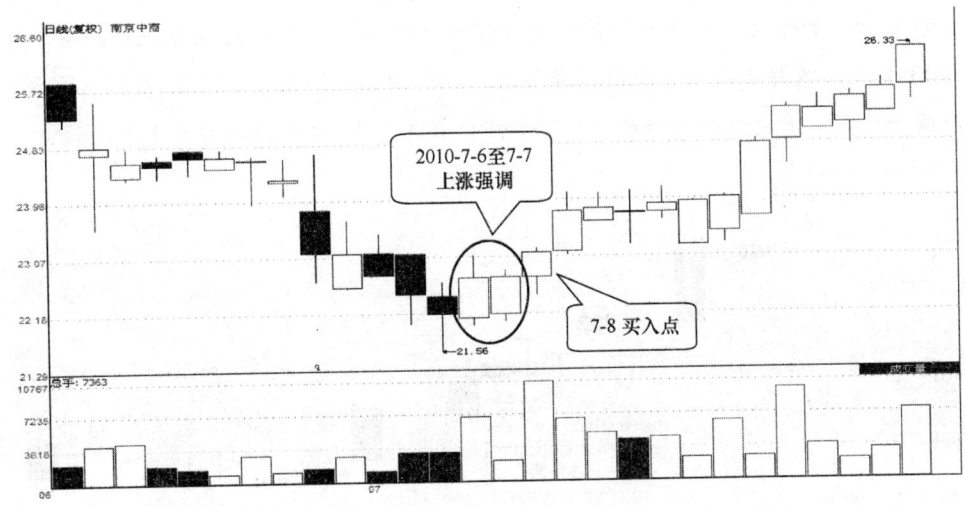

图 3—34　南京中商日 K 线

3.8.2　下跌强调的卖点

下跌强调形态一般出现在股价上涨行情尾端或者横盘整理行情中，由两根并排的阴线组成，如图 3—35 所示。

在股价上涨过程中，首先出现一根阴线 a，表示股价上涨受阻，有下跌趋势。

紧跟阴线 a 之后，股价虽然跳空高开，几乎弥补阴线 a 中实体部分的跌幅。但是在开盘后股价又持续下跌，最终收盘时已经完全丧失了开盘的涨幅，形成阴线 b。

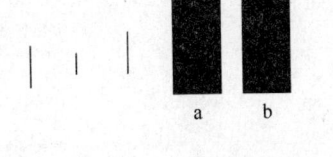

图 3—35　下跌强调形态

阴线 a 和阴线 b 的开盘价和收盘价均大致相等，组成了并排的阴线组合。

操作要点

1. 在下跌强调形态中，阴线 b 是对阴线 a 下跌趋势的再次强调。表示虽然多方能对股价形成一定支撑，但空方力量更强，股价有很强的下跌动力。因此，该形态是股价即将下跌的信号。

2. 在出现阴线 b 后，投资者需要尽快将手中的股票卖出，防止股价大幅下跌。

3. 在下跌强调形态出现后的几个交易日内，如果股价能向上突破阴线 a 和阴线 b 的顶端，则表示空方力量衰竭，多方力量仍然顽强。这时下跌强调形态失败，投资者可以关注后市行情。

如图3—36所示，2010年5月，大杨创世（600233）进入持续下跌行情。5月10日和11日，K线图上出现了下跌强调形态。这个形态说明空方仍占据主动，多方无力拉动股价反弹。看到这个形态后，投资者应该在5月12日开盘后卖出手中的股票。

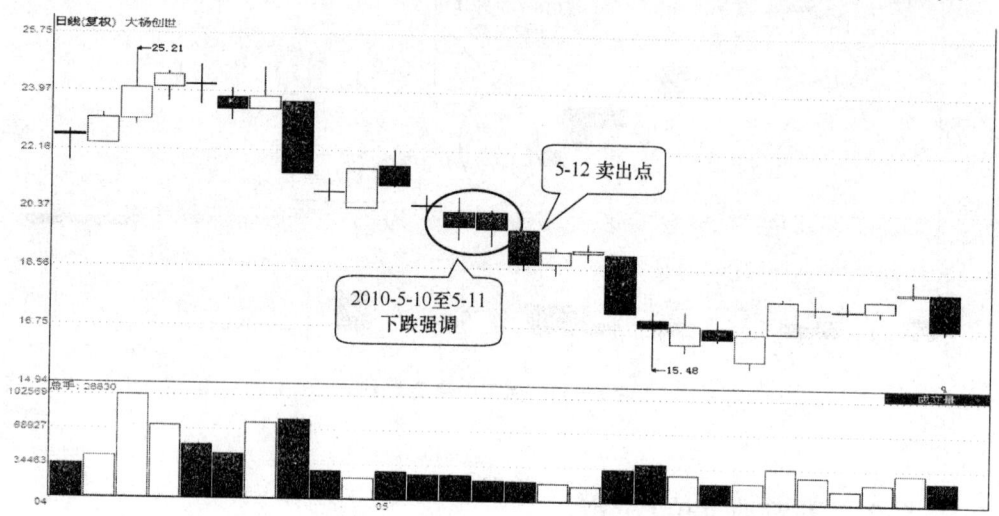

图3—36　大杨创世日K线

3.9 好友反攻与淡友反攻

所谓"好友"和"淡友",是指一阴一阳两根 K 线虽然开盘价不同,但最终的收盘价相同,形似分居两地的朋友相聚。这里的朋友有好有坏。"好友"聚在一起,会努力结束之前的下跌行情,使股价向上反攻。如果是"淡友"聚在一起,则会破坏之前的上涨行情,使股价向下反攻。

3.9.1 好友反攻的买点

好友反攻形态往往出现在下跌行情中,由一阴一阳两根 K 线组成,如图 3—37 所示。

在股价下跌过程中,先是出现一根中阴线或者大阴线 a。这表示下跌行情还在持续。

紧跟阴线 a 之后,股价虽然跳空低开,但随即上涨,收出一根中阳线或者大阳线 b。并且阳线 b 的收盘价和阴线 a 的收盘价在相同或相近的位置上。

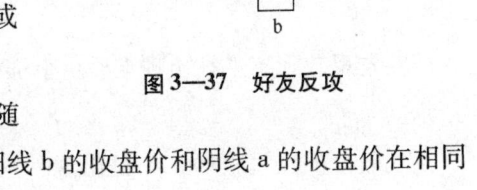

图 3—37　好友反攻

> **操作要点**
>
> 1. 好友反攻表示多方在开盘不利的情况下补回跳空缺口,预示股价获得支撑反弹,是看涨信号。
> 2. 在好友反攻形态中,阳线 b 并没能深入到阴线 a 的实体部分。所以这种形态的看涨信号并不强烈。阴线 a 和阳线 b "约会"的位置可能是股价上涨的一个压力位。因此,投资者在看到这种形态时,不用急于操作。可以等股价突破阳线 b 的收盘价后再买入股票。

如图 3—38 所示,2010 年 6 月底开始,紫金矿业(601899)的股价持续下跌。7月 16 日和 19 日,K 线图上出现好友反攻形态。这个形态预示股价获得支撑反弹,是看涨信号。7 月 20 日,股价放量上涨,此时投资者可以买入股票。

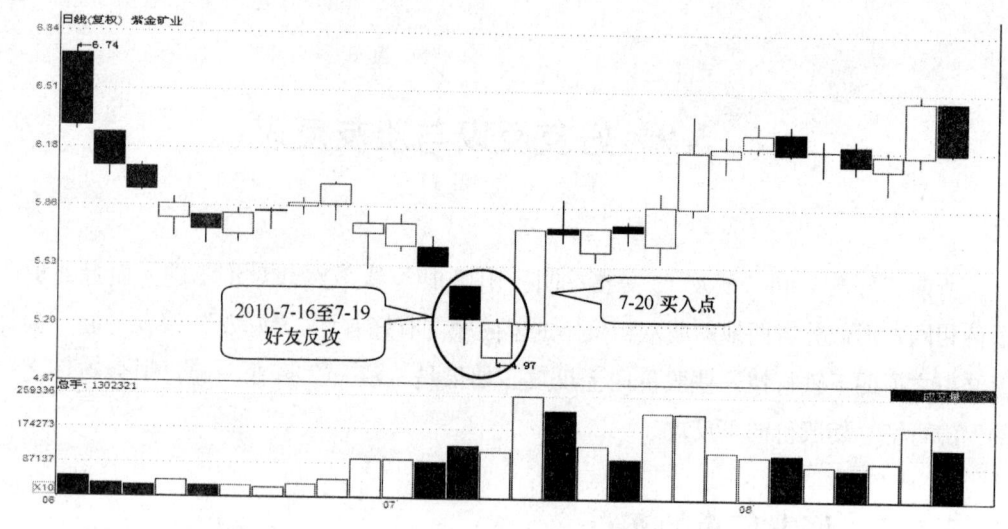

图 3—38　紫金矿业日 K 线

3.9.2　淡友反攻的卖点

淡友反攻形态往往出现在股价上涨行情中，由一阳一阴两条 K 线组成，如图 3—39 所示。

在股价上涨过程中，先是出现一根中阳线或者大阳线 a。这表示上涨行情还在持续。

紧跟阳线 a 之后，股价虽然跳空高开，但开盘后持续下跌，至收盘时完全丧失跳空高开的涨幅，收出一根中阴线或者大阴线 b。这根阴线 b 的收盘价和阳线 a 的收盘价在相同或相近的位置上。

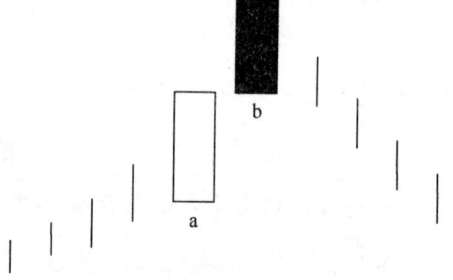

图 3—39　淡友反攻

> 操作要点
>
> 1. 淡友反攻表示多方在大幅高开后遇到阻力回调，上方抛盘压力巨大，是股价见顶下跌的信号。
>
> 2. 阴线 b 的实体并没有深入到阳线 a 实体中。这表示多方还有力量对股价形成一定支撑。因此淡友反攻的看跌信号并不明显。在阳线 a 和阴线 b 的收盘价位置上可能是股价下跌的支撑位。

看懂K线形态，找到买卖点 第3章

> 3. 淡友反攻形态完成后，如果股价高开，获得支撑，投资者可以先卖出部分股票，轻仓观望。如果股价继续下跌，跌破支撑位，则投资者需要将手中的股票全部卖出。

如图3—40所示，2009年7月，哈飞股份（600038）股价持续上涨。7月30日和31日，K线图上出现了淡友反攻形态。这个形态显示股价上涨遇到了较大阻力，是上涨行情即将结束的信号。8月3日，股价在7月31日阴线的收盘价附近获得支撑。此时投资者可以先卖出部分股票，轻仓观望。

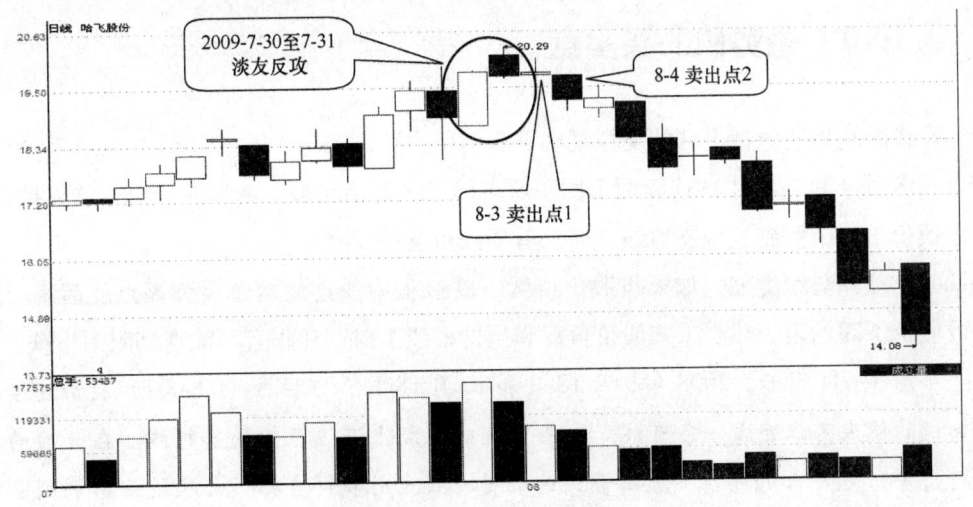

图3—40　哈飞股份日K线

8月4日，股价跌破前期支撑位。此时投资者应该将手中剩余的股票全部卖出。

3.10 趋势线

趋势线是投资者在 K 线图上选择特定的高点或低点。使用直线或者曲线将这些点连接起来，投资者就可以找出股价运行过程中的支撑位和压力位，预测股价未来的发展方向。

3.10.1 趋势线的买卖点

K 线的趋势线包括上涨的支撑线和下跌的阻力线。

将 K 线上涨过程中的连续两个回调低点用直线连接起来，就形成一根上涨支撑线。未来股价再次下跌到这根支撑线上时，有望获得支撑反弹。

与上涨趋势线类似，如果将股价持续下跌过程中的连续两个反弹高点连起来，就形成股价下跌的阻力线。未来股价再反弹到这根线上时，还很有可能遇到阻力下跌。

如图 3—41 所示，2008 年 9 月 18 日和 10 月 18 日，万科 A（000002）股价连续两次回调的低点可以连成一条直线。这条直线就形成上涨过程中的支撑线。在此后的上涨行情中，万科 A 的股价多次回调到这条支撑线上时获得支撑。每次股价回调到支撑线上时都是很好的短线买入点。

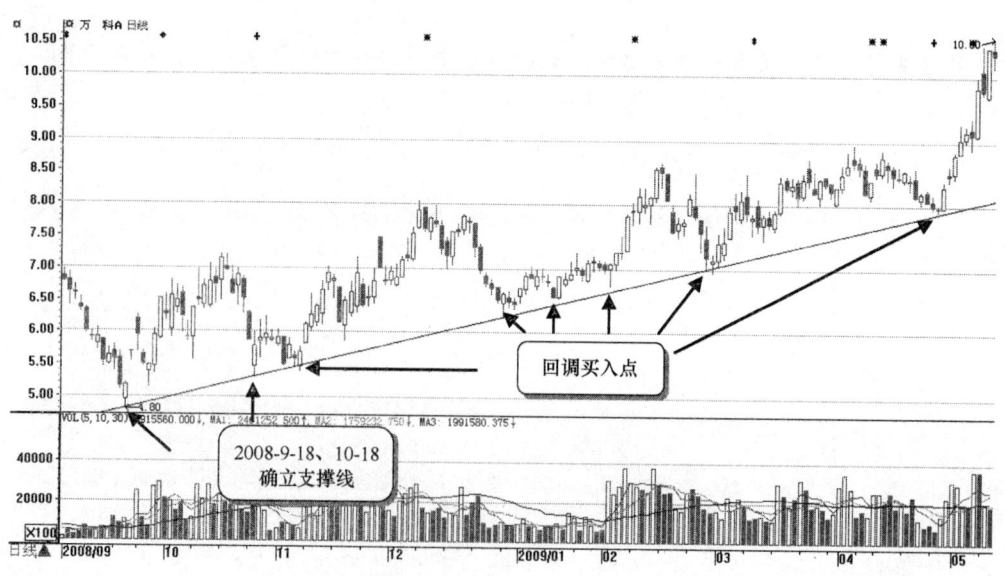

图 3—41　万科 A 日 K 线

如图3—42所示，2008年6月26日和7月10日，华电国际（600027）股价连续两次反弹受阻。如果将这两次反弹的高点用直线连起来，就形成一根下跌的阻力线。在以后的行情中，华电国际股价多次反弹到这根阻力线上时遇阻回调。这可以作为短线抢反弹投资者很好的卖出点。

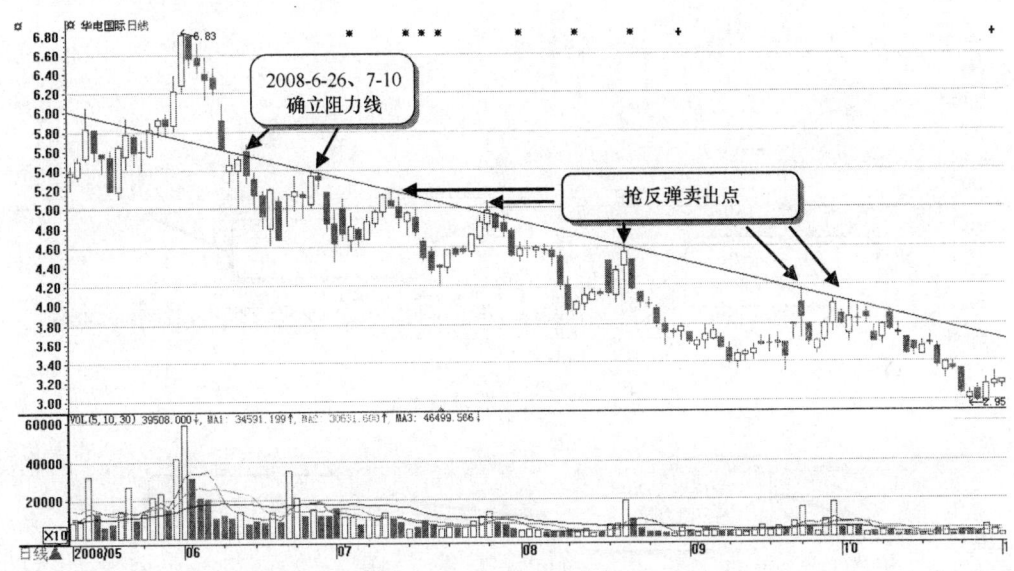

图3—42　华电国际日K线

3.10.2　支撑位的买点，阻力位的卖点

如果股价在波动过程中，连续两次在同一个价位获得支撑反弹，那么这个价位上的水平线就是股价的支撑位。日后股价再下跌到这个价位时还可能获得支撑反弹。

同样，如果股价在波动过程中连续两次在同一个价位获得阻力回调，那这个价位上的水平线就是股价的压力位。日后股价再上涨到这个价位时还可能会遇到阻力回调。

投资者可以看出，支撑位、阻力位和支撑线、阻力线十分相似。所不同的是前二者是水平价位上的阻力和支撑，后者的直线则有一定斜率。在信号强度方面，水平价位上的支撑位和阻力位所发出的买卖信号更强。

如图3—43所示，2009年3月3日和3月16日，云维股份（600725）连续两次在同一价位获得支撑反弹。这个价位形成支撑位。日后股价又连续两次在同一个价位获得支撑。这两个点都是很好的买入点。

如图3—44所示，2009年8月7日、8月31日，浪莎股份（600137）连续两次在同一价位遇到阻力回调。这个位置形成浪莎股份上涨的阻力位。此后，浪莎股份又多

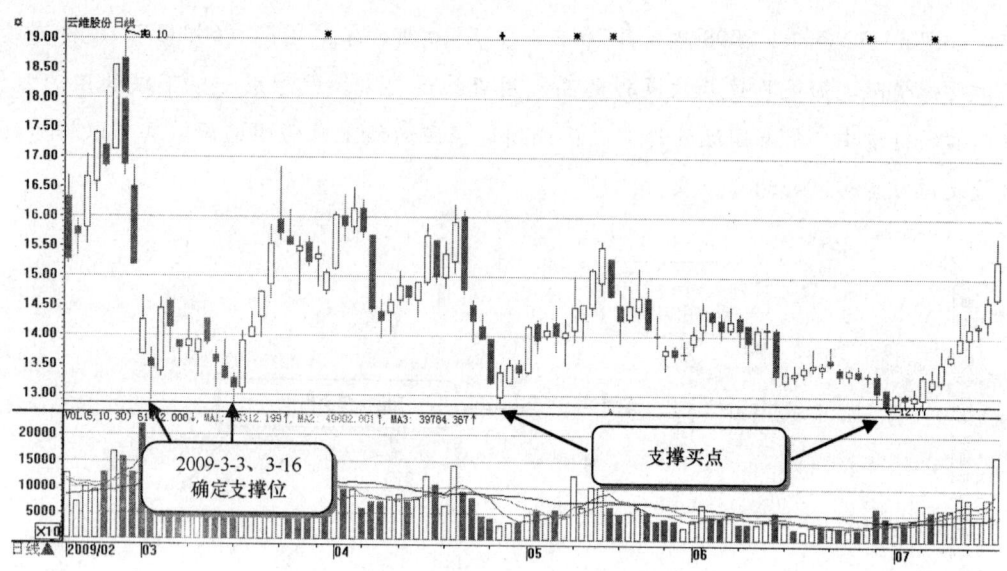

图 3—43 云维股份日 K 线

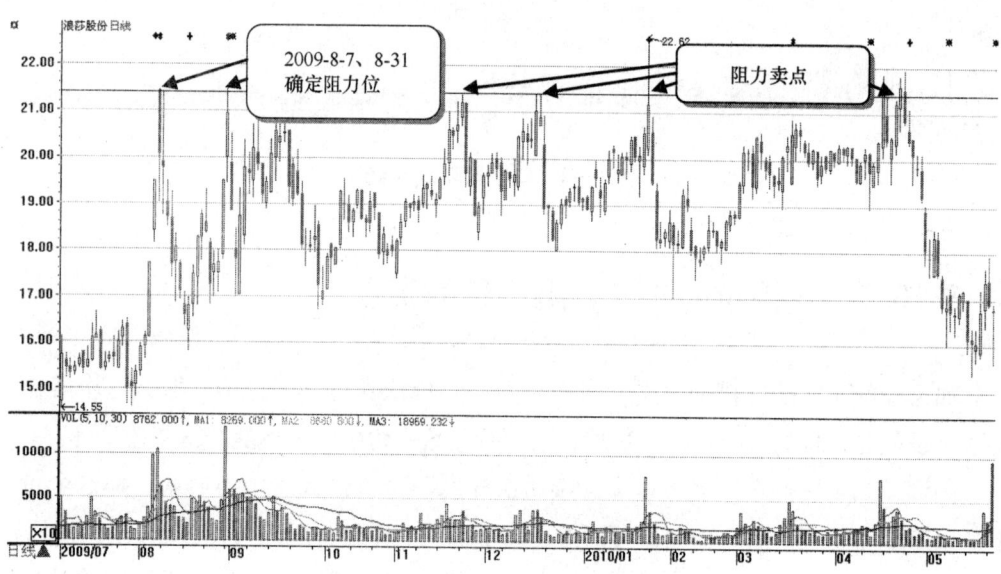

图 3—44 浪莎股份日 K 线

次上涨到同一价位时遇到阻力回调。每次股价触及阻力线时，都是短线投资者理想的卖出点。

3.11 典型整理形态的 K 线组合

3.11.1 三角形整理形态及最佳买点

(1) 对称三角形及最佳买点

当股价运行至某区间后，开始横向震荡，同时高点不断地降低，低点也在不断地抬高，此时将各个高点和低点分别用直线连接起来，就形成一个对称三角形的形态，如图3—45所示。

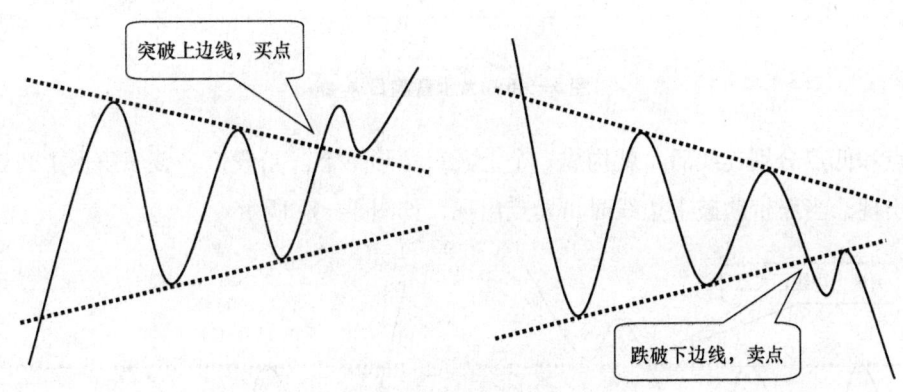

图3—45　对称三角形

作为一种整理形态，股价在进入三角形形态后，波动的幅度会越来越窄。当股价突破三角形的上边线或下边线时，预示着整理形态结束，股价将沿突破的方向运行。一般来说，上涨途中的三角形整理最终会向上突破，下跌途中的三角形整理最终会向下突破。

为了回避风险，投资者可以等股价真正突破后再进行交易。当股价突破三角形上边线时，投资者可以买入股票；当股价跌破三角形下边线时，投资者可以卖出股票。

如图3—46所示，飞乐音响（600561）在2009年8月开始进入一个整理走势。股价在整理过程中，呈现对称三角形的走势形态。当该股股价于11月初突破三角形的上边线时，买点出现，投资者可以把握买入良机。

(2) 上升三角形及最佳买点

当股价在整理过程中，其波动高点始终保持在一个水平线上，而低点则不断抬高，

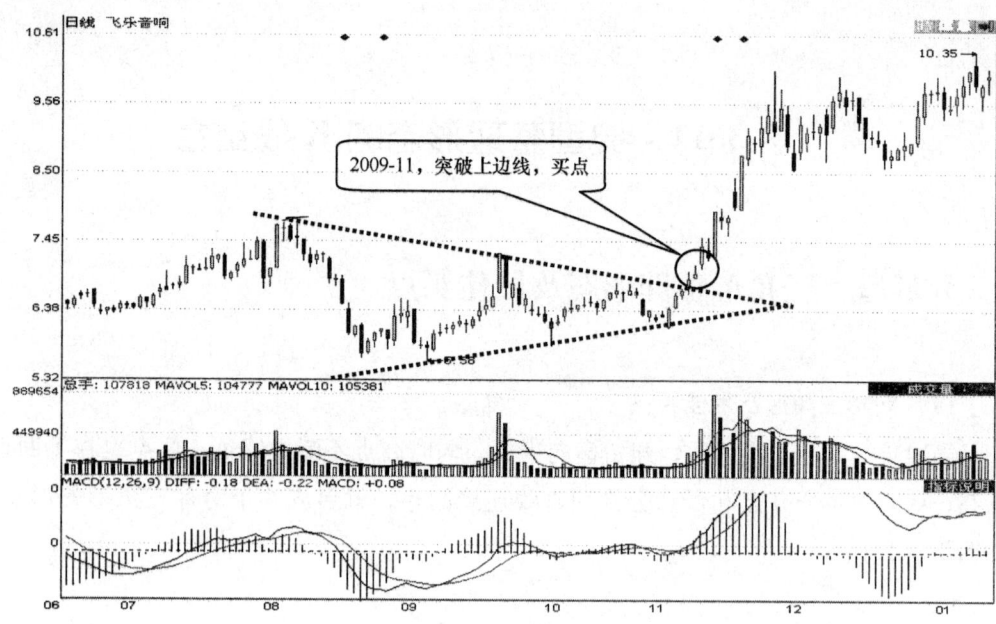

图 3—46 飞乐音响日 K 线

将高点和低点分别连线后，就构成一个上升三角形形态。当股价突破三角形上边线时，买点出现；当股价跌破下边线时，卖点出现，如图 3—47 所示。

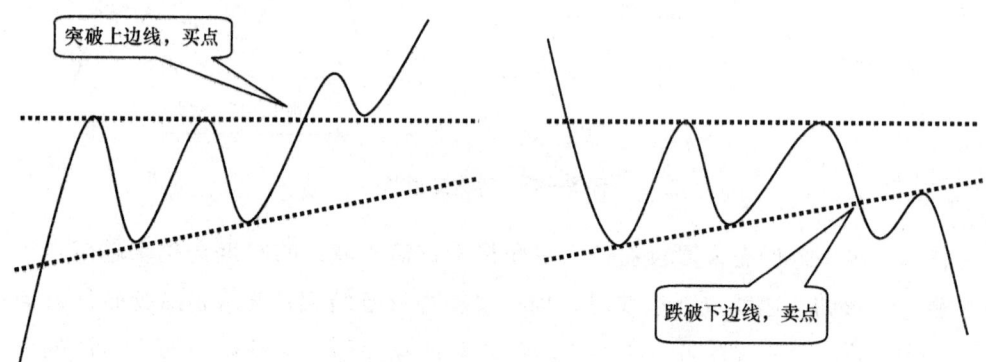

图 3—47 上升三角形

如图 3—48 所示，2005 年 10 月初开始，哈飞股份（600038）进入一个调整走势。在半年多的震荡中，该股股价构筑了一个大型的上升三角形形态。2006 年 5 月初，当股价突破三角形上边线时，买点出现，投资者可以把握买入机会。

(3) 下降三角形及最佳买点

在整理过程中，股价波动的低点保持在一个水平线上，而高点则在不断地降低，将高点和低点分别连线后，就构成下降三角形形态。股价突破三角形上边线时，买点出现；股价跌破下边线时，卖点出现，如图3—49所示。

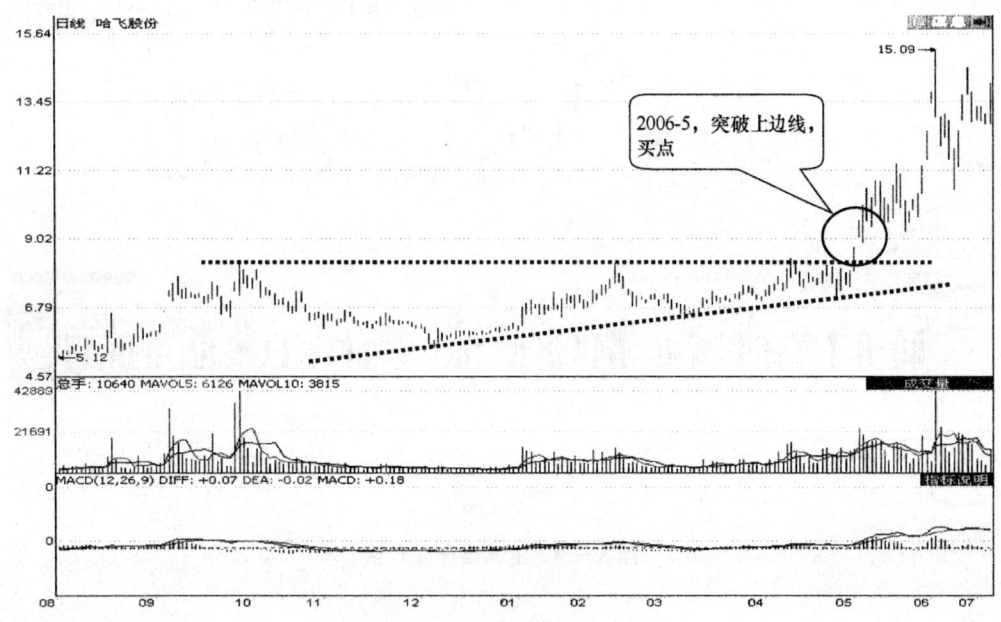

图3—48 哈飞股份日K线

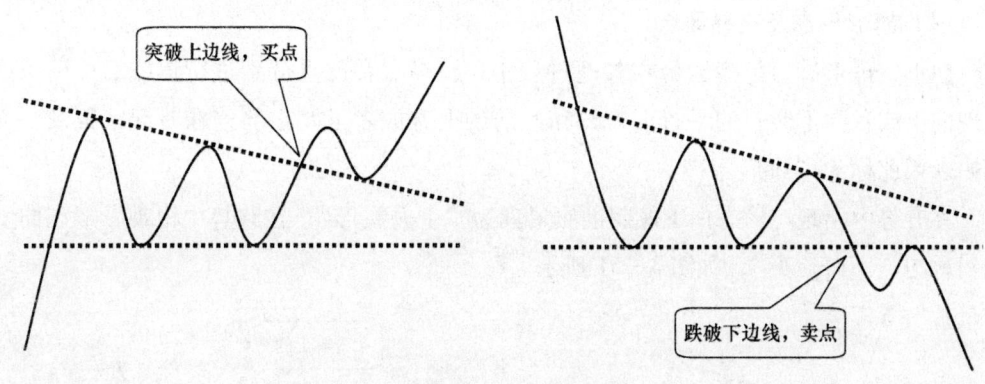

图3—49 下降三角形

如图3—50所示，招商银行（600036）在2006年1月下旬开始进入调整走势，K线走势呈现下降三角形形态。当股价在4月初突破三角形上边线时，买点出现，投资者应该注意把握买入机会。

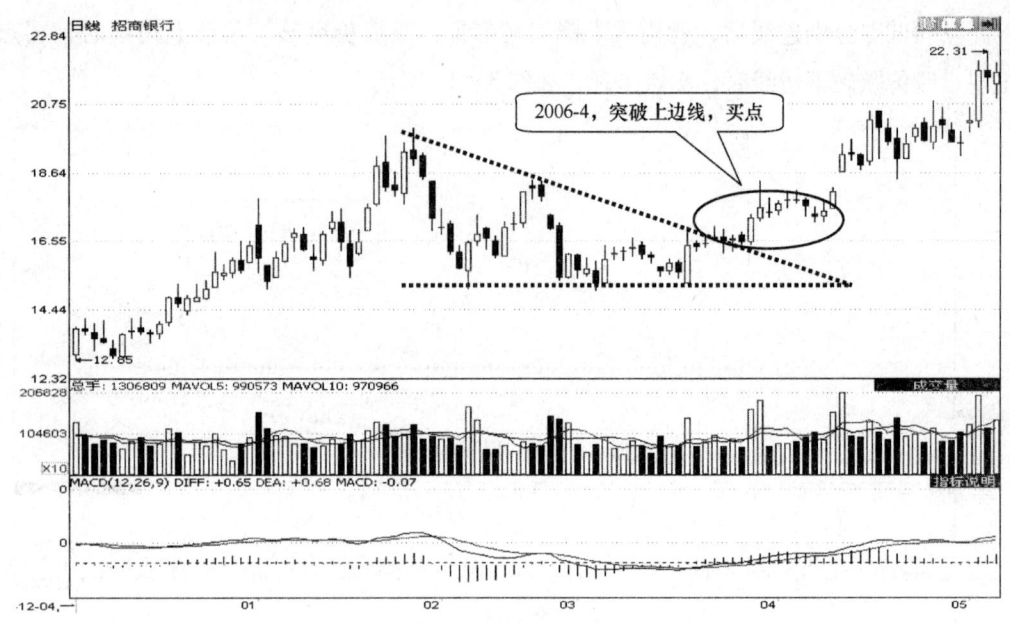

图 3—50　招商银行日 K 线

3.11.2　旗形整理形态及最佳买点

（1）旗形形态及交易要点

旗形整理形态，是指股价在整理过程中，将高点和低点分别进行连线后，两条线呈现向上或者向下倾斜的平行形态，和此前的上升或者下跌走势连在一起，很像一面旗帜，因此称为"旗形"。

在升势中出现，形态向下倾斜的旗形称为"上升旗形"；在跌势中出现，形态向上倾斜称为"下降旗形"，如图 3—51 所示。

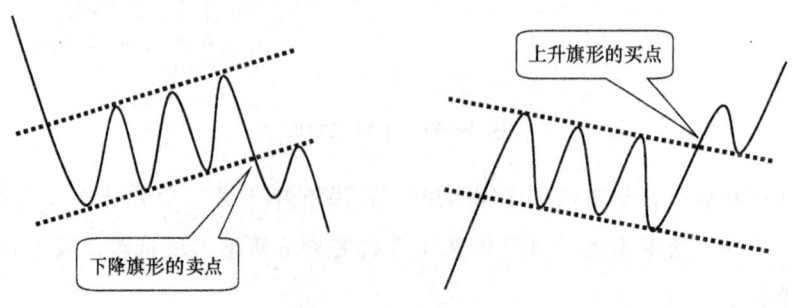

图 3—51　旗形形态

旗形通常出现在急速的上升或者下跌过程中，在旗形形态的前后，股价波动通常比较剧烈。与三角形形态的交易点类似，当股价突破旗形上边线时，买点出现；当股价跌破下边线时，卖点出现。

（2）上升旗形的最佳买点

当股价突破上升旗形的上边线时，表明股价整理完毕，将继续上涨，这时投资者可把握买入机会。

如图3—52所示，2009年5月中旬世茂股份（600823）进入调整走势。在调整过程中，K线走势呈现旗形形态。当股价在6月底突破旗形的上边线时，预示着调整结束，买点出现。这时投资者可以注意把握买入时机。

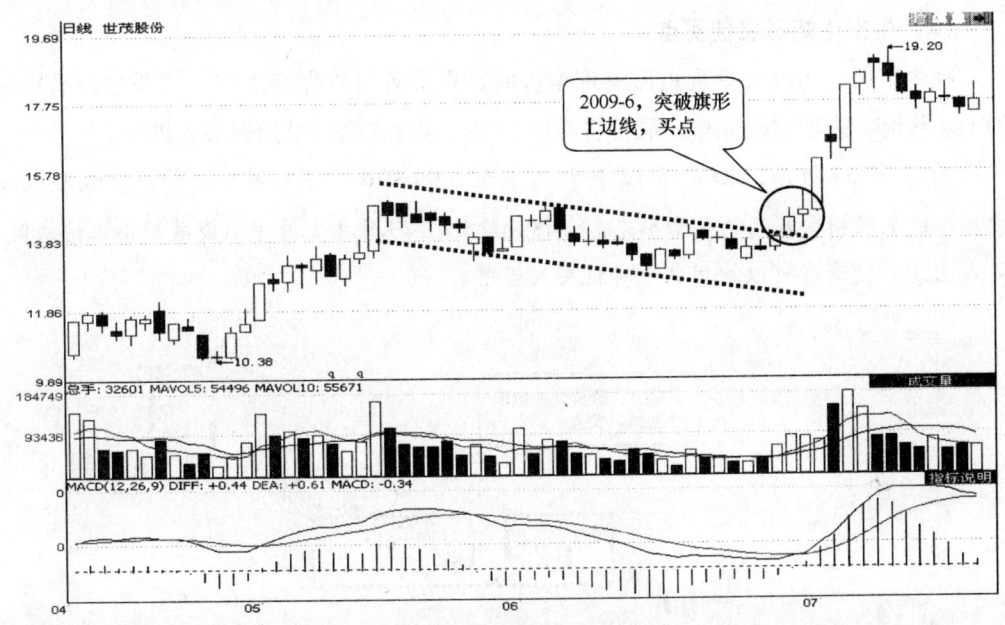

图3—52 世茂股份日K线

3.11.3 矩形整理形态及最佳买点

（1）矩形形态及交易要点

矩形整理形态，是指股价呈现横向的上下波动，将高点和低点分别进行连线后，就形成一个水平的矩形形态，如图3—53所示。

当股价向上突破矩形的上边线时，买点出现；当股价向下跌破矩形的下边线时，卖点出现。

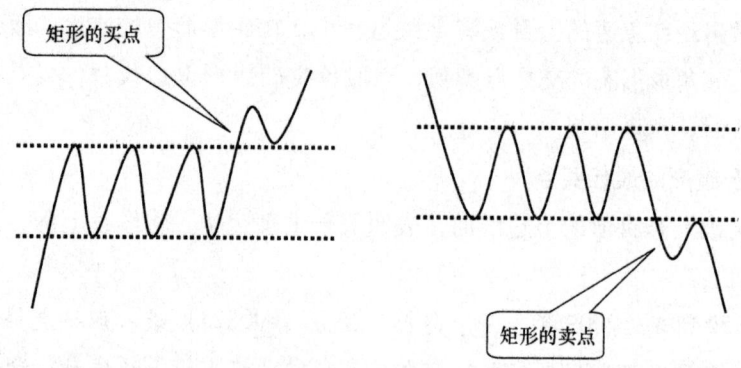

图 3—53 矩形形态

(2) 牛市中矩形最佳买点

在牛市中,当股价呈现矩形整理走势时,投资者可以保持关注。当股价突破矩形的上边线时,表明整理完毕,股价将继续上涨,这时投资者可把握买入机会。

如图 3—54 所示,2008 年 12 月初雪莱特(002076)进入调整走势。在调整过程中,K 线呈现横向震荡的矩形形态。当该股股价在 2009 年 1 月中旬突破矩形上边线时,买点出现。投资者可以把握这个时机买入股票。

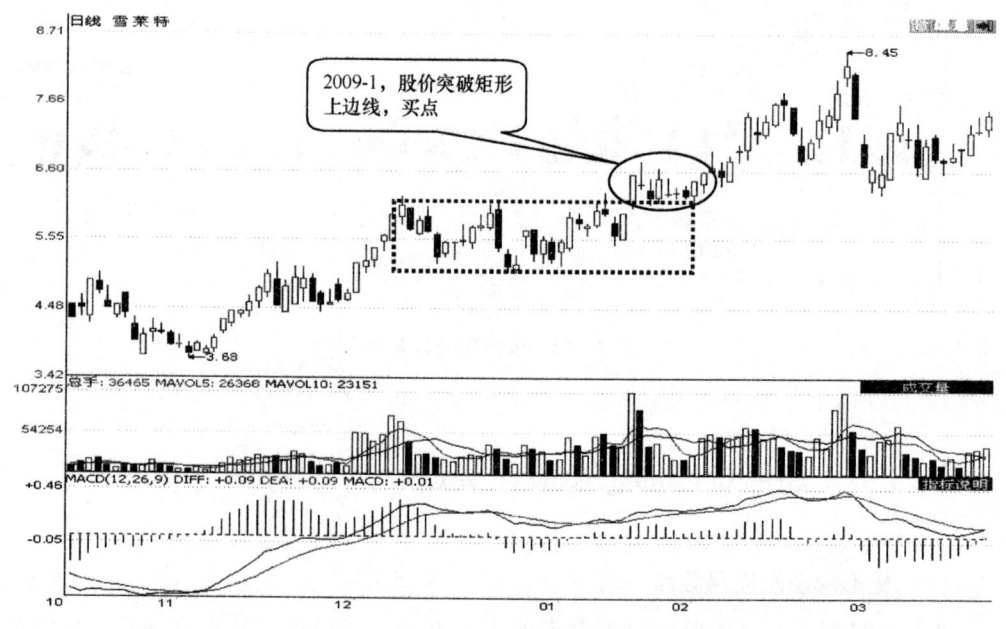

图 3—54 雪莱特日 K 线

3.11.4 楔形整理形态及最佳买点

(1) 楔形形态及交易要点

楔形整理形态，就是指股价在整理过程中，将高点和低点进行连线后，两条线的方向相同，但是角度不同，向右逐渐收敛，形似一个楔子。股价逐步升高的楔形整理形态，称为"上升楔形"；股价逐步下降的楔形，称为"下降楔形"，如图3—55所示。

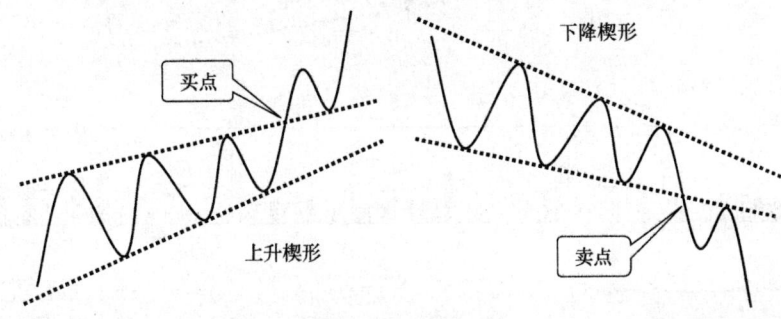

图3—55 楔形形态

与三角形形态一样，楔形形态的股价走势同样是逐渐收敛的。两者的不同之处在于，楔形上下两条边线的方向相同，而三角形上下两条边线的方向并不一致。

不论是上升楔形，还是下降楔形，在股价上涨或者下跌途中均有可能出现。其形态完成后，股价往往会沿着形态之前的运行方向，不过有时也会出现反转走势。因此，投资者要想确定操作方向，需要等楔形形态完成后。如果股价突破上边线，则买入股票；如果股价跌破下边线，则卖出股票。

(2) 牛市中楔形最佳买点

当股价向上突破楔形上边线时，说明股价的整理阶段结束，上升行情开始，这时投资者可把握买入时机。

①下降楔形的买点。

如图3—56所示，2009年2月中旬，山煤国际（600546）进入调整走势，K线走势呈现下降楔形的形态。当股价在3月中旬突破楔形的下边线时，买点出现。投资者可把握买入机会。

②上升楔形的买点

如图3—57所示。2009年1月初开始，重庆钢铁（601005）呈现缓慢震荡攀升的走势，其K线走势呈现上升楔形的形态。当该股股价在7月初突破楔形上边线时，第一个买入点出现。7月下旬股价重新回到上边线位置，获得支撑后重新上涨，说明此次突破得到了最终确认。这是第二个买入点。

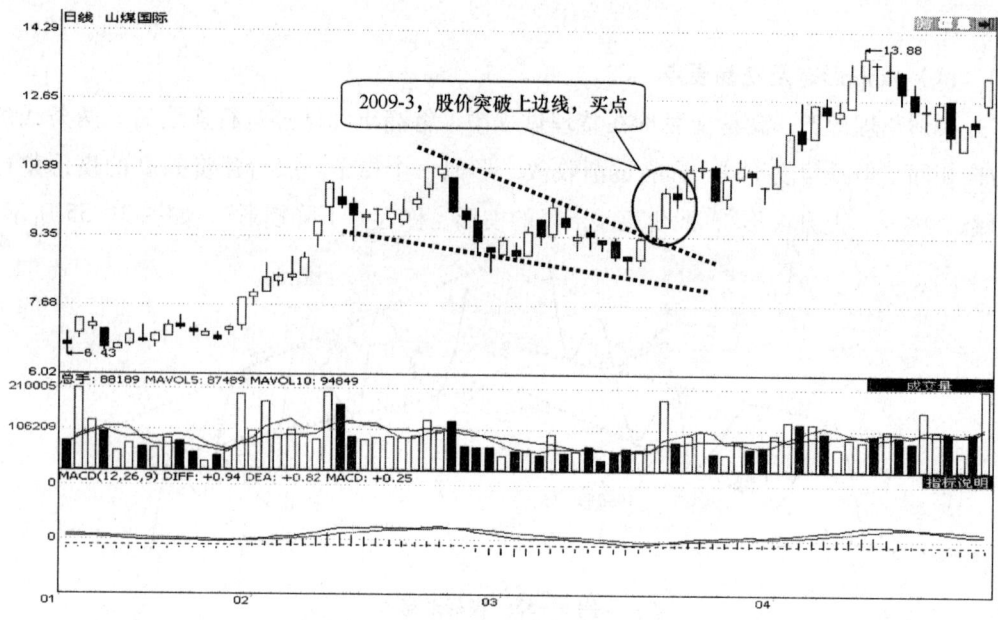

图3—56 山煤国际日K线

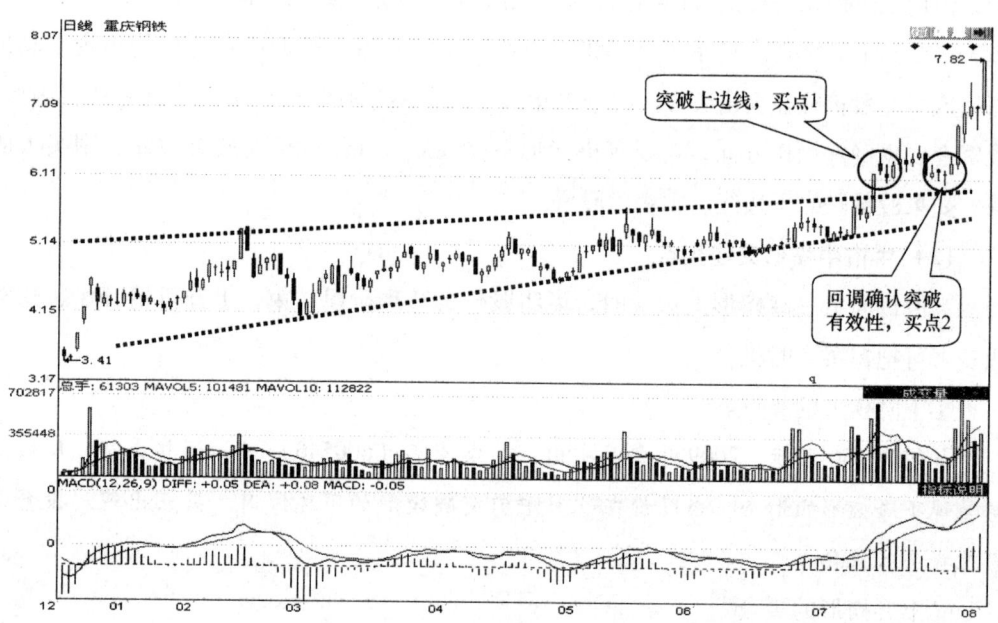

图3—57 重庆钢铁日K线

3.12 底部 K 线组合形态及买点

3.12.1 双重底形态及最佳买点

（1）什么是双底形态

双重底，也称"W 底"，是指股价的底部由两个低点构成，这两个低点的价位大致相同，形态上类似一个"W"。通过第一个底部之后的反弹高点，画一水平直线，就得到双底的"颈线"，如图 3—58 所示。

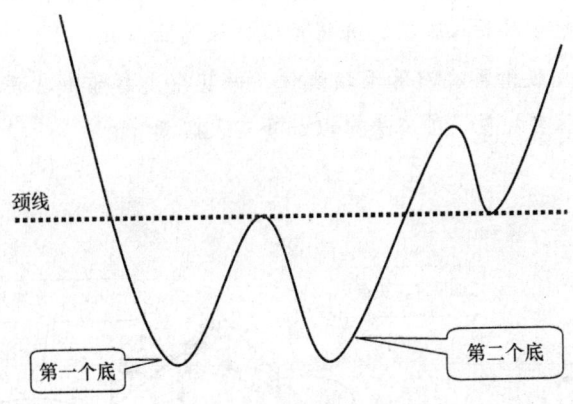

图 3—58 双底形态

股价在突破颈线位后，双底形态完成。很多时候，股价在突破颈线位后，对颈线位会有一个回抽动作。当股价在颈线位获得支撑并重新上涨的时候，说明双底形态得到最终的确认。需要注意的是，有些时候股价突破颈线位后，并不需要回抽确认的过程。股价会继续上涨。

（2）双底最佳买点

双底是一个比较常见的底部形态。双底从形成到确认的整个过程中，有三个地方需要投资者格外注意。

①第二个底

当股价跌至前期低点附近，不再继续下跌并开始回升时，预示着股价有形成双底的趋势。这时投资者就需要保持密切关注。

②买点1：突破颈线

当股价突破上次反弹的高点，也就是双底的颈线位置时，双底形态基本成立。此时第一个买点出现，投资者可以开始买入，并将颈线位置设为止损位。

③买点2：回抽颈线

当股价突破颈线后，往往会对颈线位置有一个回抽确认的过程。如果股价在颈线位置获得支撑并开始回升，说明双底形态得到确认，底部基本成立。此时第二个买点出现，投资者可以加仓买入，此时仍可将颈线设为止损位。

如果没有回抽确认的过程，那么第二个买点就不会出现。

如图3—59所示，2008年10月16日，海虹控股（000503）最低跌至3.66元后开始回升。在涨至4.50元后，该股重新回落至前期低点位置，第二个底出现。这时股价有形成双底形态的趋势，投资者应保持密切关注。

11月中旬，该股突破前期反弹高点4.50元，即颈线位，双底形态完成。此时第一个买点出现。投资者可以买入股票，并将颈线位设为止损线。

2009年1月初，股价再次回落至颈线位，并获得支撑重新上涨，双底形态最终得到确认。这是第二个买入点。投资者可以加仓买入股票。

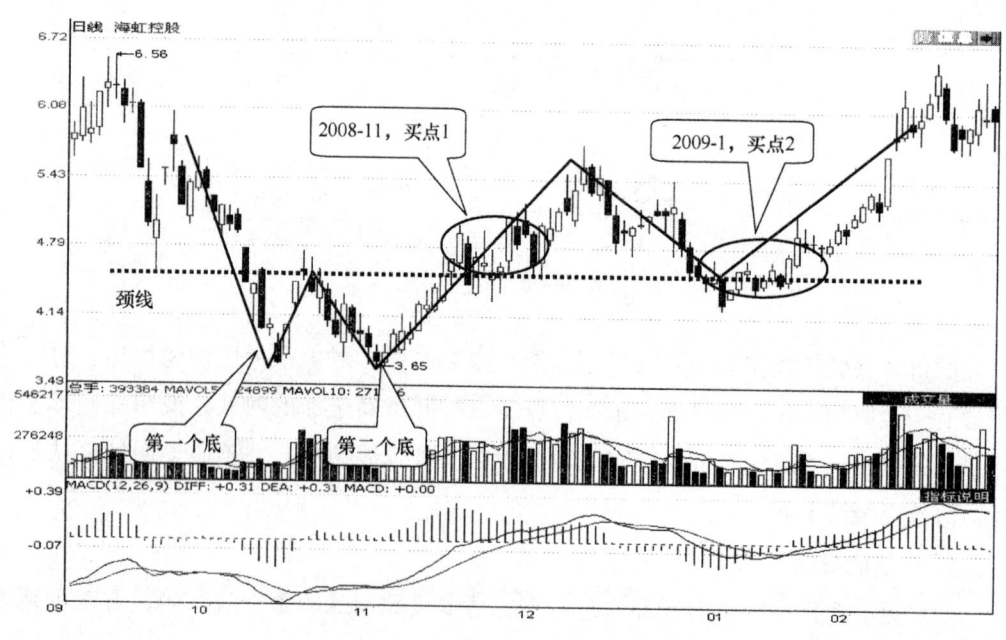

图3—59 海虹控股日K线

3.12.2 三重底形态及最佳买点

(1) 什么是三重底形态

三重底,是指股价在形成底部的过程中,连续三次在某个低点位置回升。也就是在双重底的基础上,股价多了一轮反弹、探底的过程,形成了三个底部低点。将中间两次反弹的高点进行连接,就得到三重底的颈线,如图3—60所示。

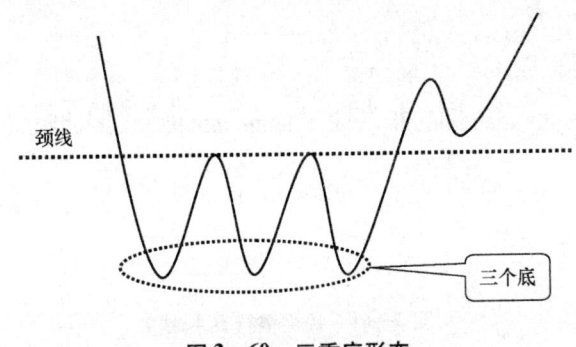

图3—60 三重底形态

股价在突破颈线位后,三重底形态完成。与双重底一样,股价往往会对颈线位有一个回抽动作。当股价在颈线位获得支撑并重新上涨时,就说明三重底形态完全成立,本次底部得到确认。

需要注意的是,与双重底类似,有些时候股价突破颈线位后,并没有对颈线回抽确认的过程,而是直接向上。

(2) 三重底最佳买点

三重底的抄底方法与双重底相同,当股价突破颈线时出现第一个买入点,股价对颈线回抽确认时出现第二个买入点。投资者需要注意,有时股价突破颈线后并不会回抽,这时就没有第二个买入点。

如图3—61所示,2008年12月28日,民生银行(600016)最低跌至3.78元之后,短期反弹之后重新回落,并在第一个低点位置结束下跌开始回升,第二个底出现。此时投资者可以关注股价是否会突破颈线,从而构筑双底底部形态。该股股价在到达颈线位后遇阻回落,双底形态失败。

此后股价第二次在前期低点位置回升,第三个底出现,三重底的底部形态初露端倪。当股价突破颈线时,三重底形态初步成立。第一个买入点出现。此后股价对颈线进行了回抽确认,三重底形态完全得到确认。第二个买入点出现。

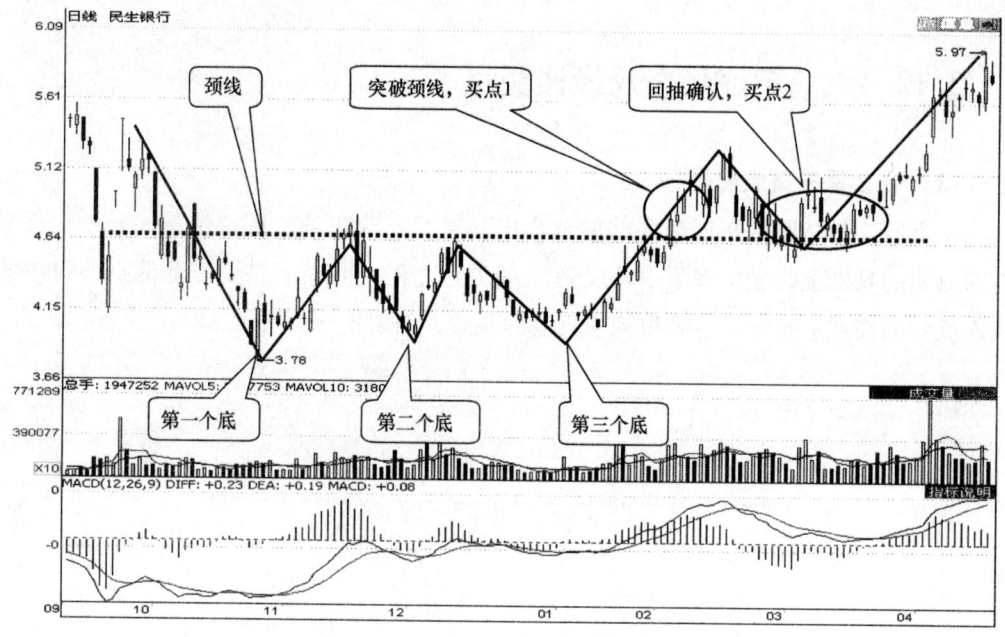

图 3—61 民生银行日 K 线

3.12.3 头肩底形态及最佳买点

(1) 什么是头肩底形态

头肩底，是指股价在构筑底部过程中，先是跌至某低点后开始反弹，构筑了"左肩"；之后继续下跌并创出新低，构筑了"头部"；然后反弹后再次回落，但这次回落的低点高于"头部"位置，构筑了"右肩"。将"左肩"与"右肩"的高点相连，就得到头肩底的颈线。股价在突破颈线后，意味着头肩底形态最终完成，如图 3—62 所示。

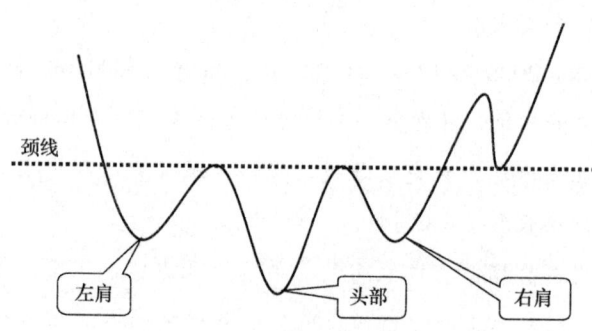

图 3—62 头肩底形态

（2）头肩底最佳买点

与"双底"和"三重底"的买点类似，头肩底的买点同样有两个。当股价突破颈线时是第一个买入点，股价向颈线回抽确认时是第二个买入点。投资者需要注意，有时股价突破颈线后不会回抽，也就没有第二个买入点出现。

如图3—63所示，2008年第四季度和2009年年初，中炬高新（600872）在3元上下长时间震荡，头肩底形态逐步成形。当股价突破颈线位置后，头肩底形态正式成立。此时投资者可以买入股票，并将颈线位置设为止损位。

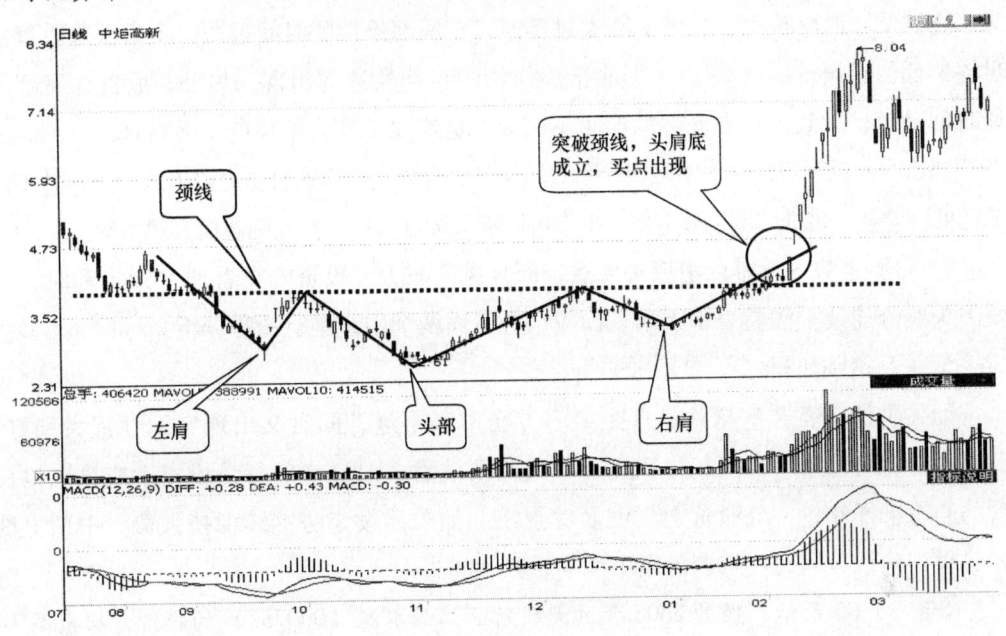

图3—63 中炬高新日K线

3.12.4 V形底形态及最佳买点

（1）什么是V形底形态

V形底，又名"尖底"或"底部V形反转"，顾名思义，就是股价在底部的走势形态，就像一个"V"字。股价先是持续下跌，在跌至某个价位后，股价开始反转并持续上涨，如图3—64所示。

一般来说，股价出现V形反转是由以下两个原因引起的。

第一，在市场恐慌性气氛影响下，股价持续下跌，已经出现严重的超卖现象。而随着股价下跌，股票的投资价值逐渐显

图3—64 V形底形态

现。因此股价一旦开始反转,各路资金将会持续不断地入场买入,股价就容易出现持续性的上涨走势,这样就形成了"V"形形态。

第二,在股价下跌的中途,突然出现重大利好消息,例如利好政策、重组方案等。由此带动股价连续大涨,形成了"V"形形态。不过这种突发利好消息引发的上涨,更多只是熊市中的反弹。待反弹结束后,股价仍将继续下跌。因此对于这种由于利好消息引起的"V"形走势,投资者需要保持警惕。

(2) V形底最佳买点

在"V"形反转中,股价上涨太过迅速,在底部停留的时间过短,主力很难收集到足够的低位筹码。因此,"V"形底很少作为中长期的底部出现。另外,股价在底部停留时间过短,导致多空在底部的换手不充分,也难以支撑大规模的上升行情。

熊市中的反弹行情,大多数都是呈现"V"形走势。因为这时主力以出货为主,并不需要在低位建仓。借助"V"形走势,主力可以吸引散盘入场,自己则趁机大肆派发。

"V"形走势不仅难以把握买入点,而且风险较大。投资者在看到V形走势时,不要因为股价连续上涨就急于入场,而应结合下面两个因素进行冷静分析。

第一,超跌加利好。

如果股价已经严重超跌,且距离上方套牢区很远,同时又出现突发性重大利好,此时投资者可以第一时间积极入场。不过需要注意,对这样的行情投资者应该以抢反弹的心态来操作,一旦股价走软就及时退出。如果后续走势继续保持强势,中期上涨趋势得到确认,届时投资者再以中线的思路入场买入。

如图3—65所示,经过2008年的大跌后,江西水泥(000789)的股价,从最高14元跌至最低3.25元,尤其是在2008年10月下旬,股价连续下跌,技术指标表现为严重超卖。11月5日,国务院出台4万亿刺激内需计划,对水泥板块构成重大利好。

受到超跌和利好两大因素的影响,江西水泥开始连续上涨,K线形态构筑了一个V形反转。此时投资者可以在第一时间积极买入。

第二,超跌、利好二者只有其一。

如果股价在严重超跌后,自然而然地出现V形走势,或者股价没有出现严重超跌,仅仅是由于政策利好导致的突发性上涨,那么此时投资者不应急于入场,而应注意观察后续走势。如果后续走势持续保持强势,那么V形反转基本成立,投资者可以买入股票。如果后续走势偏软,那么投资者应继续观察,不可草率入场,此处很可能仅仅是个反弹行情。

如图3—66所示,2008年11月,经过大幅下跌后,迪康药业(600466)出现了V形走势,投资者此时不必急于入场,可以继续观察V形之后的走势强弱。该股后续走势稳健,股价不再跌回V形的底部区域,表示V形反转成立,投资者可以择机买入。

看懂K线形态，找到买卖点 / 第3章

在图3—66中投资者还可以看到，在图中买点所示区域，股价能够稳定在前期套牢区位置，进一步说明了走势的强劲，此时的买点也就更加安全可靠。

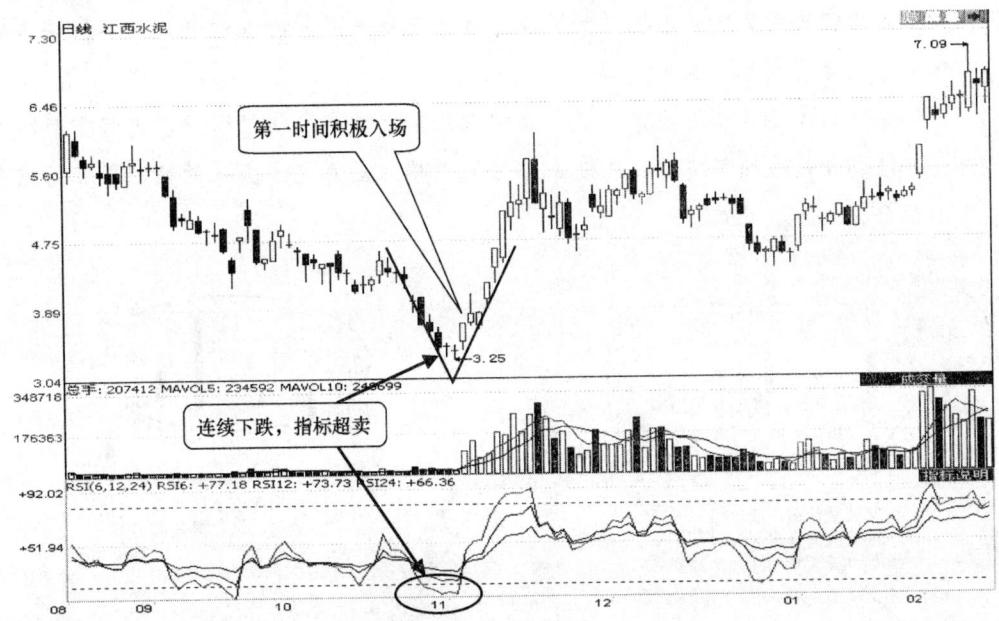

图3—65　江西水泥日K线

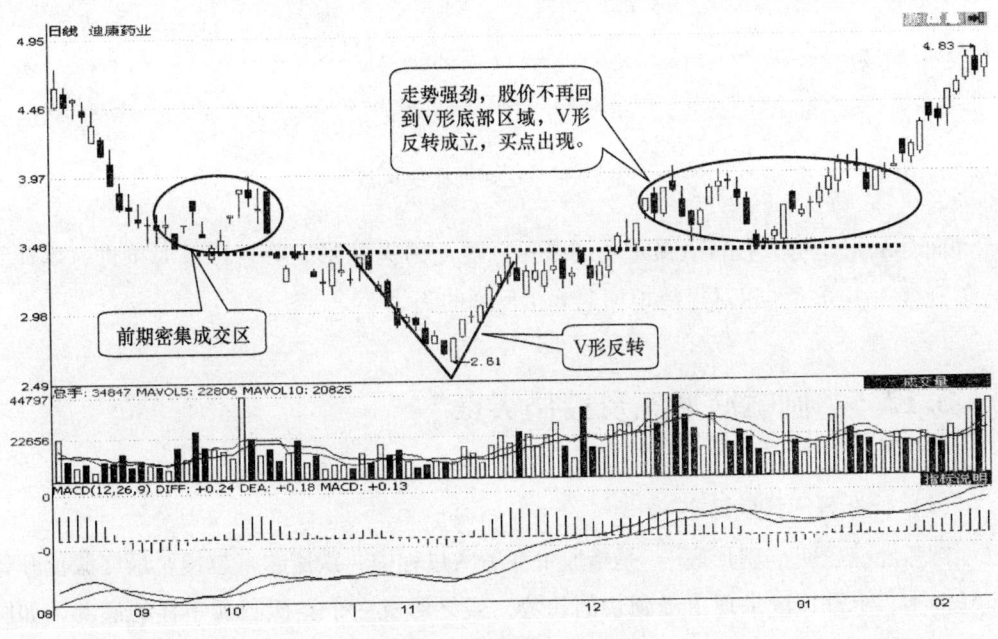

图3—66　迪康药业日K线

113

如图3—67所示,2004年9月14日,上海梅林(600073)最低跌至8.68元。此时管理层出台支持保险资金入市的利好政策,该股跟随大盘开始连续上涨。但此时股价距离上方的密集成交区并不远,如果投资者没有第一时间抢入的话,就不应该再轻易入场,而应观察V形之后的走势。

上海梅林的V形走势完成后,股价在前期的密集成交区明显遇阻,走势重新陷入低迷,并很快开始继续下跌。如果投资者在V形确立后再追高买入的话,很容易被套在半山腰上。

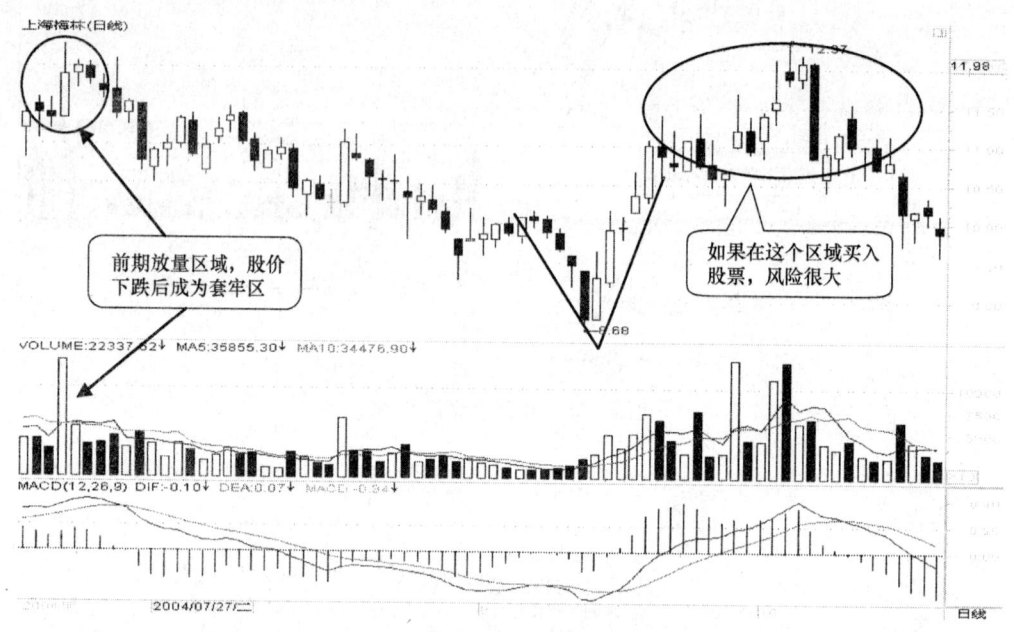

图3—67 上海梅林日K线

面对V形走势,投资者最重要的是要分清,哪些V形走势可以及时抢进,哪些需要多观察、多分析,以尽可能地回避熊市反弹的陷阱。

3.12.5 圆弧底形态及最佳买点

(1) 什么是圆弧底形态

圆弧底,也叫"碗形底",是指股价在下跌过程中,跌速越来越慢,最终股价开始反转向上,上涨速度呈现由慢到快的趋势,最终形成一个类似圆弧一样的底部,如图3—68所示。

圆弧底并不常见,但是一旦出现,后面的升势往往比较猛烈。同时,圆弧底也是较难把握的一种底部形态。

（2）圆弧底最佳买点

圆弧底形态一旦完成，股价升势往往比较猛烈，因此投资者可以在形态初步呈现、股价逐步攀升时就开始买入。另外，由于圆弧底的"碗底"位置聚集了最多数量的K线，成为底部的密集成交区，投资者可以将这个位置作为止损位。

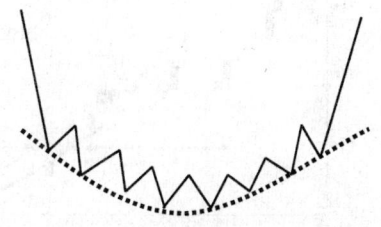

图3—68　圆弧底形态

如图3—69所示，2007年6月开始，天威保变（600550）进入一个调整走势。在股价下跌与回升的过程中，形成了一个圆弧底形态。此时投资者如果能够逐步地逢低买入，那么，就可以抓住日后连续涨停的行情。

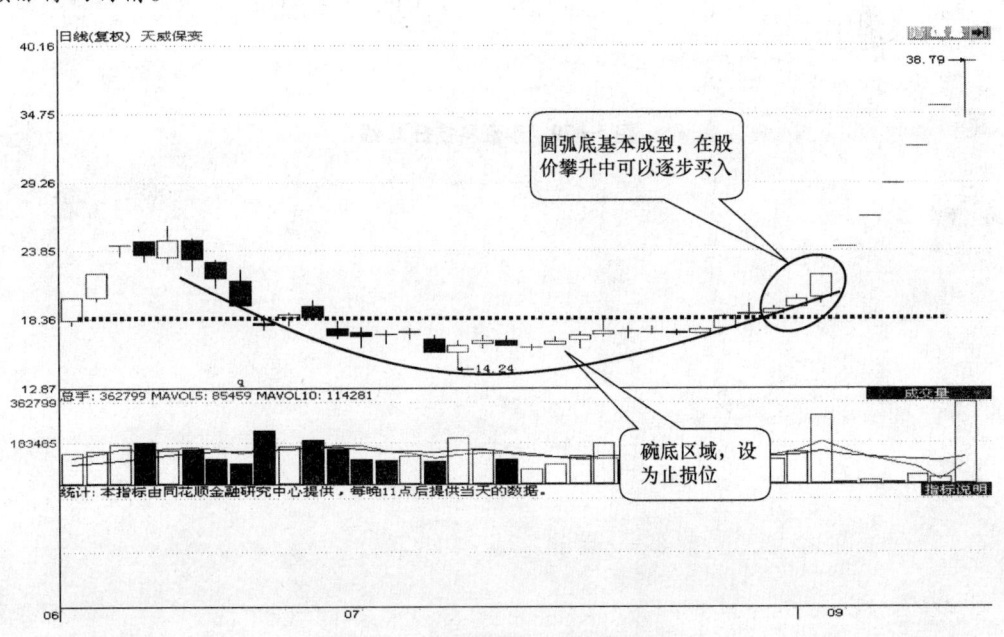

图3—69　天威保变日K线（复权）

有时圆弧底形态完成后，股价并没有立即上涨，而是出现一个震仓洗盘动作，这个过程在形态上很像"碗形底"的"碗柄"。此时投资者不必恐慌，在没有跌破止损位的情况下，应耐心持股，甚至可以等待洗盘结束后适时加仓。

如图3—70所示，2008年10月，泰豪科技（600590）在3.45元上方构筑了一个圆弧底。形态完成后，买点出现。该股在圆弧底形成后，出现了震仓洗盘走势，但是并没有跌破密集成本区所处的"碗底"位置。因此投资者可以继续持股，待洗盘完成后还可以加仓买入。

115

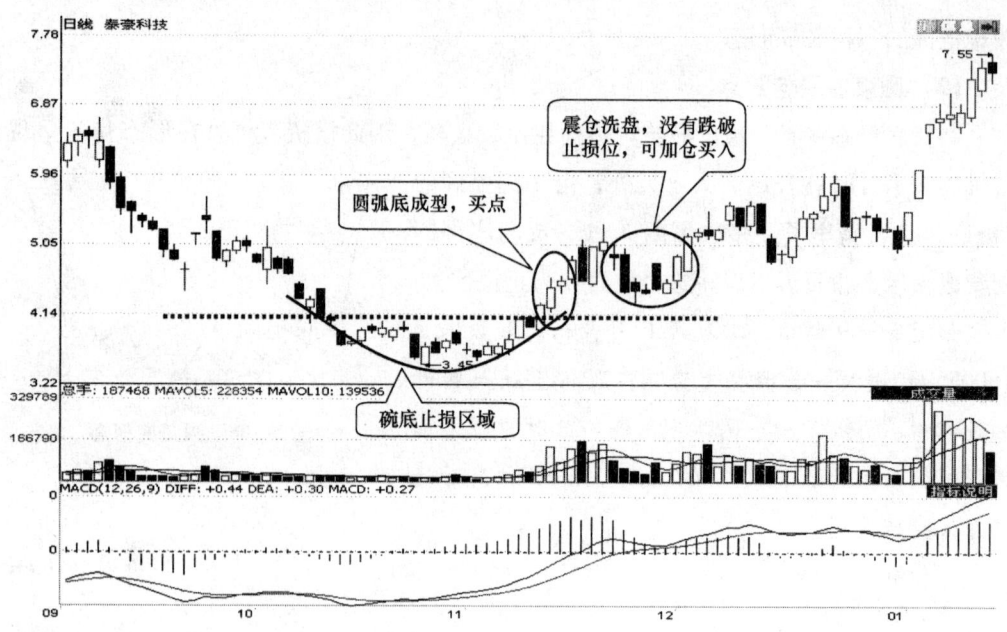

图 3—70 泰豪科技日 K 线

3.13 顶部K线组合形态及卖点

3.13.1 双重顶形态及最佳卖点

（1）什么是双重顶形态

双重顶，又称"双顶""双头"或是"M顶""M头"，指股价在上涨过程中，两次到达同一个价格区域后，均出现回落，形成了两个高点，K线走势上构成一个"M"形状。在第一次回落的低点画一条水平直线，就构成双重顶的颈线，如图3—71所示。

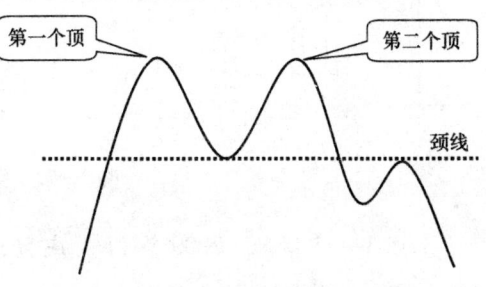

图3—71 双重顶形态

在股价跌破颈线位后，双顶形态正式完成。很多时候，股价在跌破颈线位后，对颈线位会有一个回抽动作。当股价在颈线位遇到阻力并继续下跌的时候，说明双顶形态得到最终确认，顶部构筑基本完毕。

需要注意的是，与所有的"突破"或者"跌破"走势类似，有时股价在跌破颈线位后，并没有回抽确认的过程，而是直接继续下跌。

（2）双重顶最佳卖点

双顶形态完成后，有两个卖点投资者可以注意把握。

卖点1：股价跌破双顶的颈线位置时。此时双顶形态基本成立，投资者可以卖出股票。

卖点2：跌破颈线后，股价对颈线位置进行回抽确认时。此时双顶形态得到最终确认，投资者应该立即将手中的股票卖出。

如图3—72所示，2009年11月，招商银行（600036）的股价连续两次在19元附近遇阻回落。日K线图上形成了一个双顶形态。11月底，当股价跌破颈线位时，第一个卖点出现。此后，在2009年12月和2010年1月，该股反复对颈线位进行回抽，但屡屡受阻于颈线位，双顶形态基本确认。每次的回抽确认过程，都构成了卖点。投资者应注意把握这两个点的卖出机会。

有时，股价跌破颈线位后，并不会出现对颈线位的回抽确认走势。此时也就不会有第二个卖点出现。

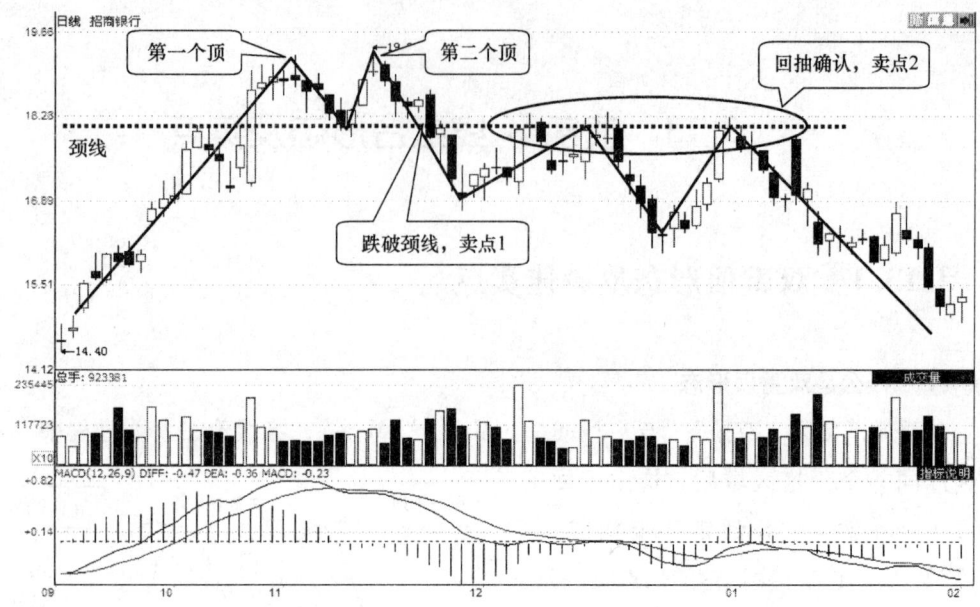

图 3—72　招商银行日 K 线

如图 3—73 所示，2009 年 11 月底和 12 月初，沙河股份（000014）连续两次在 20 元价位遇阻回落，日 K 线图上出现一个双顶形态。该股股价于 12 月中旬跌破颈线位，出现卖点。此后股价持续下跌，并没有对颈线位进行回抽确认。

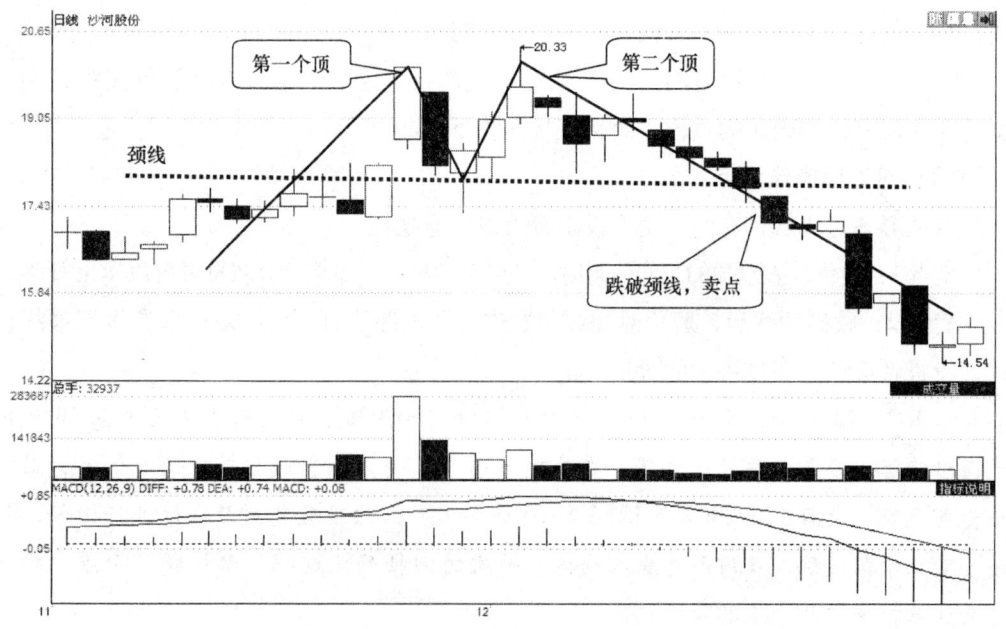

图 3—73　沙河股份日 K 线

3.13.2 三重顶形态及最佳卖点

(1) 什么是三重顶形态

三重顶形态，是指股价在上涨过程中，连续三次在同一个价格区域遇阻回落，形成了三个高点。将中间的两个回落低点进行连线，就得到三重顶的颈线，如图3—74所示。

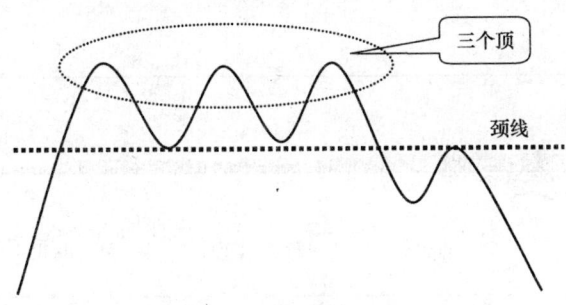

图3—74 三重顶形态

与双重顶一样，当股价跌破颈线时，三重顶形态就构筑完成。当股价对颈线完成回抽后，顶部形态得到最终确认。

(2) 三重顶最佳卖点

与双重顶一样，三重顶也有同样的两个卖点。

卖点1：股价跌破颈线时，此时三重顶形态基本成立。

卖点2：股价跌破颈线后，对颈线位置进行回抽确认时。此时三重顶形态得到最终确认。

如图3—75所示，在2007年9月至2008年2月，上实发展（600748）在55元至60元的价格区域内，连续三次遇阻回落，K线形态构筑了一个三重顶形态。2008年3月中旬，该股股价跌破颈线位，三重顶形态基本成立，第一个卖点出现。此后该股股价短暂回升，并在颈线遇阻回落。三重顶形态得到确认。这时出现了第二个卖点。

3.13.3 头肩顶形态及最佳卖点

(1) 什么是头肩顶形态

头肩顶，指股价在构筑顶部过程中，共形成三个高点，就像人的头部和肩部一样，中间的头部最高，两侧左右肩的价位基本相同。将"左肩"低点与"右肩"低点进行连线，就得到了头肩顶的颈线，如图3—76所示。

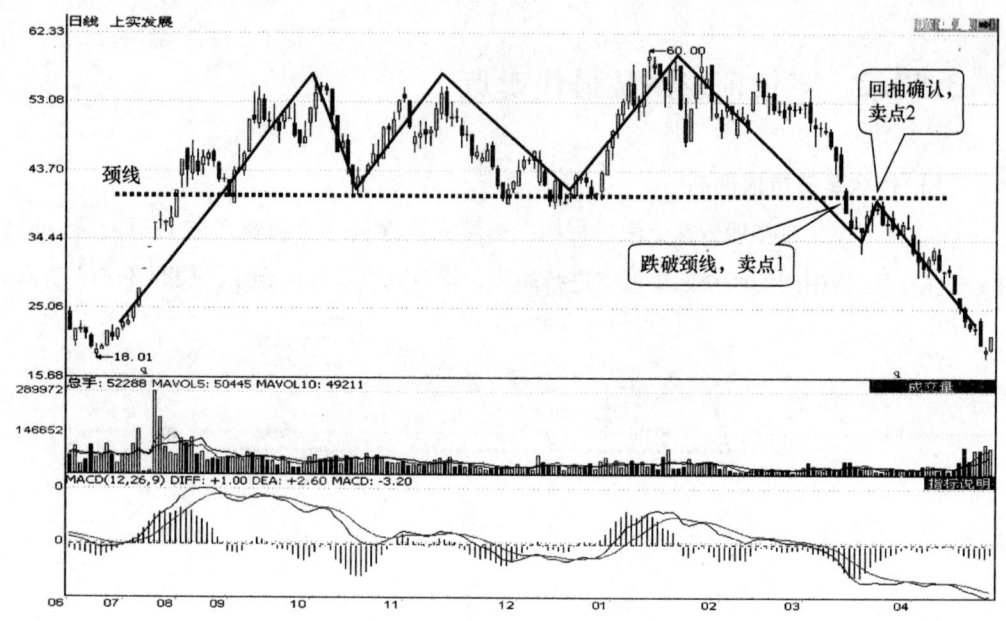

图3—75　上实发展日K线顶

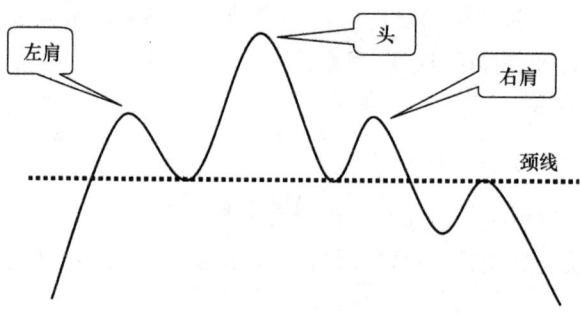

图3—76　头肩顶形态

当股价跌破颈线位置时，头肩顶形态成立。当股价对颈线位置进行回抽之后，头肩顶形态得到正式确认。

（2）头肩顶最佳卖点

卖点1：股价跌破颈线时，此时头肩顶形态基本成立。

卖点2：股价跌破颈线后，对颈线位置进行回抽确认时。此时头肩顶形态得到最终确认。

如图3—77所示，在2009年12月前后，深证成指在13 000点上方反复震荡，K线走势构筑了一个头肩顶形态。2010年1月22日，深证成指跌破颈线位置，头肩顶形态成立，第一个卖点出现。此后指数在2010年2月份开始反弹走势，并于4月初在颈线处遇阻回落。本次对颈线位置的回抽确认，宣布头肩顶形态得到最终确认，第二个卖点出现。

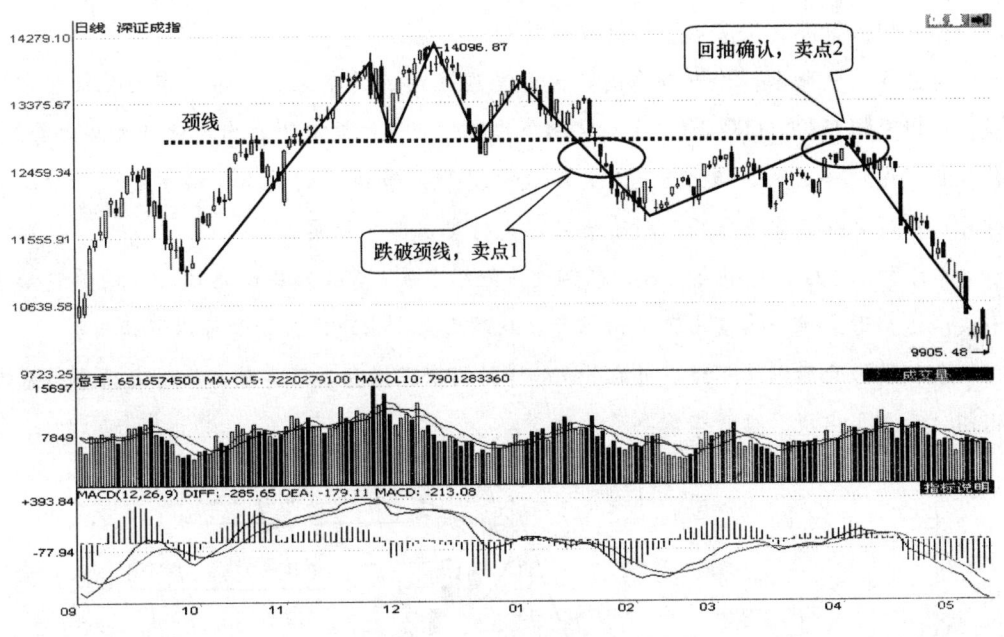

图3—77 深证成指日K线

3.13.4 尖顶形态及最佳卖点

(1) 什么是尖顶形态

尖顶，又叫"倒V字顶"，其形成过程是，股价先连续上涨，当涨至某价位后，或是由于重大利空，或是主力开始集中卖出，致使股价突然反转，开始连续下跌。其K线形态非常像一个倒置的"V"字，如图3—78所示。

尖顶形态一般出现在市场炒作气氛非常浓厚、投资者普遍看多的时候。这种突然的转折，往往令投资者措手不及，来不及做出正确的卖出反应。

图3—78 尖顶形态

(2) 尖顶形态最佳卖点

尖顶走势的卖点，比较难于把握，这是由于在尖顶形态中，股价到顶后的转折非常突然，下跌速度往往很快，在下跌的初段反弹很少。在这种顶部走势中，投资者没有充裕的时间来进行判断和分析。

为避免失去顶部卖出的机会，又不会过早卖出而踏空后面的行情，投资者可以采取分批卖出的策略，来应对这种暴涨暴跌的顶部走势。

如图3—79所示，2009年7月，大盘呈现连续的逼空上涨行情，市场气氛非常热烈，此时包钢股份（600010）在与宝钢合作的利好预期刺激下，出现连续大涨走势。8月5日，该股停止了连续上涨走势，K线出现"上吊线"的形态，初步发出行情反转信号。此时第一个卖点出现。投资者可以先行卖出部分股票。

8月5日之后的两个交易日，包钢股份继续下跌，"三只乌鸦站枝头"的看跌形态形成。这个形态进一步发出了卖出信号。此时卖点2出现，投资者可以继续减仓。

包钢股份此后继续下跌，并在8月、9月间出现横盘震荡走势，此时尖顶形态基本明朗，卖点3出现，投资者需要尽快清仓。

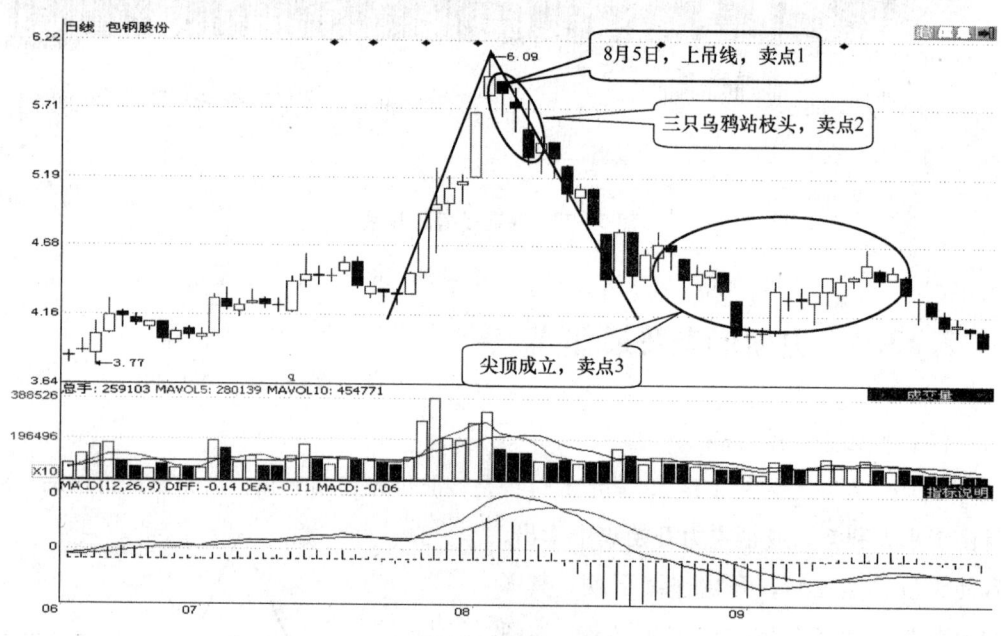

图3—79　包钢股份日K线

3.13.5　圆弧顶形态及最佳卖点

(1) 什么是圆弧顶形态

圆弧顶，也称"锅盖顶"，其K线的走势与圆弧底正好相反。股价在上涨过程中，涨速越来越慢，并开始逐渐反转向下，随后下跌速度逐渐加快，最终形成一个呈圆弧形状的顶部，如图3—80。

与圆弧底的"碗底"类似，在圆弧顶的顶端区域，同样集中了众多的K线，是圆弧顶形态中的密集成交区，如图3—80中横虚线与圆弧组成的区域，可以称之为"锅顶"。

看懂K线形态，找到买卖点　第3章

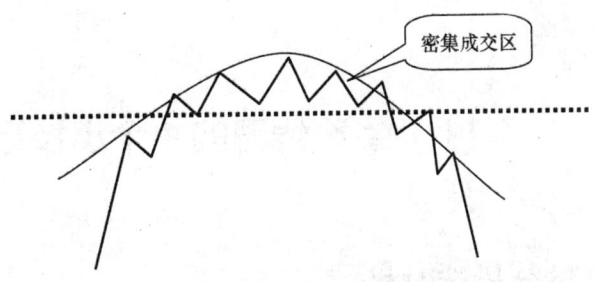

图3—80　圆弧顶形态

圆弧顶反映了多方力量逐渐消退，而空方力量逐渐增强，是一种可靠的顶部形态。

(2) 圆弧顶最佳卖点

圆弧顶并不是常见的顶部形态。不过这个形态一旦出现，股价的下跌幅度往往会很大。当投资者发现在股价高位出现这种形态时，应该果断地卖出股票。

有时，在圆弧顶形成后，股价会出现一定的向上回抽的动作，但是往往会在"锅顶"位置遇阻回落，此时同样是卖出机会。

如图3—81所示，2009年11月到2010年1月，深证成指周K线图上出现了三重顶形态。在2010年1月底圆弧顶形态逐步成形的过程中，投资者可以逐步减仓卖出股票。

4月初，深证成指在缓慢回升中，在圆弧顶的"锅顶"位置遇阻回落，回抽确认过程完毕，顶部形态基本得到确认。这时投资者需要将手中的股票清仓。

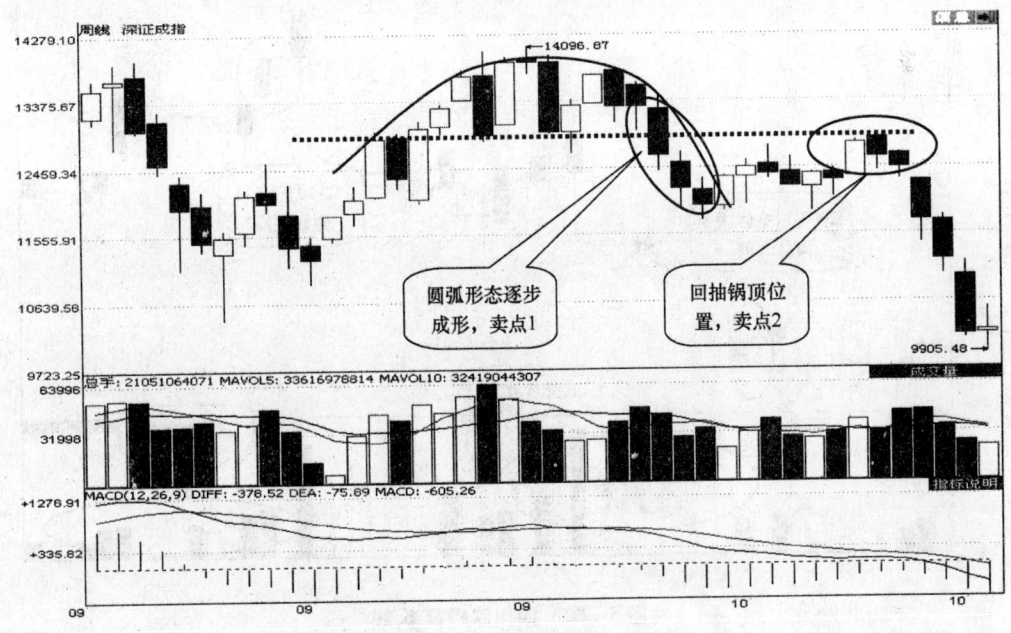

图3—81　深证成指周K线

3.14 看K线图的4个小技巧

3.14.1 价量分析选时机

投资者在看K线的同时,一定要注意成交量变化。成交量可以反映市场交易的活跃程度。成交量越大的股票受市场关注程度越高,买卖这类股票获利的机会也就越大。

如图3—82所示,2008年11月3日和4日,四川路桥(600039)的日K线形成了倾盆大雨组合。这是典型的股价见顶下跌的信号。但是在出现这个形态后,四川路桥的成交量持续放大,说明市场交投活跃。此后股价并没有下跌,反而被持续拉升。

经过一段时间上涨后,12月10日至11日,四川路桥的日K线再次形成类似的倾盆大雨组合。这次成交量持续萎缩,说明市场交易萎缩。此后股价进入持续下跌行情。

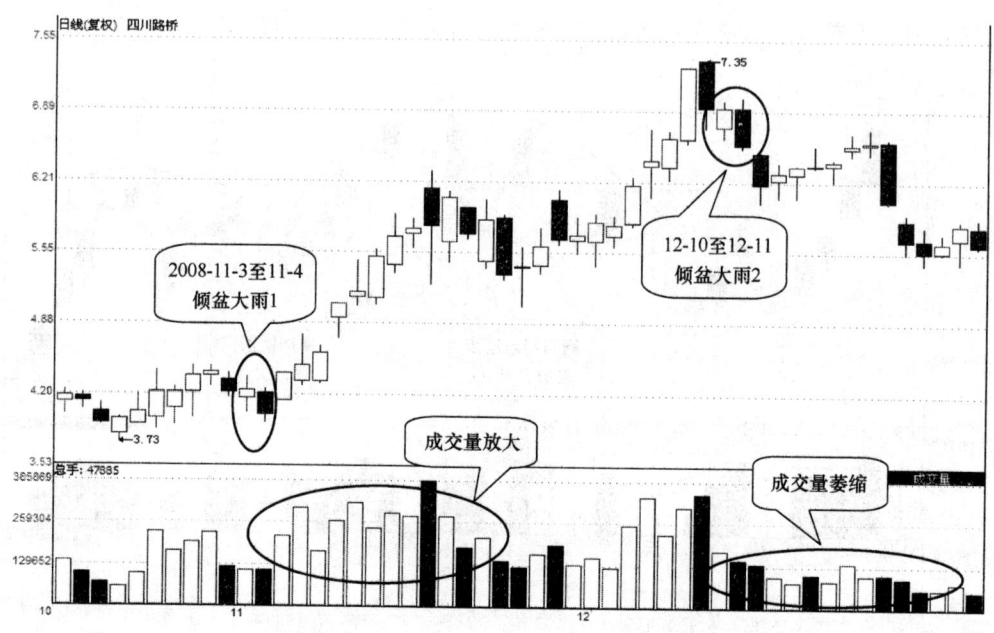

图3—82 四川路桥日K线

3.14.2 观察K线形态位置

同样的K线形态，出现在不同的位置，其含义可能完全不同。例如带长上影线的小K线，出现在股价连续下跌的尾端叫做倒锤头，为股价见底反弹的信号。而同样的K线出现在连续上涨行情尾端就叫做流星线，为股价见顶下跌的信号。

因此，投资者在使用K线形态选股时，一定要注意这些形态所处的位置。

如图3—83所示，2010年4月2日，中南建设（000961）日K线图上出现一根带长上影线的小阳线。这根小阳线出现在上涨行情尾端，称为流星线。流星线是经过一段上涨行情后多空陷入僵持，股价将见顶下跌的信号。

5月7日，中南建设日K线图上再次出现一根带长上影线的小阳线。这根小阳线出现在下跌行情的尾端，称为倒锤头。倒锤头是经过一段时间下跌行情后多空陷入僵持，股价将见底反弹的信号。

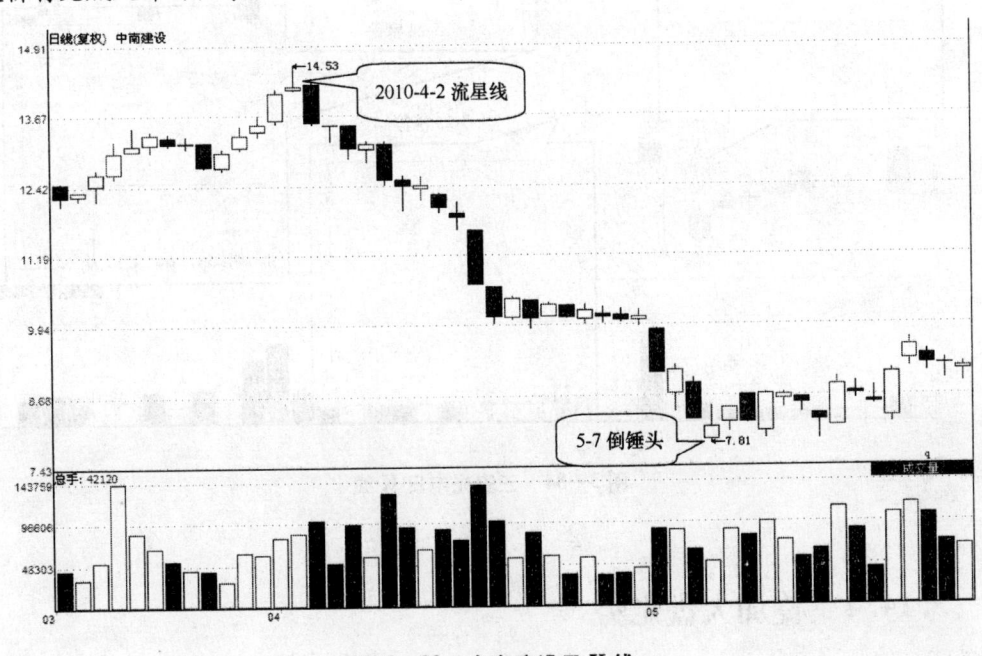

图3—83 中南建设日K线

3.14.3 与分时图结合分析

日K线包括一个交易日内的四个最重要价位，但对股价当天盘中波动形式的表现不够。投资者在使用日K线分析股票时，可以结合分时走势图，更准确地把握股价在一个交易日内的具体波动。

如图3—84所示，2010年3月17日，三安光电（600703）大幅上涨，最终收出涨停的大阳线。从分时图上可以看出，刚开盘半小时股价就被封在涨停板上。这是多方十分强势的信号。此时投资者可以大胆追高买入。

3月23日，三安光电再次大幅上涨，最终同样收出涨停的大阳线。但是从分时图上可以看出，这次股价到收盘前半小时才封在涨停板上。这表示多方力量已经不是十分强势，此时投资者虽然可以追高买入，但需要承担一定风险。

3月24日，三安光电再次收出涨停大阳线。但这次股价迟迟不能牢固地封在涨停板上。这说明上方有很大的抛盘压力。此时已经不适合再追高买入。

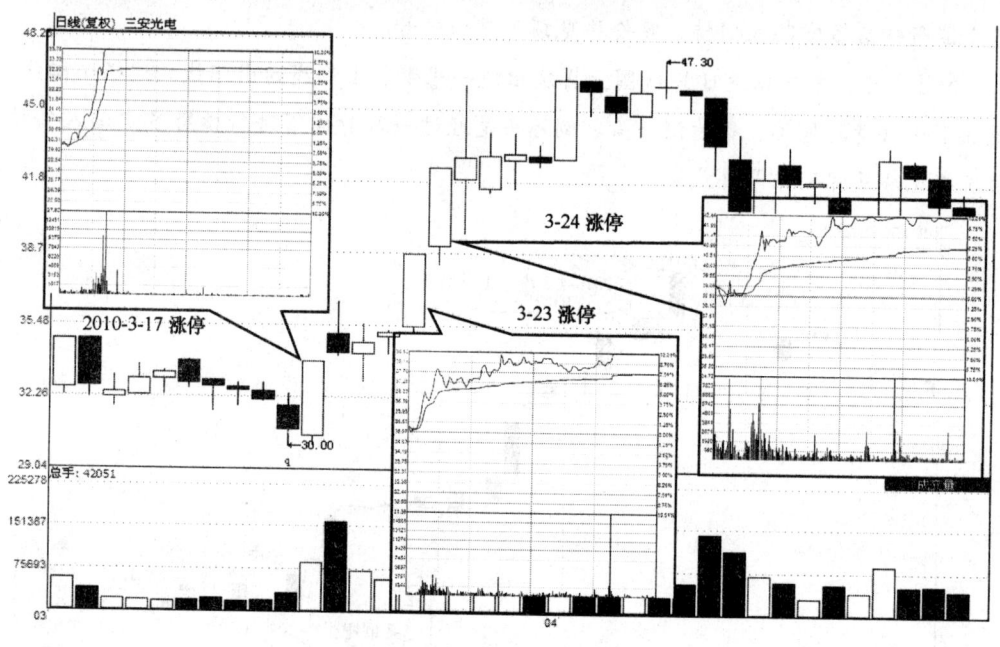

图3—84 三安光电日K线

3.14.4 叠加大盘走势

将个股K线与大盘K线叠加分析是选择股票时的一个重要技巧。当大盘持续下跌时，那些能够走稳或者走强的股票是弱势行情中很好的选择。一旦大盘反弹，这类股票的反弹幅度有望大大超过大盘。

如图3—85所示，2010年4月19日开盘后，大盘持续下跌，而长江电力（600900）的股价跌幅并不大，表现出强于大盘的走势。

4月20日，大盘逐渐走稳，而长江电力股价小幅上涨。这验证了股票走势强于大盘的信号。此时投资者可以适当买入股票。

4月21日，大盘开始小幅反弹，而长江电力股价则开始大幅上涨行情。

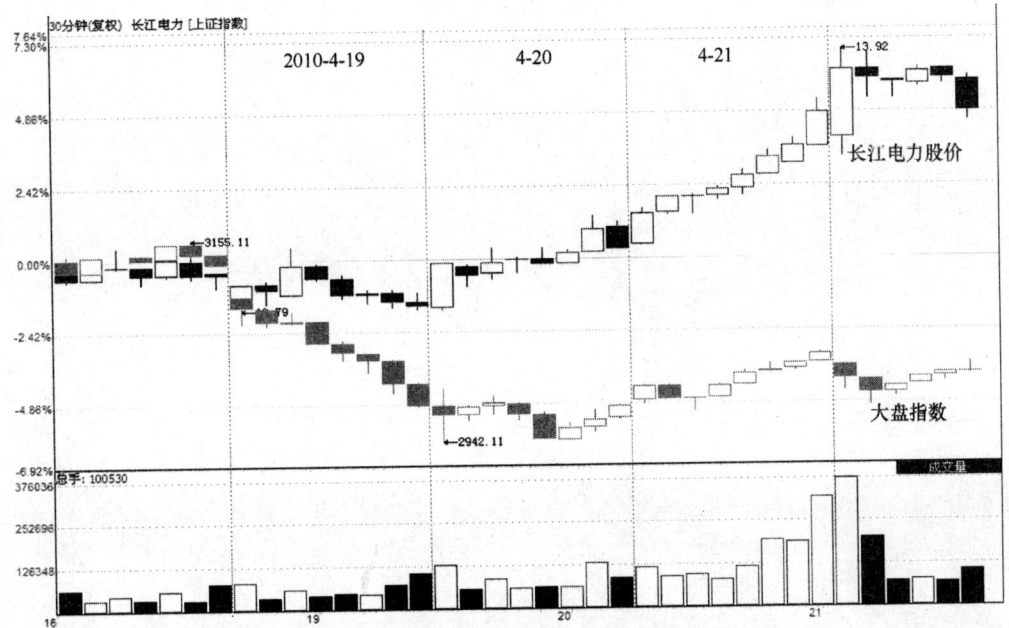

图3—85　长江电力K线与大盘K线叠加

第 4 章

利用技术指标，找到买卖点

4.1 江恩角度线的买卖点

江恩理论是由著名投资大师威廉·江恩创立的。江恩认为股票、期货市场也是按照自然界中的规律运行的。市场的价格运行趋势不是杂乱的,而是可通过数学等方法预测的。以此为基础,江恩总结了一套预测股价涨跌的理论。这就是著名的江恩理论。江恩理论的具体内容包括江恩时间法则、江恩价格法则、江恩线等。

江恩理论的分析方法具有非常高的准确性,有时会达到令人不可思议的程度。因此,很多江恩理论的研究者非常重视江恩的测市系统。但是在测市系统之外,江恩还建立了一整套买卖规则作为辅助。当测市系统发生失误时,应依靠买卖规则及时进行补救。江恩之所以在其投资生涯中可以达到非常高的成功率,就是将测市系统和交易纪律统一使用。两者出现分歧时,预测系统要服从纪律系统。正因如此,江恩才能在充满动荡和危机的年代,从事市场投资而立于不败之地。

4.1.1 江恩角度线巧测市

江恩对股价运行的轨迹非常看重,正因如此,江恩的一系列测市工具也极为关注股价的运行角度。江恩将百分比原理与几何角度原理结合起来,发明了测量股价运行角度的实用工具,即江恩角度线,也称甘式线。江恩角度线是从一个点出发,依照一定的角度,向后画出的多条射线,每条射线都有特定的角度,对股价都有支撑和压力作用。

在炒股软件上画江恩角度线的方法非常简单,首先在K线图上找到一个点(一般选择重要的低点或者高点),以此点为起点,然后再选择后面另一个点作为终点(与起点相对应的高点或者低点),即可绘制出江恩角度线。

投资者可以选择某个阶段性高点或低点作为起点,以另一个阶段性高点或低点作为终点,绘制江恩角度线。

如图4—1所示,2008年11月初,TCL集团(000100)最低跌至2.01元(图中A点所示)后开始回升,2009年2月底涨至4.18元(图中B点所示)后开始回调。投资者可将A点作为起点,以B为终点绘制江恩线。

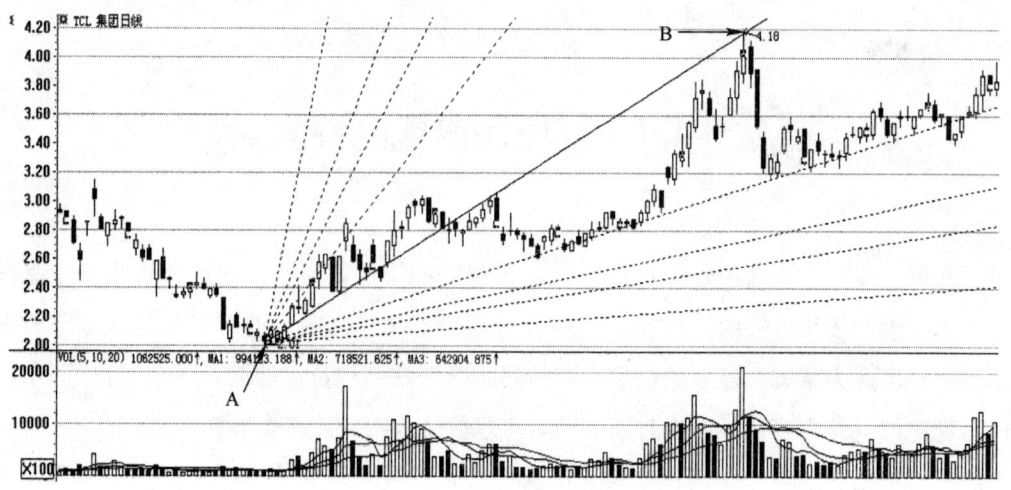

图4—1 TCL集团日K线

4.1.2 压力支撑位轻松找

在短线交易中,投资者利用江恩角度线,可以很轻松地找到可能的压力位和支撑位,准确地把握买点和卖点。

(1) 交易要点

买入时机:股价经过一轮上涨后出现较明显的回调走势,投资者可以运用江恩角度线找到股价的回调位置,并把握企稳回升的买入时机。

卖出时机:股价经过一轮下跌后开始反弹,投资者可以运用江恩角度线寻找股价的反弹高度,并把握反弹到位后的卖出机会。

(2) 股价支撑线

江恩角度线可能会成为股价下跌的支撑线。投资者画出一组江恩角度线后,可以根据这组角度线来判断股价可能获得支撑的位置。当股价运行到角度线附近时,投资者就应该密切关注股价走势。如果股价有止跌的迹象,投资者就可以果断入场买入股票,并可以将股价获得支撑的那条角度线作为止损线。

如图4—2所示,2010年7月初,鲁信创投(600783)创阶段低点(图中A点所示)后开始回升,并于10月底见到阶段性高点(图中B点所示),此后股价开始回调。以这两个点为起始点,可以做出一组江恩角度线。投资者可以发现,本次回调在江恩角度线的一条支撑线处获得支撑,股价重新开始上涨。投资者可以把握机会买入股票。

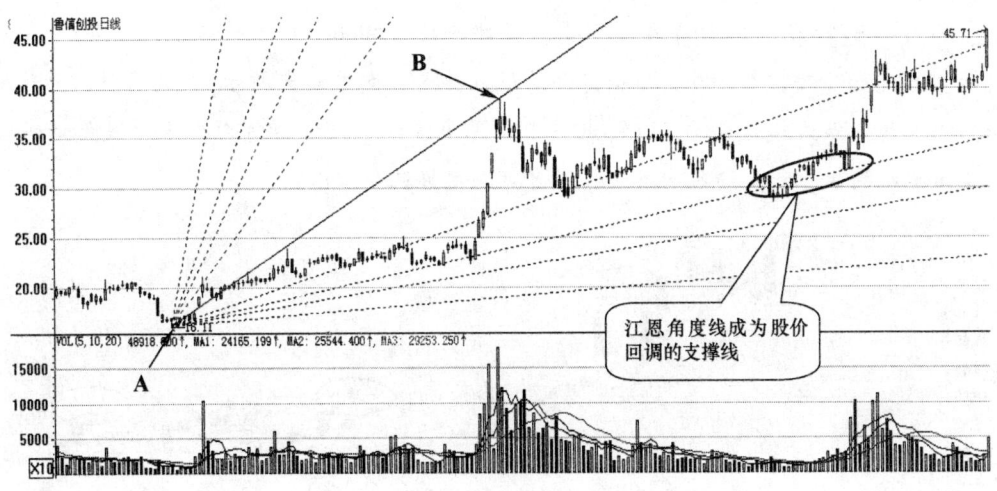

图 4—2 鲁信创投日 K 线

（3）股价阻力线

除了能准确把握股价的支撑线外，投资者还可以利用江恩角度线寻找股价上涨的阻力位置。如果股价在某条江恩角度线位置遇到巨大阻力，投资者就应该卖出股票，防止股价受阻回调造成损失。

如图 4—3 所示，2008 年 3 月初，大成股份（600882）创阶段高点（图中 A 点所示）后开始下跌，并于 4 月下旬见到阶段性低点（图中 B 点所示），此后股价开始反弹。以这两个点为起始点，可以做出一组江恩角度线。投资者可以发现，本次反弹在江恩角度线的一条阻力线处遇到阻力，股价重新开始回落。投资者可以把握机会卖出股票。

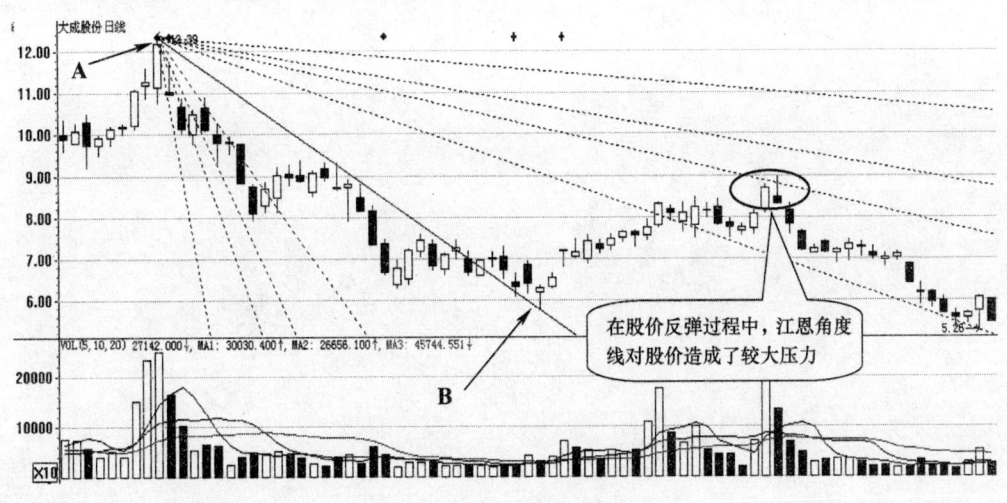

图 4—3 大成股份日 K 线

如图4—4所示，2010年4月中旬，博闻科技（600883）创阶段高点（图中A点所示）后开始下跌，并于5月中旬见到阶段性低点（图中B点所示），此后股价开始反弹。以这两个点为起始点，可以做出一组江恩角度线。投资者可以发现，股价两次在江恩角度线的阻力线处遇阻回落。投资者可以把握机会卖出股票。

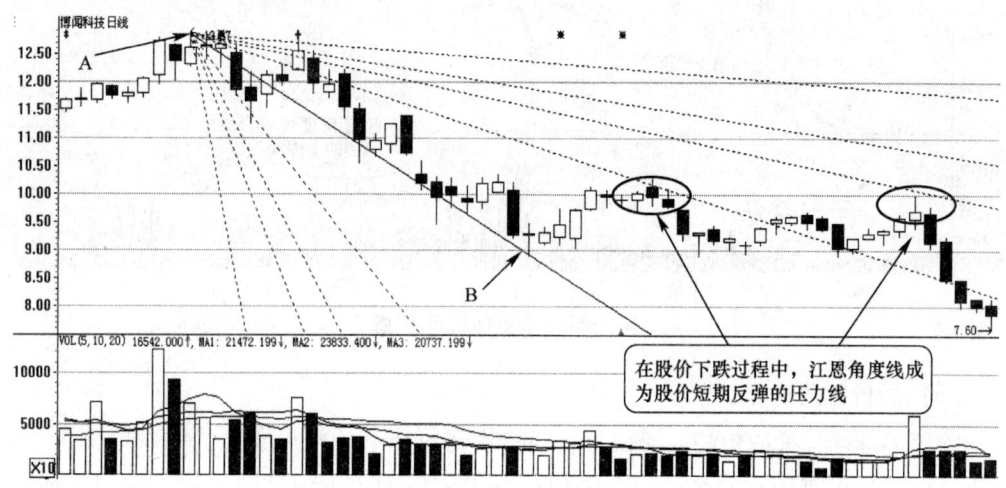

图4—4　博闻科技日K线

4.2 黄金分割线的买卖点

黄金分割理论的基础是黄金分割率和黄金分割数字。

2000多年前,古希腊数学家毕达哥拉斯首先提出黄金分割率。所谓黄金分割率,就是把一条线段分为两部分,使其中一部分对于全部的比率,等于另一部分对于该部分的比率。按照这个算法得出的比率大约是0.618(0.618/1 = 0.382/0.618)。

最近几十年来,一些美国投资者将"黄金分割率"应用到股市行情分析方面。他们经过长期观察发现,每当股价上涨幅度达到上一波段跌幅的0.382或是0.618附近时,就会产生明显的阻力,股价往往会出现回落。相反,当股价下跌时,其下跌幅度达到上一波段涨幅的0.382或是0.618附近时,就会产生明显的支撑,股价往往可能开始回升。

除了0.382和0.618外,0.236(0.618 - 0.382)、0.5等数字也被视为股市中的黄金分割数字。

几乎所有炒股软件的画线工具中,都提供黄金分割线。投资者找出前一阶段股价运行的高点和低点后,再将其作为黄金分割线的起点和终点,就可以绘制出黄金分割线。

如图4—5所示,2009年9月1日,上证指数创阶段低点。9月18日,股价创出高点。以这一组高点和低点为基础,可以做出一组黄金分割线。通过日后一段时间的行情可以看到,这组黄金分割线多次成为股价下跌的支撑位和上涨的阻力位。

9月29日和11月2日,股价分别在0.236和0.618位置的两条黄金分割线上获得支撑反弹。11月24日和12月8日,股价又在上涨到1.618位置后遇到阻力回调。

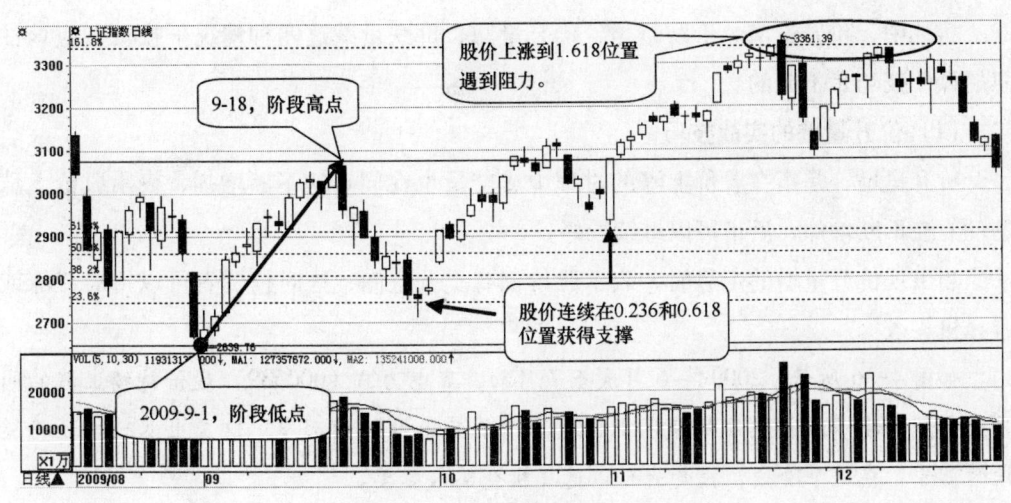

图4—5 上证指数日K线

4.3 量价关系分析实战技法

4.3.1 价量配合与价量背离

在股市新闻或者股评师的分析中，经常会出现"成交量配合理想""今天的上涨没有得到成交量的支持"等词句。部分新入市的投资者可能会产生疑惑：什么是股价和成交量配合良好？什么是股价和成交量的背离？

要解决这些问题，就需要涉及股价和成交量的相互关系。

我们可以用一个简单的比方来说明股价和成交量的关系。如果将股价比作是一辆车的话，那么成交量就好比是车的油门。需要注意的是，股价这辆车一直在一个斜坡上运行。股价上涨，就好比车在走上坡路，股价下跌，就好比车在走下坡路。

股价上涨时，成交量同时放大，就好比车在上坡时逐渐加油，股价自然越涨越高，这就是"价量配合理想"；股价上涨时，成交量却在减少，就好比车在上坡时逐渐收油，股价上涨的动力自然越来越弱，这就是"价量出现背离"。

股价下跌时，就好比车在下坡，依靠重力就可以往下走，不需要成交量的配合，因此下跌过程中可以缩量，也可以放量。如果放量的话，将说明股价下跌速度将加快，就和开车下坡时加油一样。

实战中，价升量增、价跌量增、价升量减、价跌量减这四种情况下投资者应该注意的操作技巧是不同的。

（1）价升量增的实战技巧

价升量增，是指在股价上涨的过程中成交量也在同步的不断增加，表示股价上涨的动力在不断增加，后市可以继续看好。

当出现价升量增的走势时，表示股价仍有上升空间，这时投资者可以持股待涨或者择机买入。

如图4—6所示，2009年6月底至7月初，粤电力A（000539）股价持续上涨的同时成交量也逐步放大。日K线图上出现了"价升量增"的形态。这是上涨行情还将继续的信号。在这个阶段，投资者可以选择机会买入股票。

利用技术指标，找到买卖点 **第4章**

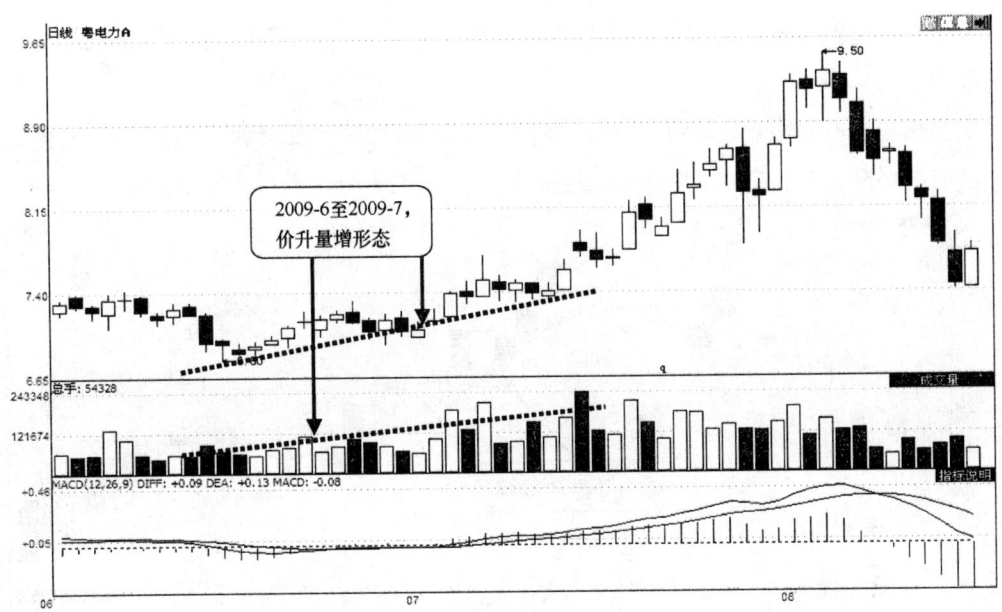

图4—6 粤电力A日K线

（2）价跌量增的实战技巧

价跌量增，是指在股价的下跌过程中成交量也在不断增加，表示股价下跌正在市场上造成恐慌，越来越多的投资者开始抛出股票。股价下跌的动力在不断增加，后市股价将继续下跌。这一现象在牛市结束、熊市来临的顶部转折时最为常见。

如果股价在长时间大幅度上涨之后出现价跌量增走势，表示股价见顶的概率较大，投资者应该注意把握卖出机会。

如图4—7所示，2010年3月，阳光股份（000608）股价持续上涨。4月初，股价见顶下跌，同时成交量也逐渐放大，形成了价跌量增的形态。这个形态说明投资者信心在顶部崩溃，大量股票被抛出，是股价会继续下跌的信号。看到这个形态后，投资者应该尽快将手中的股票卖出。

投资者需要额外注意，股价下跌一段时间后成交量往往会持续萎缩。如果在一段下跌行情后成交量突然放大，则有可能是股价在底部获得支撑，下跌行情即将结束的信号。

如图4—8所示，2010年5月，ST甘化（000576）的股价持续下跌。在股价下跌的同时成交量也逐渐放大。这个形态说明股价下跌到底部后获得较强支撑，是股价即将见底的信号。

（3）价升量减的实战技巧

价升量减，是指在股价上涨过程中成交量不断减少，表示股价虽然仍在上涨，但是上涨动力逐渐减弱,更多的是依靠惯性在涨。这一点在牛市中后期的长牛股上表现得最明显。

当出现价升量减的走势时,表示股价仍有上涨空间,投资者可以继续持股待涨。但此时已经开始量价背离,投资者需要时刻关注未来走势,警惕顶部的到来。

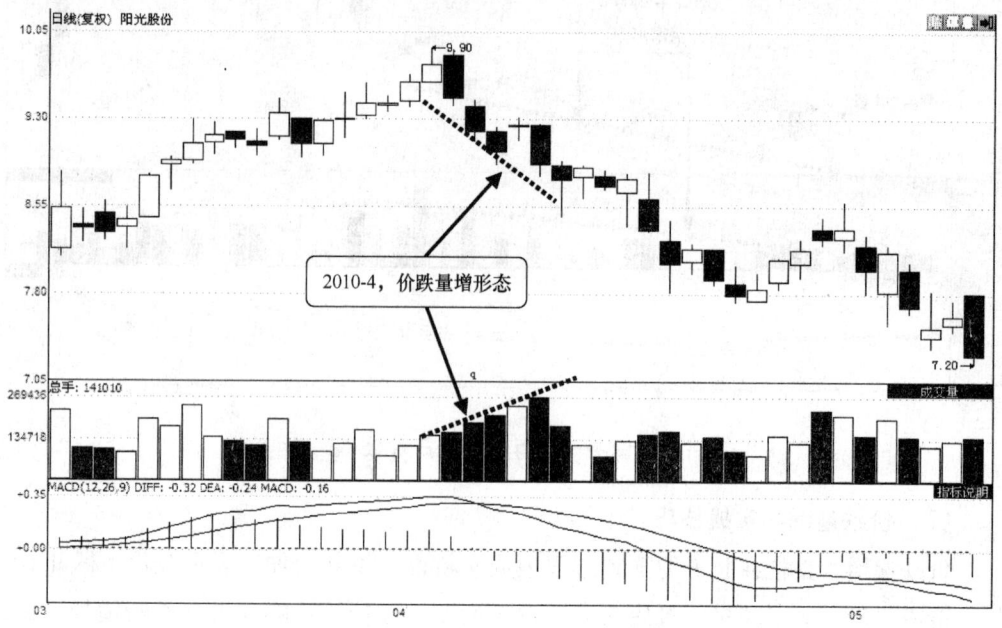

图 4—7　阳光股份日 K 线

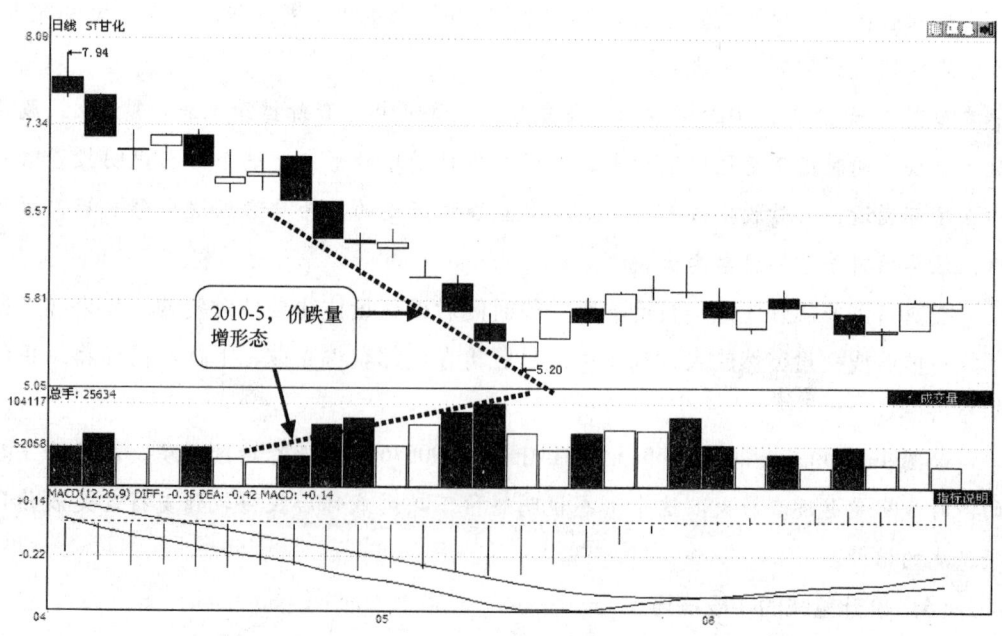

图 4—8　ST 甘化日 K 线

如图4—9所示,2010年8月中旬,万科A(000002)的股价连续上涨,同时成交量却逐渐萎缩。这说明当前股价上涨动力不足,持仓投资者需要警惕顶部的到来,空仓投资者此时不宜介入,应该等股票调整结束后再入市不迟。

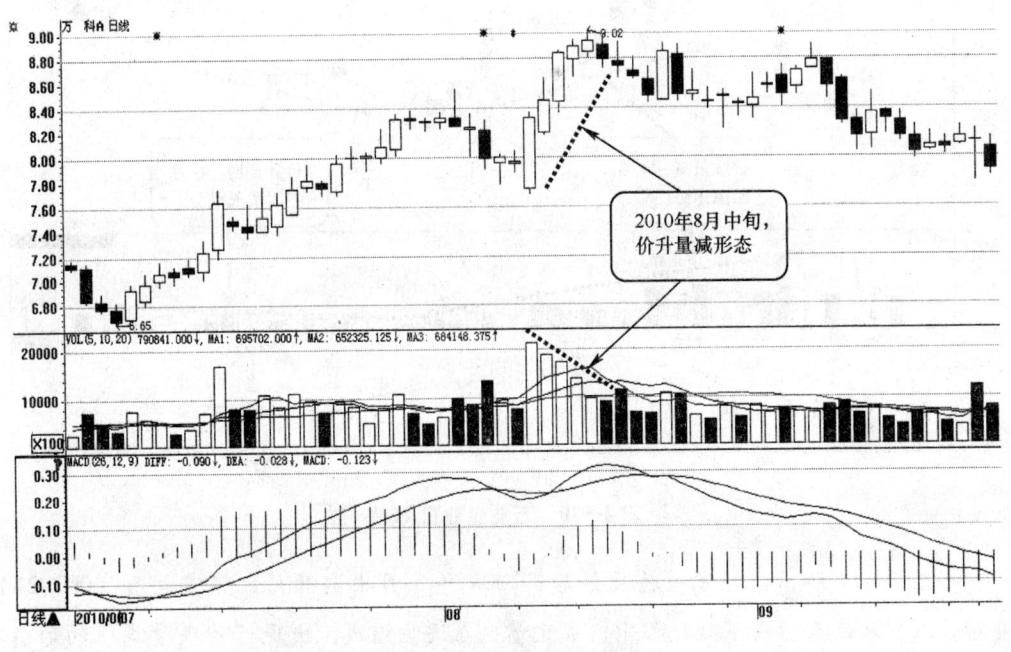

图4—9 万科A日K线

(4)价跌量减的实战技巧

价跌量减,是指在股价的下跌过程中成交量也在不断减少。价跌量减可能出现在上涨行情的回调中,也可能出现在下跌的中期。

当股价上涨一段后开始回调时,如果出现价跌量减的情况,往往是股价正常回调整理的迹象,表明市场存在惜售心理,同时买入意愿也不足。投资者发现这种走势之后,可以继续持股待涨,空仓投资者需注意把握调整结束后的买入机会。

如图4—10所示,2008年12月8日,万业企业(600641)在涨至9元位置后,股价开始下跌,同时成交量也在逐步缩减,呈现"价跌量减"走势特点。这个形态表明股价正处于调整当中。投资者可以继续持股待涨。

自2009年1月开始,该股震荡攀升,同时成交量持续增加,呈现"价升量增"的走势。这个形态说明此前的调整已经结束,股价将继续上涨。此时投资者可以把握买入机会。

在下跌行情中出现价跌量减的走势时,说明市场承接力度很差,同时卖方力量仍然没有得到宣泄,表示股价仍有下跌空间。这时投资者应该保持观望。

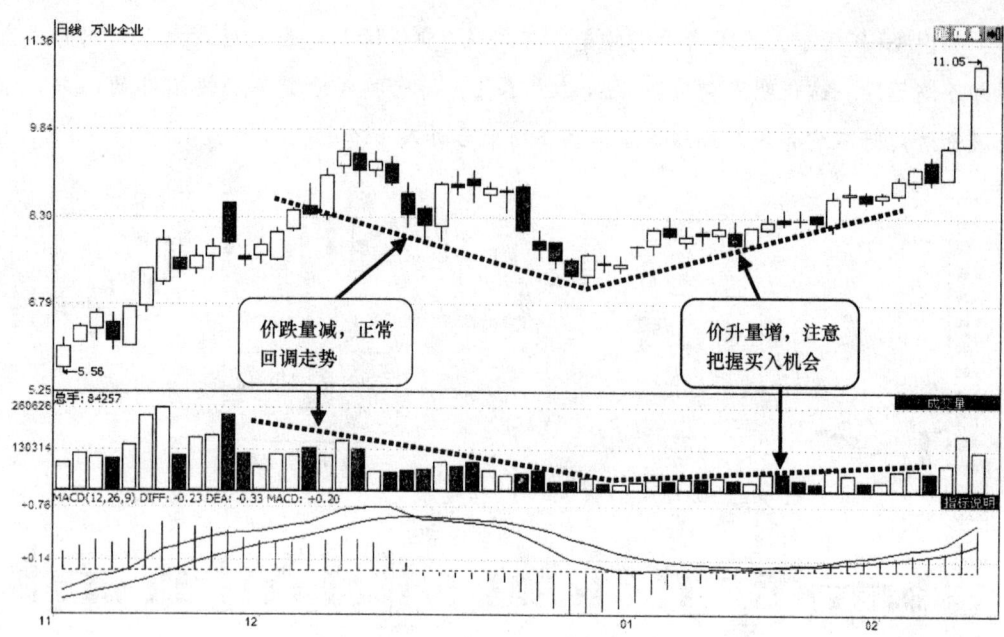

图4—10 万业企业日K线

如图4—11所示,经过一轮反弹后,2008年5月中旬开始,苏宁电器(002024)重新进入下跌走势。在下跌过程中,成交量也在逐步缩减,出现"价跌量减"的形态。这个形态说明股价仍将继续下跌,投资者应注意持币观望。

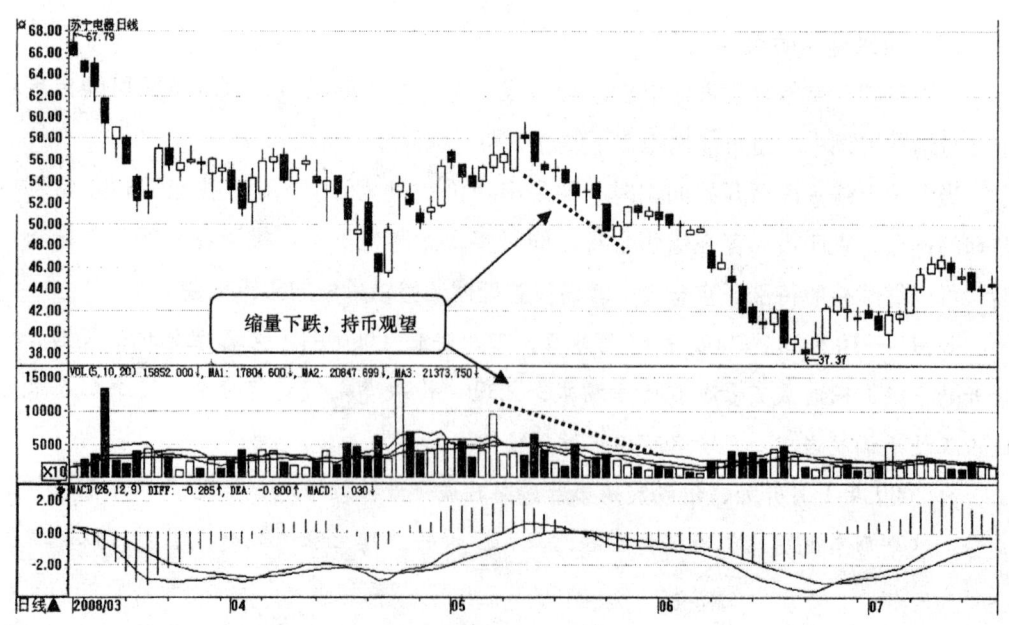

图4—11 苏宁电器日K线

4.3.2 看价量关系找买入信号

除了上边几种简单的价量配合和价量背离走势外，投资者还可以通过一些价量配合的经典形态来寻找买入或者卖出机会。这些形态可能比前边的形态更复杂，但在实战中的准确率也更高。

(1) 缩量调整后放量启动

股价在上涨一段时间后，往往会进入一个"价跌量减"的调整走势，当股价重新开始放量上涨时，表明调整过程结束，股价将继续上涨。对于原来踏空的投资者来说，此时是一个非常合适的买入机会。而放量启动的第一根阳线，就是最佳买入点。

如图4—12所示，2009年2月，华孚色纺（002042）股价小幅回调的同时成交量持续萎缩。这说明投资者卖出的动能不强。这种下跌趋势不会持续太久。

3月3日，股价放量上涨，这是缩量回调行情即将结束的信号。此时投资者可以买入股票。

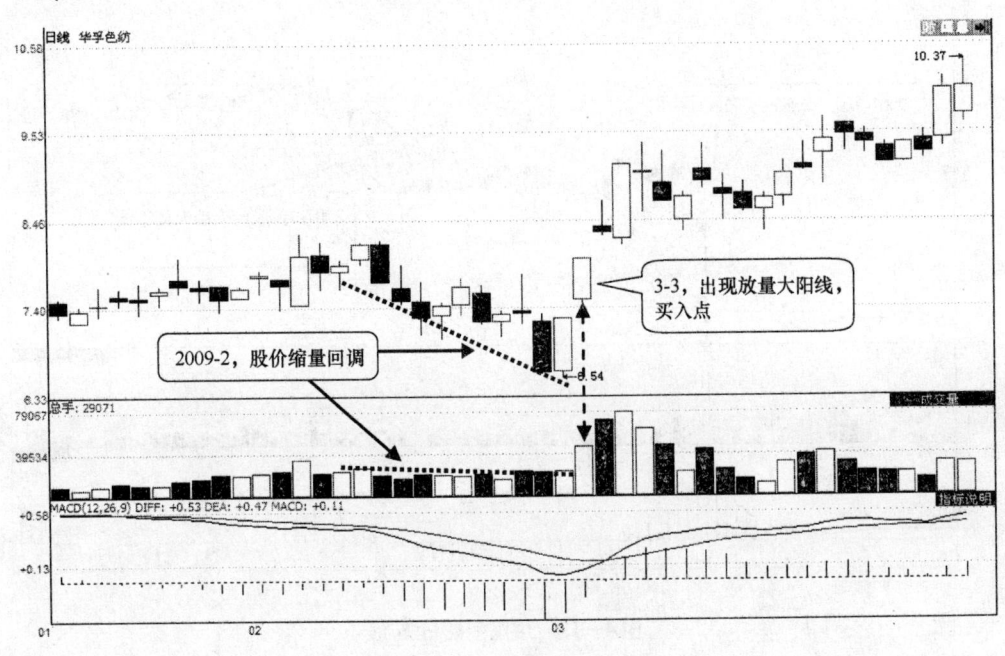

图4—12 华孚色纺日K线

(2) 天量后股价继续上涨

天量，是指股票历史最大成交量或者是年内最大成交量。

天量表示股票被集中的大量换手。

对于庄家是否在天量中出货，大多数新入市的投资者很难判断清楚。其实如果有一定的耐心的话，有一个很简单的判断方法，那就是继续观察后续走势。

如果天量之后股价仍然继续上涨，说明此前机构以买入为主；如果天量之后股价不能继续上涨，说明此前机构以卖出为主。这时投资者应该跟随一起卖出。如果天量之后股价继续上涨，突破天量时的价位，就说明主力还有拉升意愿，之前的放量只是主力在制造恐慌。这时投资者可以继续持股。

如图4—13所示，2007年年初，受重组利好的影响，中国船舶（600150）出现连续涨停走势。2月6日，该股全天成交量创下三年来的最高，而股价也创出该股上市后的新高。关于庄家是在这个位置出货还是在洗盘，投资者不用急于作出判断，可以继续观察。

该股在创出天量后，一直围绕这天的价位反复震荡。直到3月底，股价才开始震荡攀升，彻底摆脱了之前整理的价格区间。这说明此前的形态只是机构在制造恐慌洗盘。此时投资者可以继续持股，或者在攀升过程中追高买入。

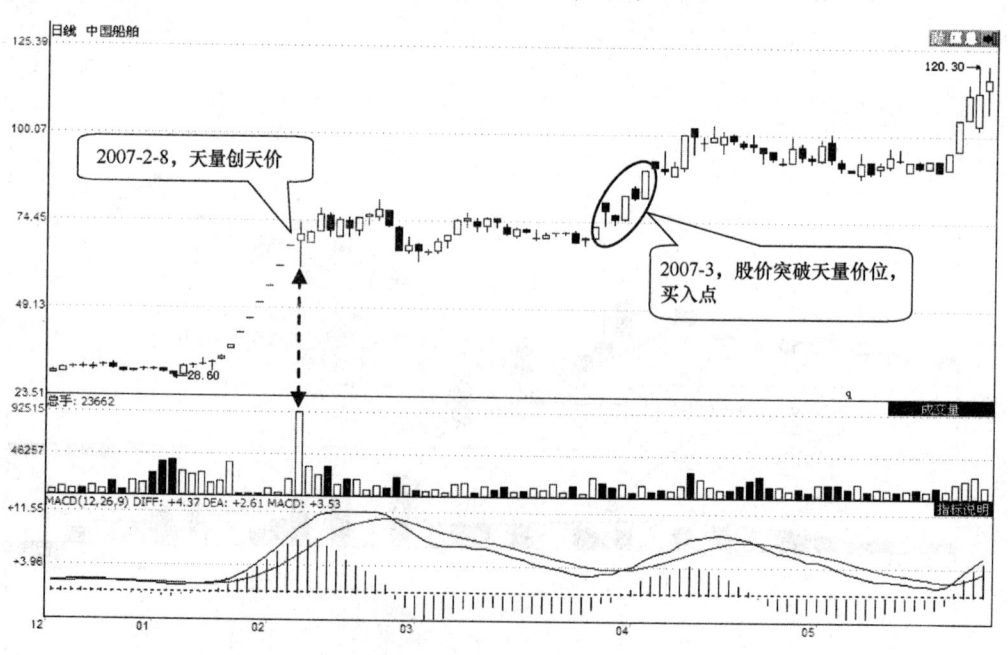

图4—13 中国船舶日K线

（3）放量突破阻力位

股价对上升阻力位的突破，往往意味着股价已经摆脱原先的束缚，进入一个新的上涨阶段。在股价突破阻力位的过程中，如果伴随着巨大的成交量，则说明本次突破经历了多空双方的激烈交锋，且多方取得了决定性的胜利，充分证明突破的有效性。

就短线而言,放量突破意味着短期内多方力量占据着绝对上风,股价将持续上涨。因此,这个突破过程是短线的最佳买点。

如图4—14所示,2008年12月,辽通化工(000059)连续两次在同一价位遇到阻力回调。这个位置成为股价上涨比较强烈的阻力位。2009年1月19日至21日,股价连续三个交易日放量上涨,突破前期形成的阻力位。这个形态说明多方占据绝对上风。在股价放量向上突破的同时,投资者可以买入股票。

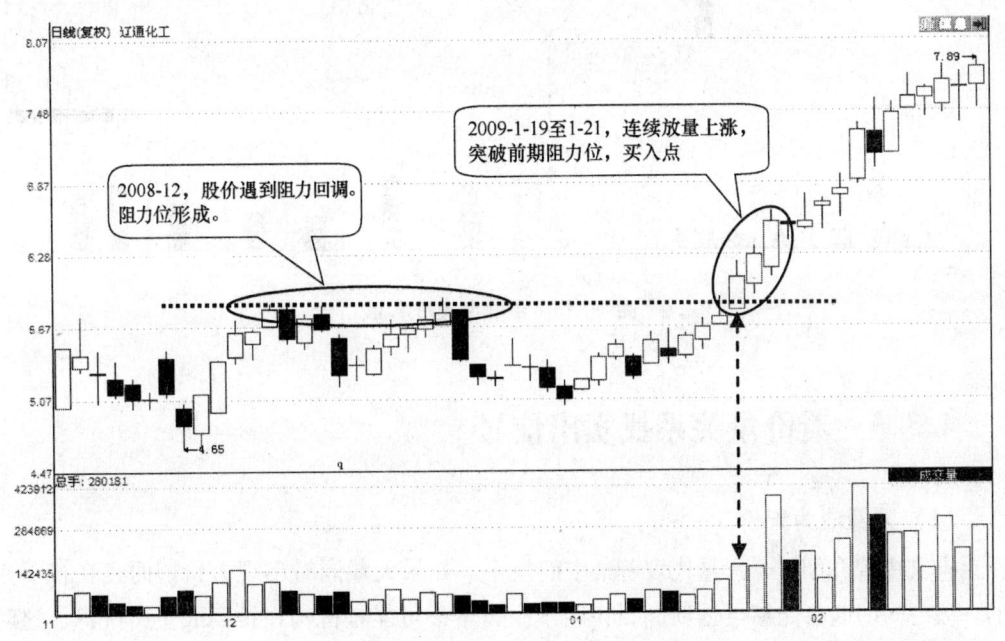

图4—14 辽通化工日K线(前复权)

除了K线图上的水平阻力线外,均线系统也是一个重要阻力位。均线周期越长,对股价的影响就越显著。当股价放量向上突破中长期均线时,往往意味着中期上涨行情的确认,这时投资者可以进行中短线买入操作。

如图4—15所示,2010年4月底开始,中信海直(000099)股价持续下跌。在下跌过程中,股价一直受到均线系统的压制。7月9日和12日,股价在两个交易日内连续放量上涨,突破了MA10、MA30、MA60三根均线。这个形态说明市场上多方强势,预示着股价会继续上涨。在股价放量突破均线的同时,投资者可以买入股票。

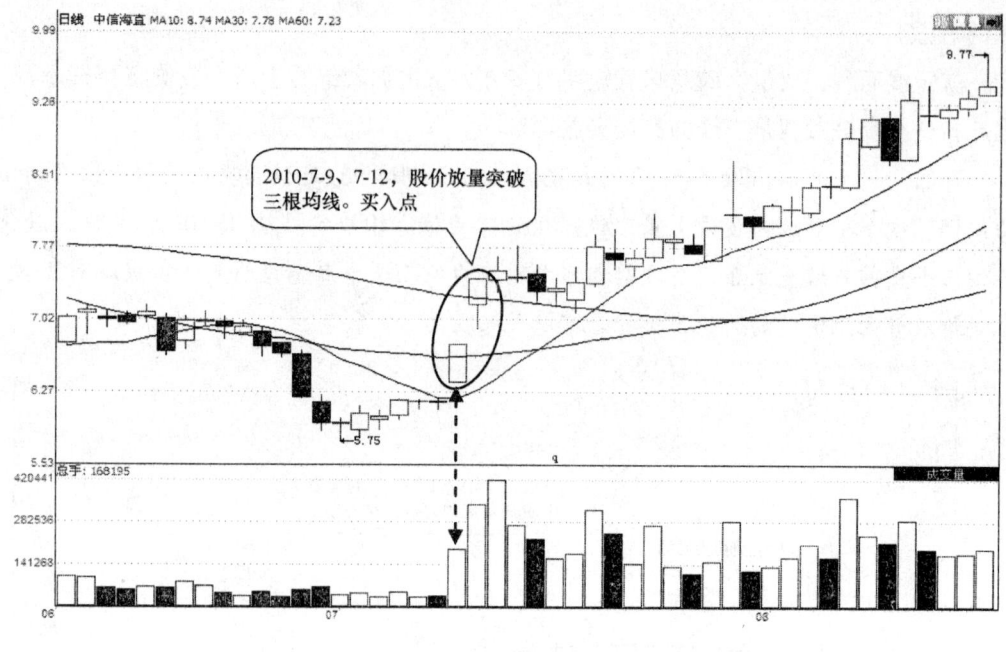

图 4—15 中信海直日 K 线

4.3.3 看价量关系找卖出信号

(1) 天量成为天价

前文中曾介绍过,天量代表着集中的换手。如果天量同时出现天价,而且在接下来的一段时间内股价能够再创新高,说明本次天量很可能是机构在拉高股价后洗盘。这时投资者可以跟进买入。但是,如果天量成交的当天股票创出天价,而且这个天价迟迟不能被突破,则这次天量很可能是机构卖出股票造成的。这时投资者需要注意把握卖出机会。

如图 4—16 所示,2010 年 3 月 31 日,华光股份(600475)股价开始放量上涨。4月2日,股票的成交量创出天量,同时股价达到了年内高点。这种天量天价的异动形态可能是主力在卖出股票,也可能是主力在借机洗盘。为了判断主力的操作意图,投资者需要冷静观察此后几个交易日股价的走向。

在这之后的几个交易日,股价持续缩量整理,未能突破4月2日创出的高价。这说明之前的放量可能是主力在出货,未来股价可能会持续下跌。看到这样的形态,投资者应该尽快将手中的股票卖出。

(2) 放量破位

当股价走势跌破某个重要支撑位,或者跌破某种形态时,我们称之为"破位"。股

利用技术指标，找到买卖点 / 第4章

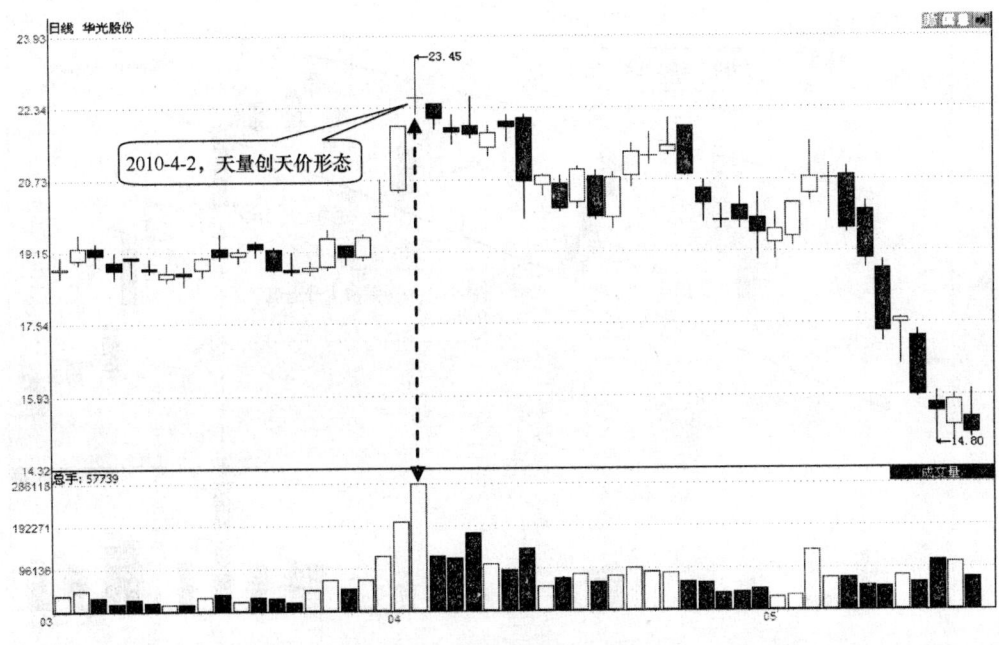

图4—16 华光股份日K线

价的破位往往意味着后续行情不容乐观。如果股价破位的同时成交量明显放大，更说明了这种跌破的真实有效性。此时投资者应注意把握卖出机会。

破位包括跌破重要支撑位和跌破重要的形态两种走势。两种破位都是一个重要的卖出信号。

如图4—17所示，2010年2月至4月，中天城投（000540）股价在一个上升通道内持续整理。4月12日，股价放量跌破上升通道的下边线。这是股价会继续下跌的信号。此时投资者应该将手中的股票卖出。

如图4—18所示，2010年5月至6月，健康元（600380）股价持续在同一个价位获得支撑。这样在这个价位上就形成了一个有效的支撑位。6月17日，成交量突然放大，同时股价跌破了这个支撑位。这是多方力量崩溃的信号。在这个信号出现后，投资者应该将手中的股票卖出。

（3）缩量阴跌

缩量阴跌，是指在熊市的下跌初期，股价的跌速并不快，同时成交量也保持在一个低水平上，也称为"温水煮青蛙"，是最麻痹投资者的一种走势。

在缩量阴跌的走势中，股价每天的跌幅不大，成交量也较小，因此持股的投资者容易放松警惕，认为不过是正常的回调。但是当这种跌势发展到一定阶段，往往都会突然开始加速下跌，当投资者真正醒悟的时候，已经从盈利变亏损，浅套变深套，这

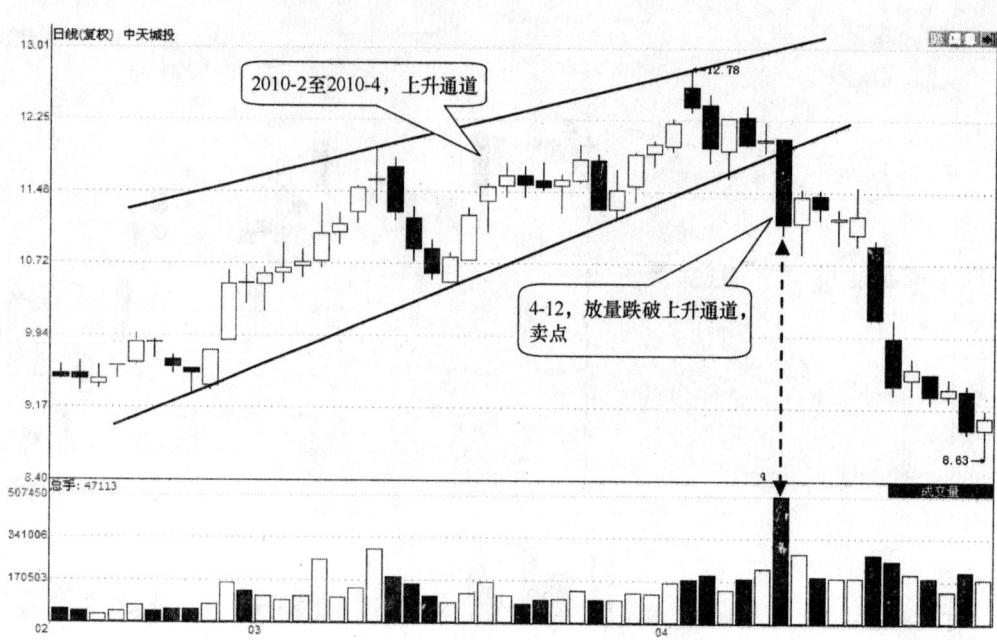

图 4—17 中天城投日 K 线（前复权）

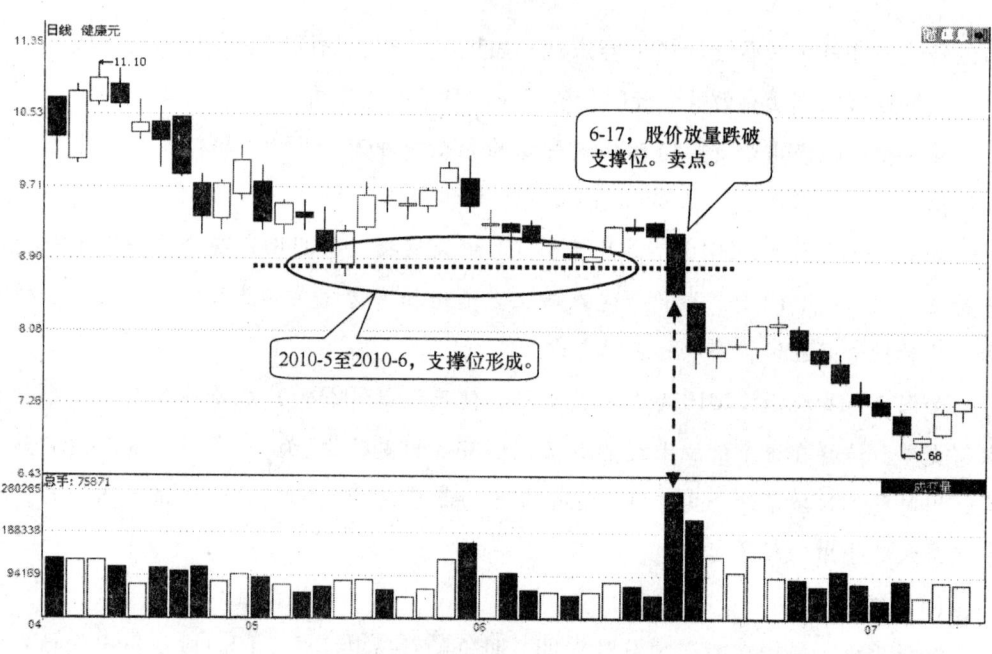

图 4—18 健康元日 K 线

个时候很多投资者很难痛下决心卖出股票。

如图 4—19 所示，2010 年 4 月初开始，威孚高科（000581）的股价小幅下跌，同时成交量持续萎缩。在这样的行情中，投资者需要先卖出部分股票，轻仓观望。4 月底开始,股价下跌逐渐加速,同时成交量也明显放大。这时投资者应该将剩余的股票卖出。

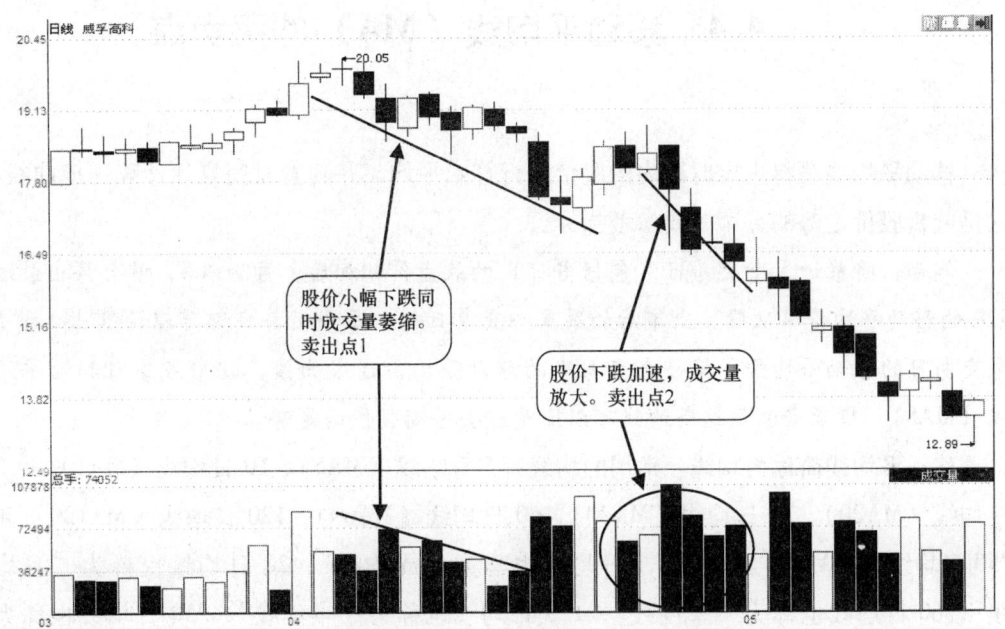

图4—19 威孚高科日 K 线

4.4 移动平均线（MA）的买卖点

移动平均线是将一定时期内的股价进行算术平均，并随着时间累计计算连成曲线。它是分析股价走势的一个重要参考指标。

例如，将最近5个交易日（包括当日）的收盘价相加后，再除以5，就会得出最近5日的移动平均价。从股票上市后的第5个交易日起，每个交易日都可以计算出之前5个交易日的移动平均价。将每个交易日的移动平均价连成曲线，就形成5日移动平均线（MA5）。投资者利用这条均线可以衡量过去一周股价的走势。

移动平均线简称为均线。常用的均线有5日均线（MA5）、10日均线（MA10）、20日均线（MA20）、30日均线（MA30）、60日均线（MA60）、120日均线（MA120）和250日均线（MA250）。其中，5日均线也称为"周均线"，20日均线也称为"月均线"，60日均线也称为"季度线"，120日均线也称为"半年线"，250日均线也称为"年线"。

在实战过程中，移动平均线的应用技巧主要有以下几点。

4.4.1 显示股价趋势

移动平均线的运行方向，表示了股价的趋势方向。5日、10日线表示短期的股价趋势，20日、30日、60日线代表中期的股价趋势，120日、250日线代表长期的股价趋势。

例如，当5日线方向向上时，表明股价短期趋势向上。但如果此时60日线方向向下，则表示股价中期趋势仍然向下。

4.4.2 多头排列与空头排列

假设有3条移动平均线，分别是5日线、10日线、30日线。当这三条移动平均线从上到下按照MA5—MA10—MA30的顺序排列时，也就是短周期均线位置在上，长周期均线位置在下，同时各均线的方向均向上，称为"均线多头排列"，表示行情正处于上涨阶段。

当这三条移动平均线按照MA30—MA10—MA5的顺序自上而下排列时，也就是短周期均线位置在下，而长周期均线位置在上，同时各均线的方向均向下，称为"均线空头排列"，表示行情正处于下跌阶段。

图4—20中，左侧圆圈处，均线呈现多头排列；右侧圆圈处，均线呈现空头排列。

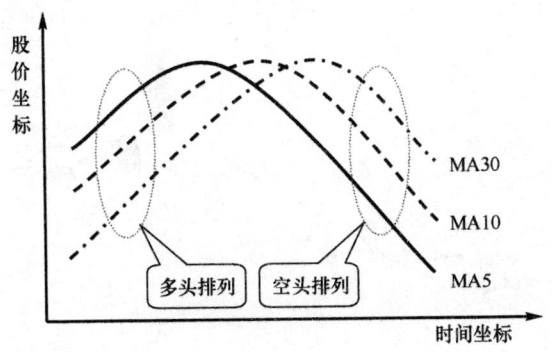

图4—20 移动平均线的多头排列和空头排列

4.4.3 突破与跌破

当股价自下而上突破移动平均线时，是买入信号；当股价自上而下跌破移动平均线时，是卖出信号。

投资者需要注意的是，移动平均线的周期决定了交易信号的周期。例如，股价向上突破5日线，那么只能作为短线买入信号，而不能认为中期方向开始转折。

如图4—21所示，2010年2月11日，天威保变（600550）股价突破5日线。这形成了短线买入信号。3月4日，股价跌破了5日线。此时形成了短线卖出信号。

4.4.4 金叉与死叉

当短期移动平均线由下而上穿过长期移动平均线，然后这两根均线方向均走势朝上时是买入信号，这种走势被称为"黄金交叉"，简称"金叉"。

如图4—22所示，2009年7月16日，悦达投资（600805）的10日线向上突破了30日线，形成金叉。这是一个典型的买入信号。看到这个形态后，投资者可以买入股票。

与金叉相反，当短期移动平均线由上而下穿过长期移动平均线，然后这两根均线方向均走势朝下时表示行情看跌，这种走势被称为"死亡交叉"，简称死叉。

如图4—23所示，2008年1月22日，宝胜股份（600973）的10日线向下突破了30日线，形成死叉。这是一个典型的卖出信号。看到这个形态后，投资者应该尽快将手中的股票卖出。

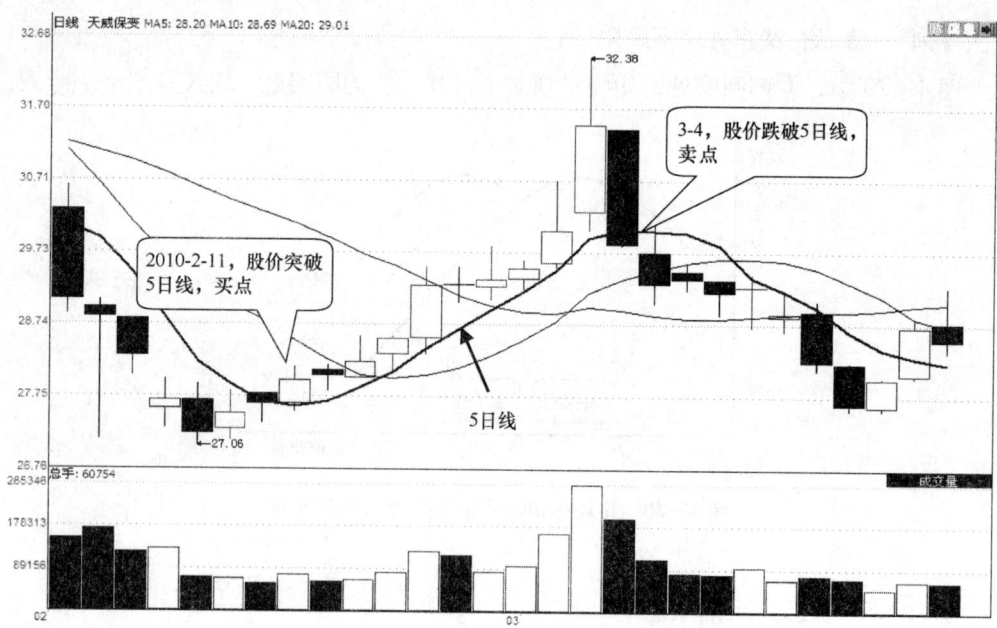

图 4—21 天威保变日 K 线

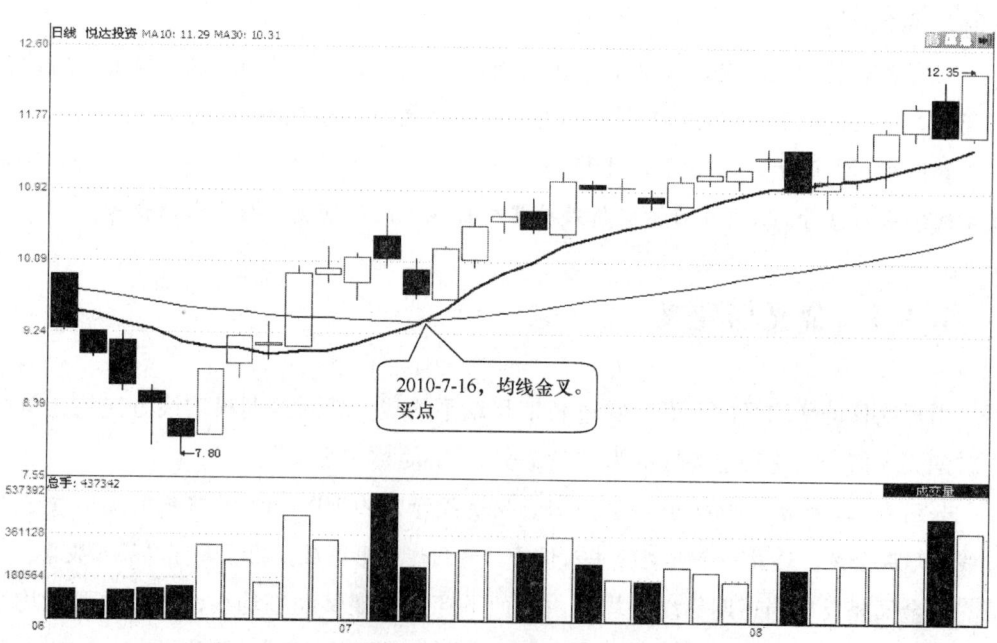

图 4—22 悦达投资日 K 线

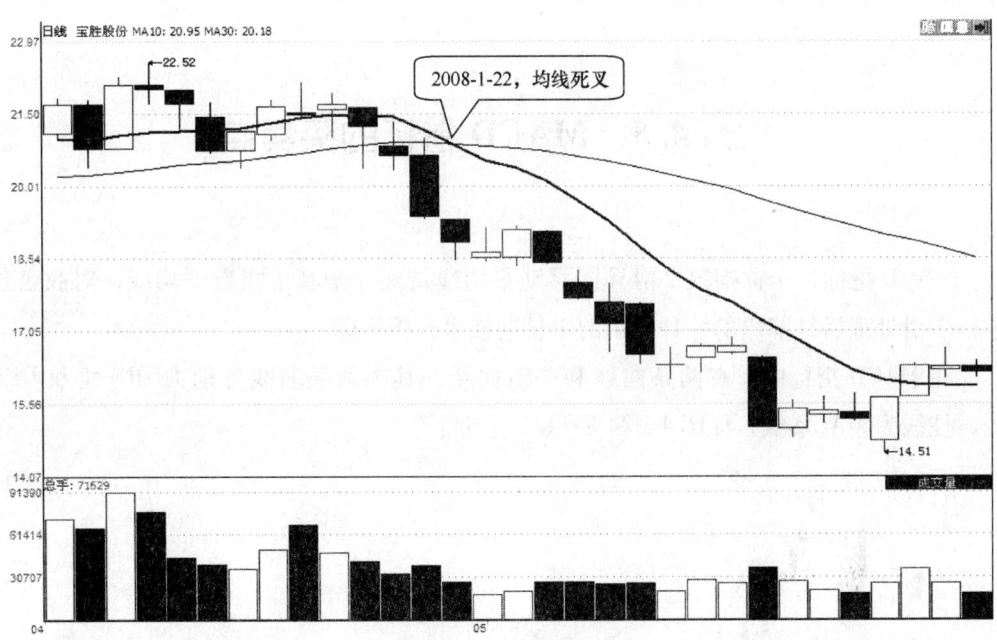

图4—23 宝胜股份日K线

4.5 MACD 指标的买卖点

MACD 指标，全称指数平滑异同移动平均线指标，是基于指数平均线，对收盘价进行平滑处理后计算出的一种常用的中长期技术分析指标。

在 MACD 指标中，有两条曲线和一组柱线，其中两条曲线分别为 DIF 线和 DEA 线，柱线为 MACD 线，如图 4—24 所示。

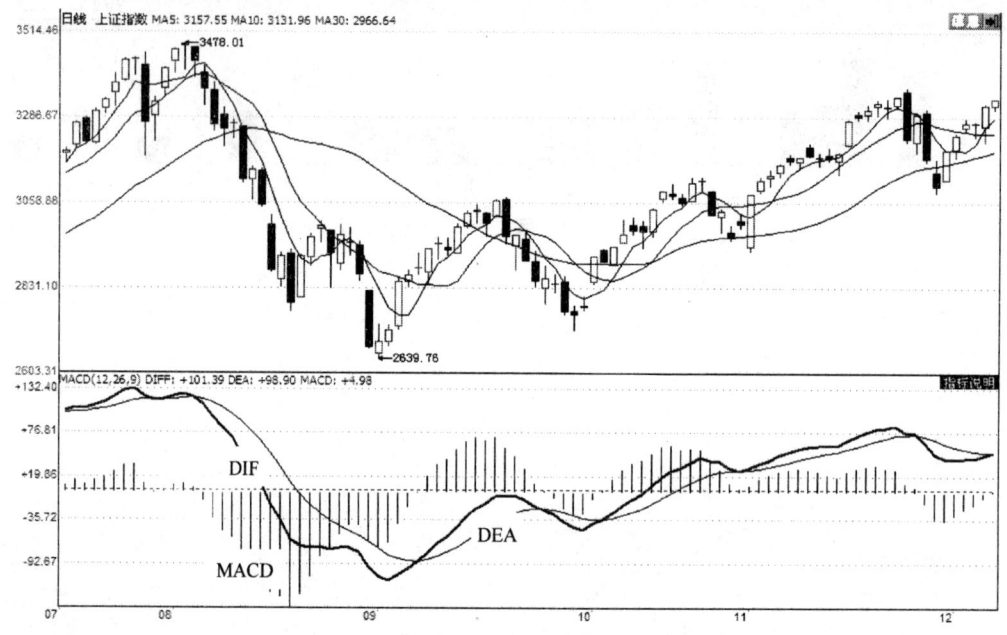

图 4—24 上证指数 MACD 指标

MACD 指标中，DIF 线是快速平均线，变动较为灵敏，DEA 线是慢速平均线，变动较为平缓。中间的横线是 0 轴，指标在 0 轴之上为正值，在 0 轴之下为负值。

围绕 0 轴的柱状线是 MACD 柱线，表示 DIF 值与 DEA 值差的 2 倍，MACD 柱线越长，说明 DIF 线距离 DEA 线距离越远。当柱线位于 0 线上方时，表示 MACD 为正值，显示为红色；当柱线位于 0 线下方时，MACD 柱为负值，显示为绿色。

与移动平均线的应用法则类似，投资者可以利用 MACD 指标的两条指标线的金叉与死叉等形态来把握买卖时机。总体应用原则是"金叉买，死叉卖"。

4.5.1 金叉和死叉

(1) 0轴上方金叉

MACD指标的金叉是指DIF线和DEA线一起上涨的同时，DIF线由下向上穿越DEA线，二者形成交叉。MACD金叉出现在不同的位置时，形态含义有所不同。

当MACD金叉出现在0轴上方时，表示股价处在上涨行情中，而且这种上涨行情有加速的趋势。因此这属于一种较强的买入信号。

当MACD金叉出现在0轴下方时，表示股价处在下跌行情中，当前上涨只是小幅反弹。长期的下跌行情还没有改变。因此这并不足以作为买入信号。

如图4—25所示，2010年3月19日，杭州解百（600814）的MACD指标在0轴上方出现金叉。这表示股价上涨有加速的趋势，是看涨买入信号。看到这个信号后，投资者可以买入股票。

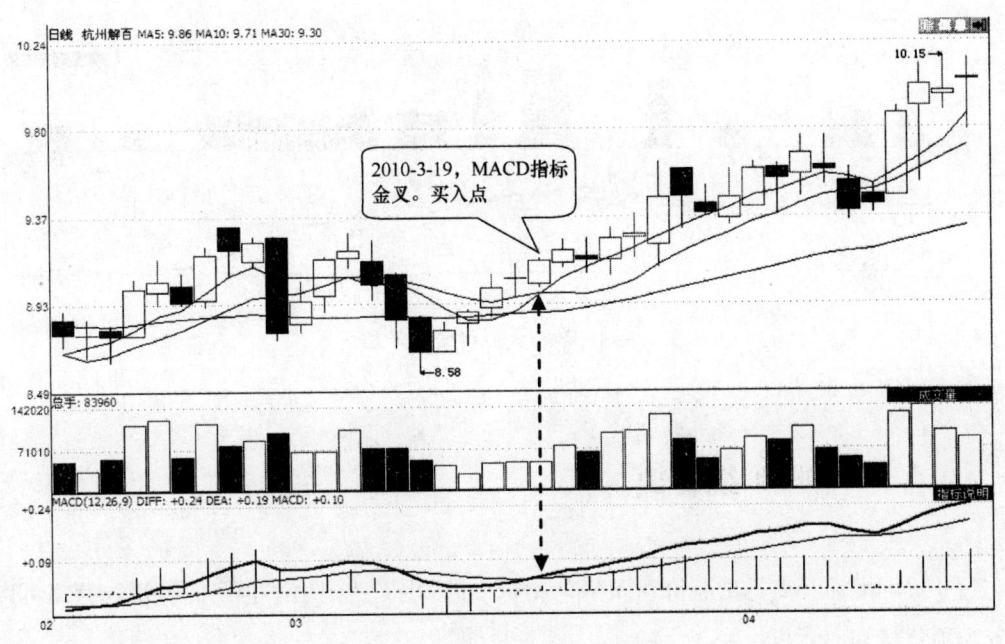

图4—25 杭州解百日K线

(2) 0轴下方死叉

MACD指标的死叉是指DIF线和DEA线一起下跌的同时，DIF线自上向下穿越DEA线，二者形成交叉。

当MACD死叉出现在0轴下方时，表示市场已经进入下跌趋势，而且下跌的速度还在加快。这是一种强烈的卖出信号。

当 MACD 死叉出现在 0 轴上方时，则表示市场处于上涨行情中，当前下跌只是上涨行情中的小幅反弹，难以改变长期趋势。因此这并不是一种强烈的卖出信号。

如图 4—26 所示，2010 年 4 月 15 日，大亚科技（000910）的 MACD 指标在 0 轴下方出现死叉形态。这个形态表示市场已经进入下跌趋势，而且下跌的速度还在加快。这是一种强烈的卖出信号。

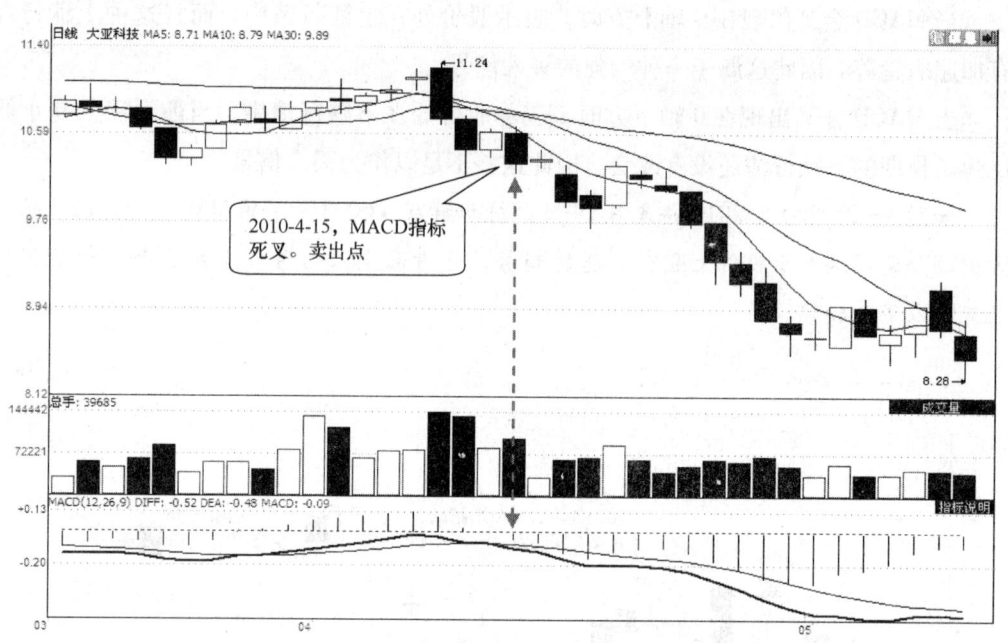

图 4—26 大亚科技日 K 线

4.5.2 DIFF 线背离

MACD 指标背离是指股价和 MACD 指标中的 DIFF 线走出了相反的行情。背离可以分为顶背离和底背离。

MACD 顶背离是指股价上涨、连创新高的同时，MACD 指标中的 DIFF 线却无法创新高，反而出现一顶比一顶低的走势。这种现象表示股价虽然还在上涨，但上涨动力越来越弱，是变盘的先兆。因此 MACD 指标顶背离是一种卖出信号。

MACD 底背离是指股价下跌、连创新低的同时，MACD 指标中的 DIFF 线却未创新低，反而出现一底比一底高的走势。这种现象表示股价虽然还在下跌，但下跌动能已经很弱，是股价即将见底反弹的先兆。因此 MACD 指标底背离是一种买入信号。

如图 4—27 所示，2010 年 7 月至 8 月，华侨城 A（000069）股价创出新高的同时 MACD 指标的 DIFF 线未能创新高。二者形成顶背离形态。这个形态说明股价虽然还在上涨，但上涨动能已经不足。9 月 1 日，股价再次反弹失败，并且跌破前次回调低点。这是上涨行情已经结束的信号，此时投资者应该将手中的股票卖出。

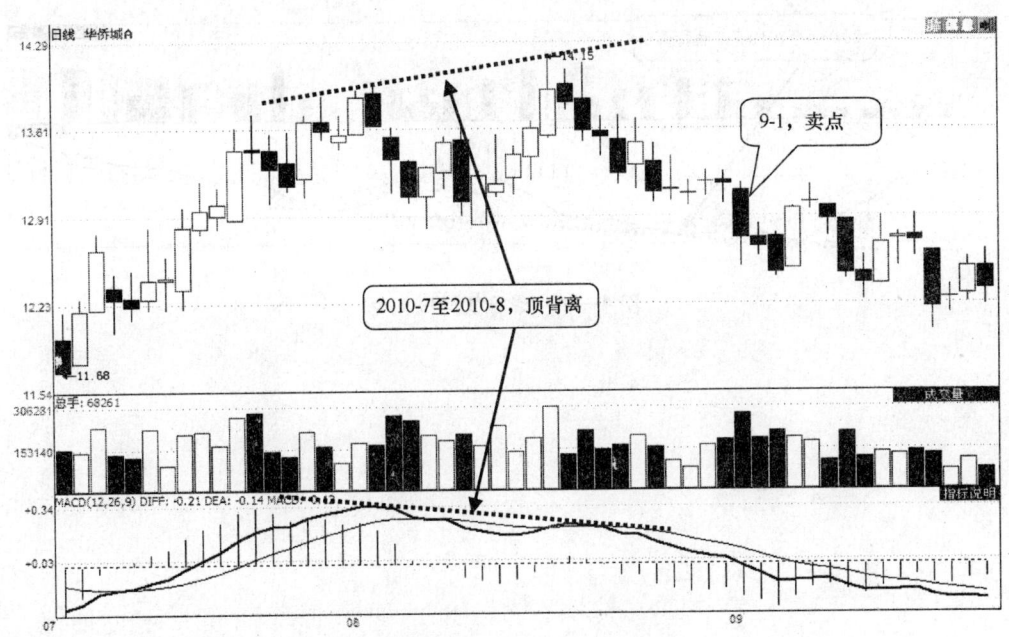

图 4—27　华侨城 A 日 K 线

如图 4—28 所示，2010 年 5 月至 7 月，华峰氨纶（002064）股价持续下跌的同时，MACD 指标中的 DIFF 线却逐步上升。股价与指标出现背离走势。这种走势说明股价虽然下跌，但下跌的动能逐渐减缓。股价有止跌趋势，是买入信号。

7 月 20 日，股价再次下跌时未创新低就开始回开。这说明下跌行情已经结束。此时投资者可以买入股票。

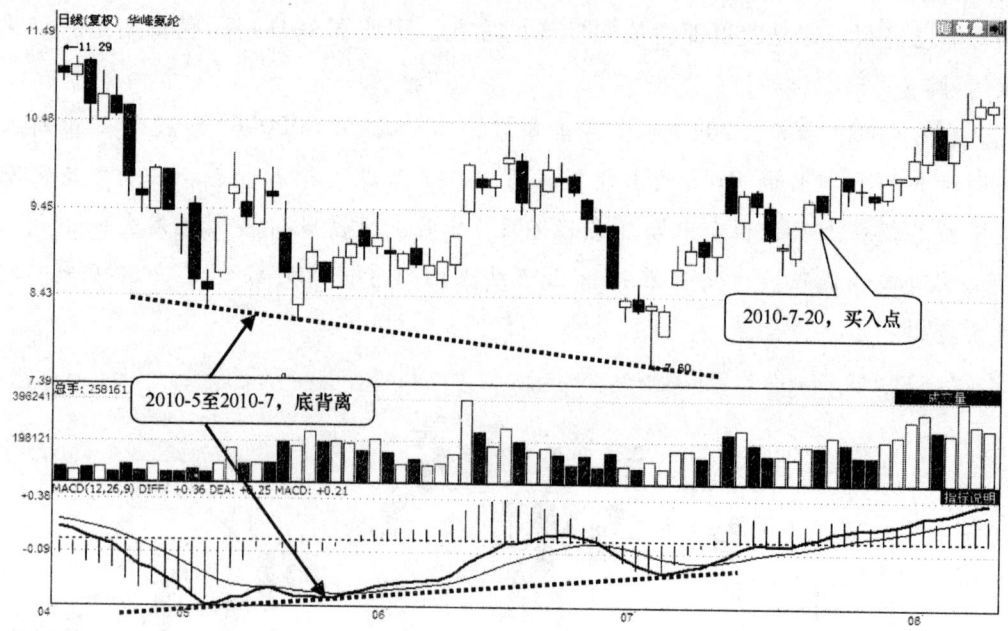

图 4—28 华峰氨纶日 K 线

4.6 KDJ 指标的买卖点

KDJ 指标也就是随机指数，是专门用来判断股价短期走势的技术指标。

KDJ 指标由 K、D、J 三条指标曲线组成。其中波动最大的为指标线 J、指标线 K 次之、指标线 D 最为平滑。如图 4—29 所示。

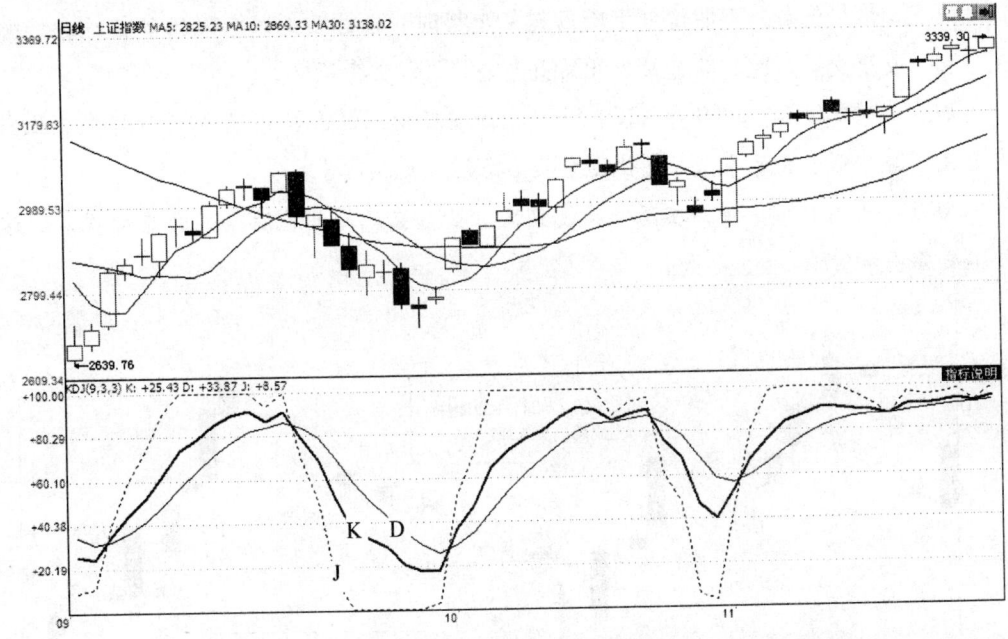

图 4—29　上证指数 KDJ 指标

KDJ 指标利用真实的价格波动来反映市场上买卖双方力量的对比。在计算过程中只考虑了近期的最高价、最低价与收盘价。其特点是能够比较迅速、直观地判断行情。

4.6.1　指标线 KD 的金叉死叉

KDJ 指标中指标线 K 和指标线 D 的金叉是 KDJ 指标应用最多的形态。

当指标线 K 自下向上穿越指标线 D 时，金叉形态出现。这个形态表示短期内人气快速聚集，是短线买入信号。

与金叉对应的，当指标线 K 和 D 在高位出现死叉信号时，表示市场上的恐慌氛围在短期内快速聚集,是短线卖出信号。

投资者在实战中运用 KDJ 指标的金叉或死叉形态时,应该注意以下三点。

第一,交叉位置。金叉位置越低,短线买入信号就越可靠;死叉位置越高,卖出信号就越可靠。金叉只有出现在 50 以下区域才能作为看涨信号。出现在 20 以下区域的金叉看涨信号最强。死叉只有出现在 50 以上区域才能作为看跌信号。出现在 80 以上区域的死叉看跌信号最强。

第二,指标线 D 的方向。在形成金叉时,指标线 D 必须是上涨的;在形成死叉时,指标线 D 必须是下跌的。

第三,信号失真。当股价处于横盘震荡走势时,指标线 K、指标线 D 往往会纠缠在一起,反复交叉,此时的金叉、死叉就失去了买卖参考意义。

如图 4—30 所示,2009 年 12 月 24 日,新安股份(600596)的 KDJ 指标在低位出现金叉。这个形态表示市场人气快速聚集,是短线买入信号。

2010 年 1 月,KDJ 指标在高位反复交叉。虽然在此期间也有金叉形态出现,但这并不具备参考价值。

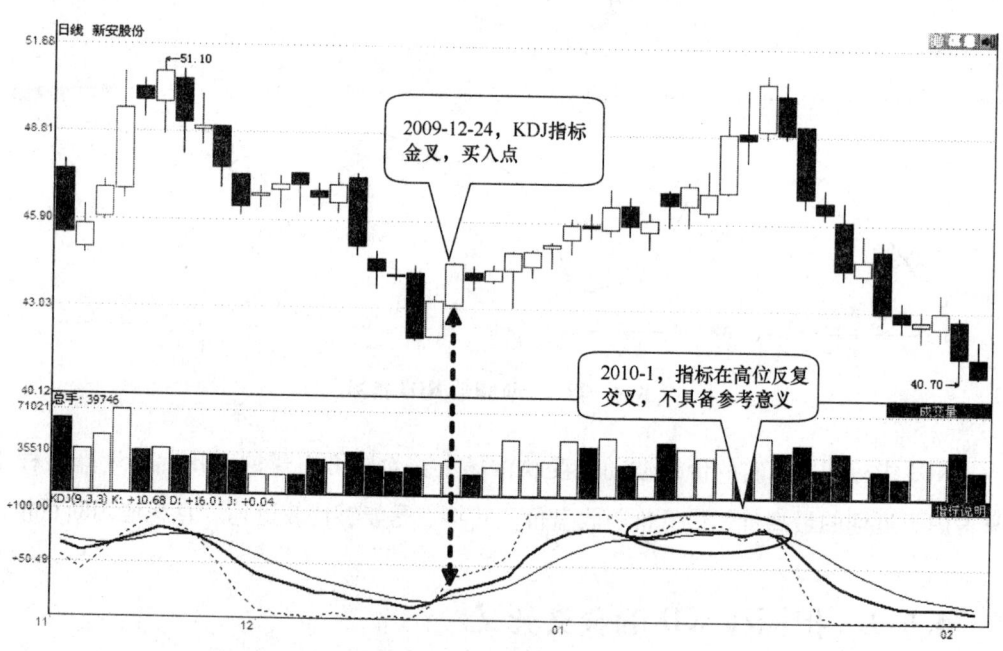

图 4—30　新安股份日 K 线

如图 4—31 所示,2010 年 4 月 22 日,苏常柴 A(000570)的 KDJ 指标在高位出现死叉。这表示市场上的恐慌氛围快速聚集,是卖出信号。看到这个信号后,投资者应该尽快将手中的股票卖出。

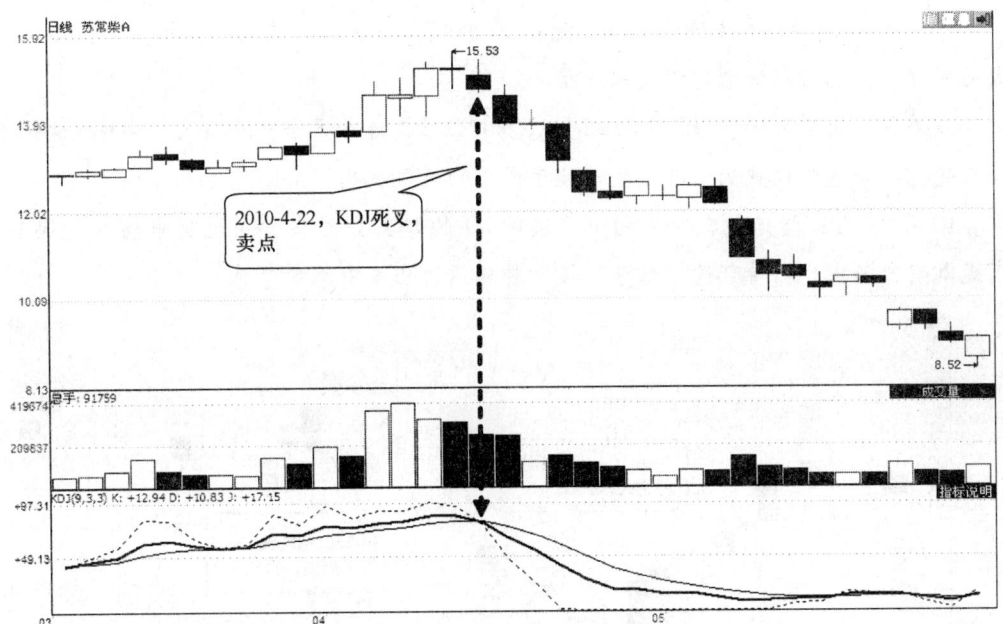

图 4—31　苏常柴 A 日 K 线

4.6.2　指标线 J 的超买超卖

指标线 J 最简单的用法就是判断股价的顶部和底部。当指标线 J 高于 100 或者低于 0，就表示当前市场已经处于不正常的趋势。这种不正常的趋势称为超买和超卖现象。

超买现象是指多方力量强盛到极致，市场上所有能够被调动的资金都已经买入股票。股价上涨很难再获得新的推动力量。相反，如果出现新的空方力量，股价将被持续打压。

超卖现象与超买现象相反，是指空方力量强盛到极致。如果有新的多方力量出现，股价有望被持续拉升。

如果指标线 J 连续 5 个交易周期位于 100 上方，表示股价被连续拉升，是市场出现强烈超买现象的信号。此后一旦指标线 J 跌下 80，投资者就可以认为新的做空力量已经进入，应该卖出股票。

如果指标线 J 连续 5 天位于 0 以下，是市场出现强烈超卖现象的信号，一旦 J 指标突破 20，投资者就可以认为上涨趋势已经来临，应该买入股票。

如图 4—32 所示，2009 年 9 月 22 日至 29 日，信达地产（600657）的指标线 J 连续 6 个交易日小于 0。这说明市场人气已经低迷到极点，股价处于严重的超卖状态。

10月9日，指标线J持续上涨，突破20的超卖分界线。这说明市场人气聚集，形成买入信号。此时投资者可以买入股票。

随着股价上涨，10月16日至22日，指标线J又连续5个交易日大于100。这是市场人气已经鼎盛到极点的信号，股价处于严重的超买状态。

10月27日，指标线J掉头向下，跌破80的超买分界线。这说明市场人气涣散，恐慌氛围开始出现。看到这个信号，投资者应该卖出手中的股票。

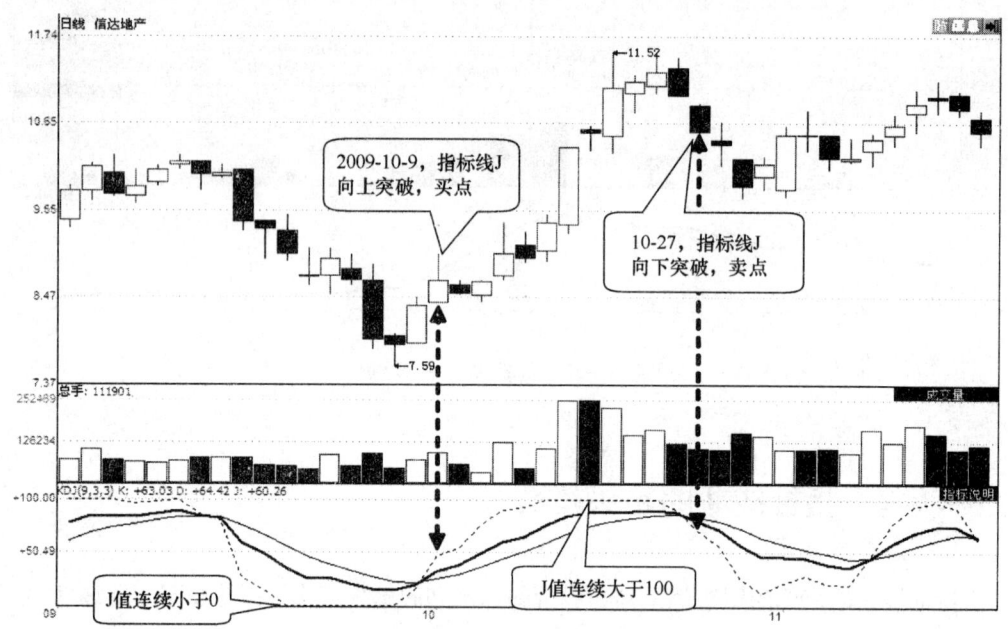

图4—32　信达地产日K线

4.7 RSI 指标的买卖点

RSI 指标，即相对强弱指标，是比较一段时间内涨幅和跌幅的指标，可以反映市场上买卖力量的强弱，指标的取值范围在 0～100 之间。

在很多炒股软件中，都有三根不同周期的 RSI 曲线，默认周期分别为 6 日、12 日和 24 日，如图 4—33 所示。

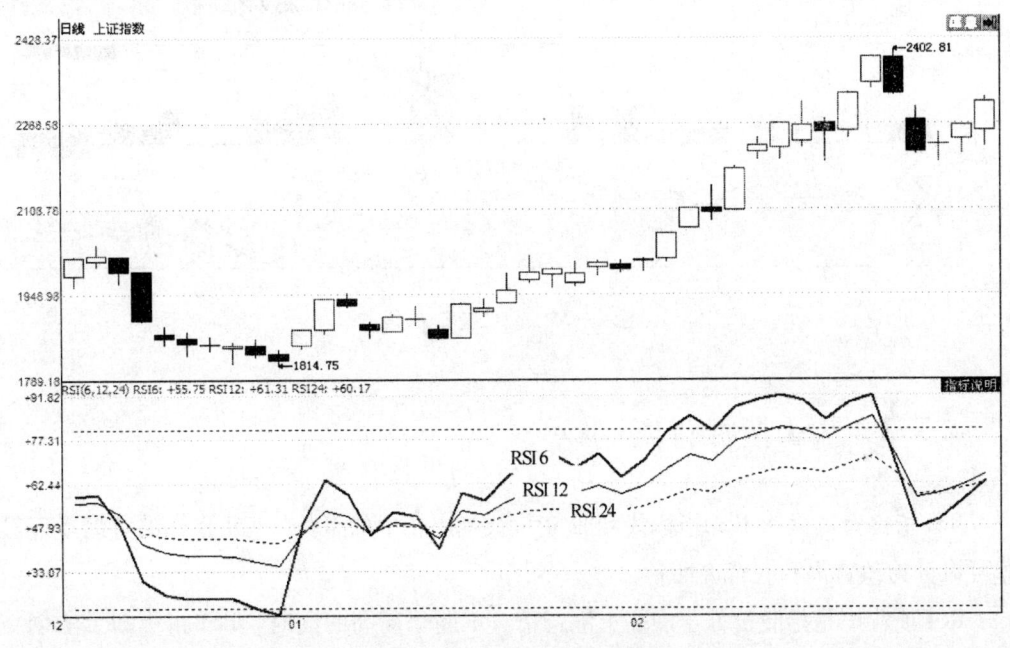

图 4—33　上证指数 RSI 指标

4.7.1　RSI 指标的超买超卖

一般来说，当 RSI 超过 70 时，表示市场处于超买状态，股价随时有下跌的可能；当 RSI 值小于 30 时，表示市场处于超卖状态，股价随时有上涨的可能。

图 4—34 所示，2009 年 2 月 10 日，同仁堂（600085）的 RSI 6 日线开始超过 80，进入超买区域。13 日，其 RSI 12 日线也进入同样的超买区域。这说明市场上的买方力量达到最强，有"盛极而衰"的隐患。2 月 18 日，处在超买区域的两根 RSI 线

相继跌破 80 位置。这是买方力量即将崩溃的先兆。看到这样的形态，投资者应该尽快将手中的股票卖出。

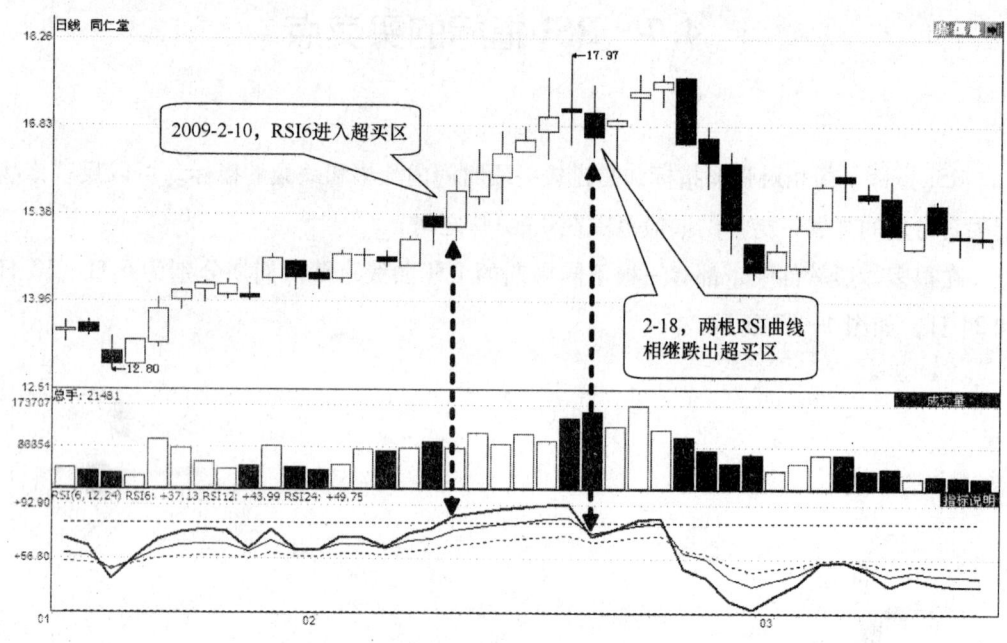

图 4—34　同仁堂日 K 线

4.7.2　RSI 指标背离

RSI 指标背离是指 RSI 指标线和股价 K 线走出相反的走势。RSI 指标的背离形态具体可以分为顶背离和底背离两种。

RSI 顶背离是指股价处于震荡上涨行情、不断创新高的同时，RSI 指标却无法创新高，出现一顶比一顶低的震荡下跌走势。这种形态预示着上涨行情动力不足，是股价将见顶下跌的信号。

与顶背离相反，RSI 底背离是指股价处于下跌行情、不断创新低的同时，RSI 指标却没有创新低，出现一底比一底高的震荡上涨走势。这种形态预示着股价下跌的趋势已经减缓，是股价将见底反弹的信号。

图 4—35 显示，2009 年 10 月至 12 月，鲁商置业（600223）股价震荡上涨的同时，RSI 指标却不断下跌。二者形成了顶部背离形态。这个形态说明上涨行情动力不足，是股价将见顶下跌的信号。

2010 年 1 月 5 日，股价小幅反弹后未能创新高就回调，跌破前次回调的低点。这说明下跌行情已经开始。看到这个形态，投资者应该尽快将手中的股票卖出。

利用技术指标，找到买卖点 第4章

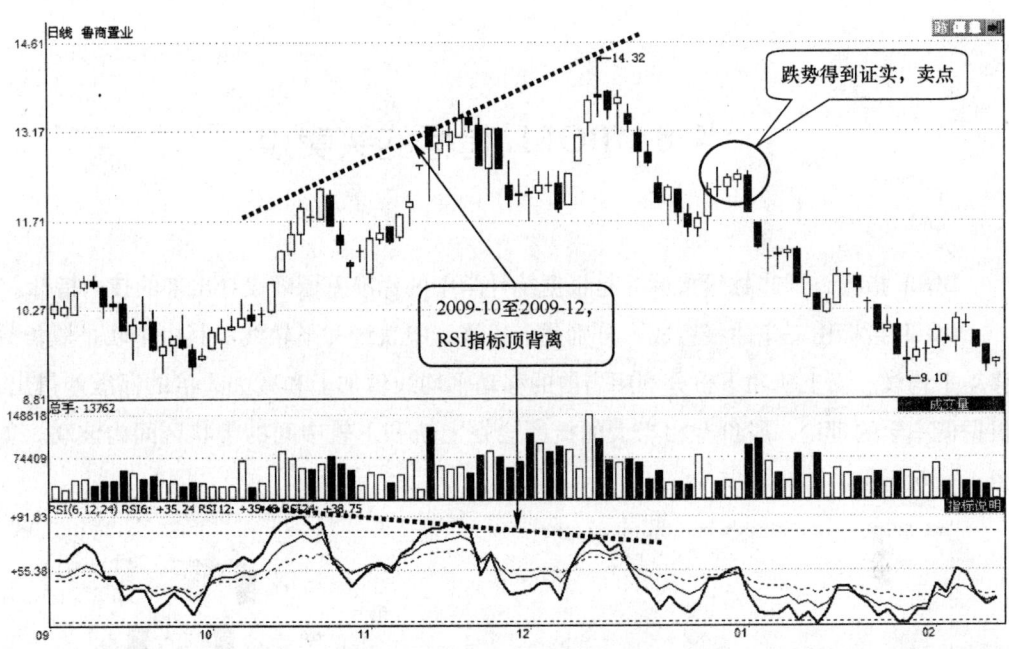

图4—35 鲁商置业日K线

4.8 BOLL 指标的买卖点

BOLL 指标，即布林线指标，是根据统计学中的标准差原理设计出来的技术指标。

BOLL 指标由三条曲线组成，分别是上轨线、中轨线和下轨线。其中中轨是股价的移动平均线。而上轨和下轨分别用当前的移动平均线值加上和减去 2 倍的标准差得出。根据概率学的理论，股价有相当大的概率会在上轨和下轨中间的带状区间内波动，如图 4—36 所示。

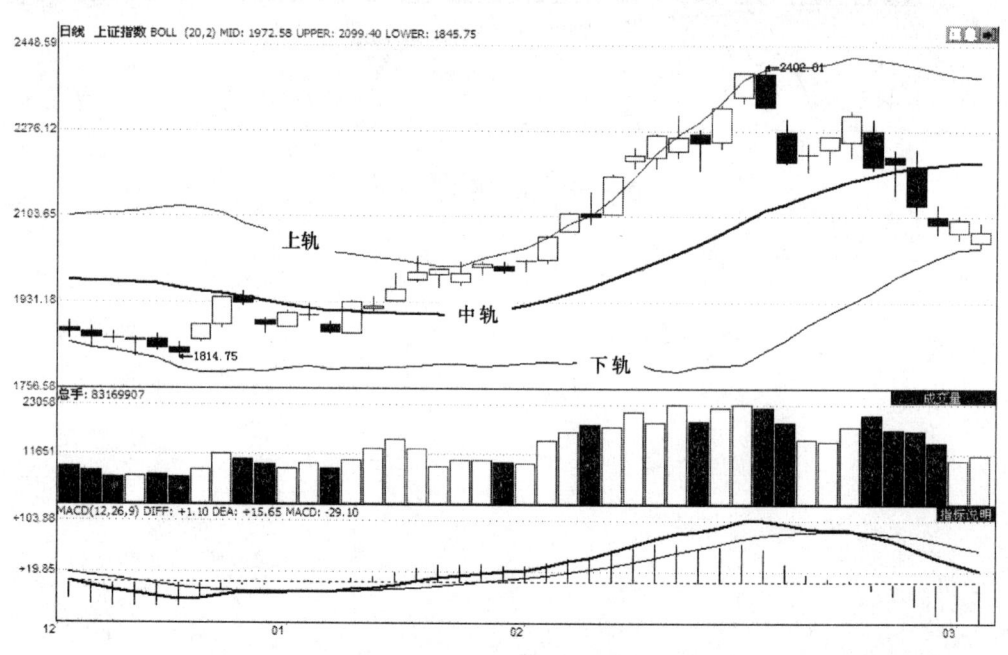

图 4—36 上证指数 BOLL 指标

4.8.1 下轨的支撑和上轨的压力

按照 BOLL 指标的理论，股价在正常情况下都会在布林带之内运行。因此可以将上轨看成股价的阻力线，下轨看成股价的支撑线。一旦股价偏离 BOLL 带就意味着行情出现异常。此时除非有重大的利好或利空支持，否则股价会很快回到 BOLL 带之内。

如图 4—37 所示，2009 年 12 月 18 日，皖能电力（000543）股价跌破 BOLL 下轨。

随着BOLL下轨不断下移，股价逐渐在这根曲线上获得支撑反弹。

2010年1月19日，股价突破BOLL上轨。之后一个交易日，股价就在BOLL上轨位置遇到阻力回调。

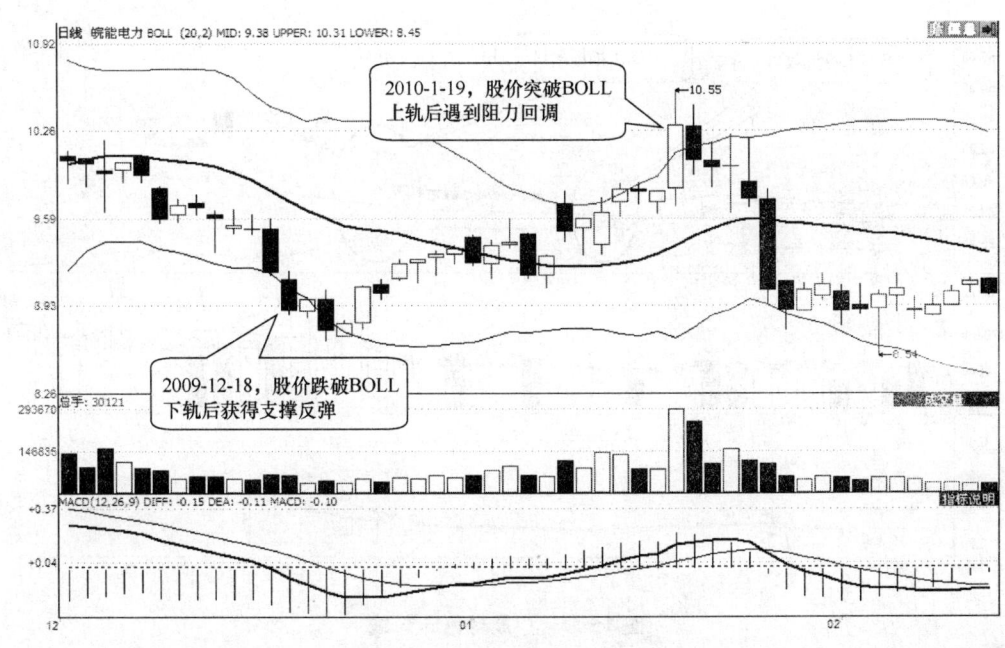

图4—37 皖能电力日K线

4.8.2 BOLL敞口与收口

除了对股价的支撑和阻力作用外，投资者还可以利用BOLL指标的敞口和收口形态来判断股价的波动幅度。

BOLL敞口形态是指上轨向上移动、下轨向下移动的形态，即指标的通道逐渐扩张。BOLL敞口表示股价的波动幅度正在增大，可能会出现一轮大幅度的上涨或下跌行情。

BOLL收口形态是指上轨向下移动、下轨向上移动的形态，即指标的通道逐渐收敛。BOLL收口表示股价的波动幅度正在减少，行情即将进入盘整走势。

投资者在应用时应该注意，BOLL带的喇叭扩张或者收缩，只能体现股价的波动幅度，并不能指示股价的变动方向。

如图4—38所示，2010年8月下旬，广晟有色（600259）的BOLL指标上轨开始向下移动，下轨开始向上移动，指标有收口趋势。这表示一轮较大的上涨或者下跌行情即将开始。9月上旬,该股股价持续走强,同时BOLL出现敞口趋势,表明一轮暴涨行情已经来临。短线投资者可以积极把握买入时机。

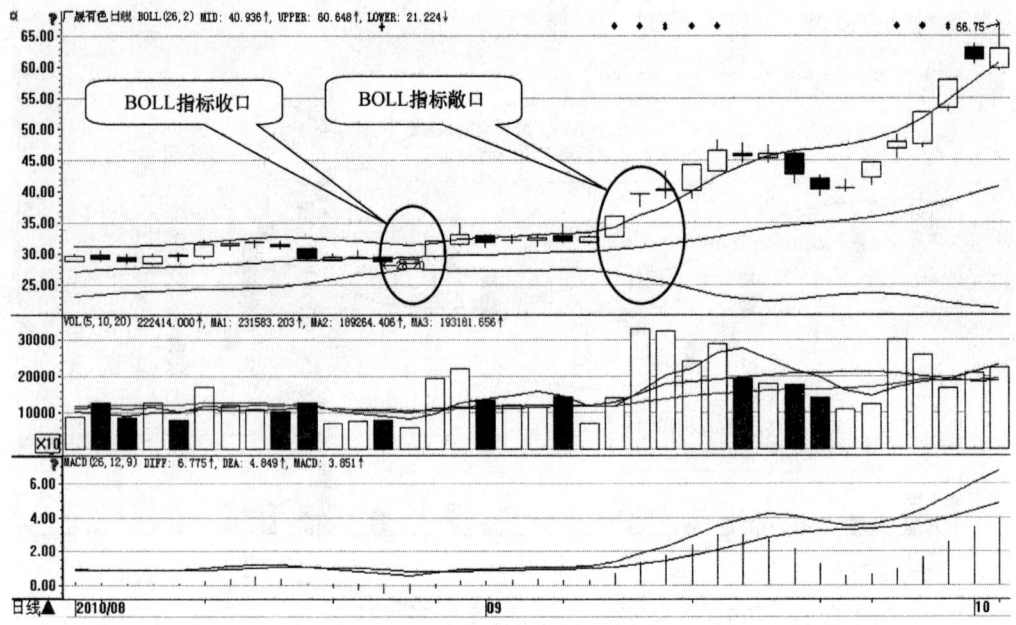

图4—38 广晟有色日K线

4.9 用技术分析把握买卖点的注意事项

4.9.1 多种技术指标综合分析

新股民在使用技术指标时，要注意采用多种技术指标，进行综合分析。因为每个技术指标，都有着或多或少的缺陷。例如，KDJ、RSI等指标非常灵敏，就会时常发出无效信号，或者出现钝化现象。利用中长期均线的走势来分析趋势变化，比较稳妥和可靠，但是其信号却有着相当的滞后性。

当投资者同时采用多种技术指标，进行综合分析时，这些技术指标往往会发挥取长补短的作用。当这些技术指标均发出相同的看涨或者看跌信号时，那么无疑将大大提高信号的可靠性。

如图4—39所示，2010年5月21日，广晟有色（600259）收出一根低开的小阳线。投资者注意观察可以看出，这根阳线出现在半年线和年线位置（两根均线几乎重叠在一起），这两根中长期均线，将对股价构成重大支撑。另外，该股的KDJ指标已经处于超卖区间，同时该指标与股价还出现了底背离。均线和技术指标，共同发出了见底买入信号，该股此后出现了连续大涨走势。

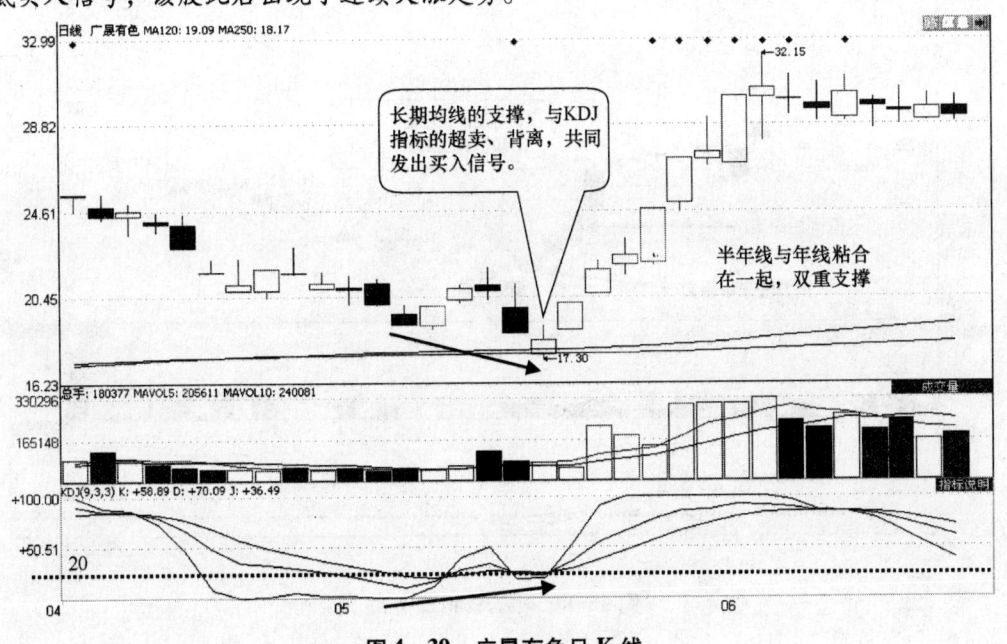

图4—39 广晟有色日K线

4.9.2 无论指标发出什么信号，一定要得到走势的验证

无论什么技术指标，发出的交易信号，必须要得到市场走势的验证。这是因为，技术指标发出的信号，代表的只是一种可能性，存在一个准确性的问题。这种可能性能否真的出现，需要投资者从实际走势中寻找验证信号。

K线形态直接来自于实际走势，因此投资者可以将K线的各种形态作为技术指标信号的验证工具。当技术指标发出的买卖信号与K线形态发出的买卖信号完全一致时，就说明指标信号得到了走势的验证。否则，投资者应继续观望，不可单纯根据技术指标的信号轻易地进行买卖操作。

如图4—40所示，2010年6月下旬，驰宏锌锗（600497）处于一个连续的下跌行情中。6月30日，该股KDJ指标中的K值进入20以下的超卖区间。7月2日，D值也进入了超卖区间。但是在这期间，K线上并没有出现反转形态。技术指标的底部信号，并没有得到走势的验证，投资者应继续保持观望。

7月5日和6日这两天的K线，构成了阳包阴的看涨反转形态，此时KDJ指标的底部信号终于得到了验证。反过来，K线形态的反转信号，也得到了技术指标的有效配合。因此此时的买点可靠性非常高。

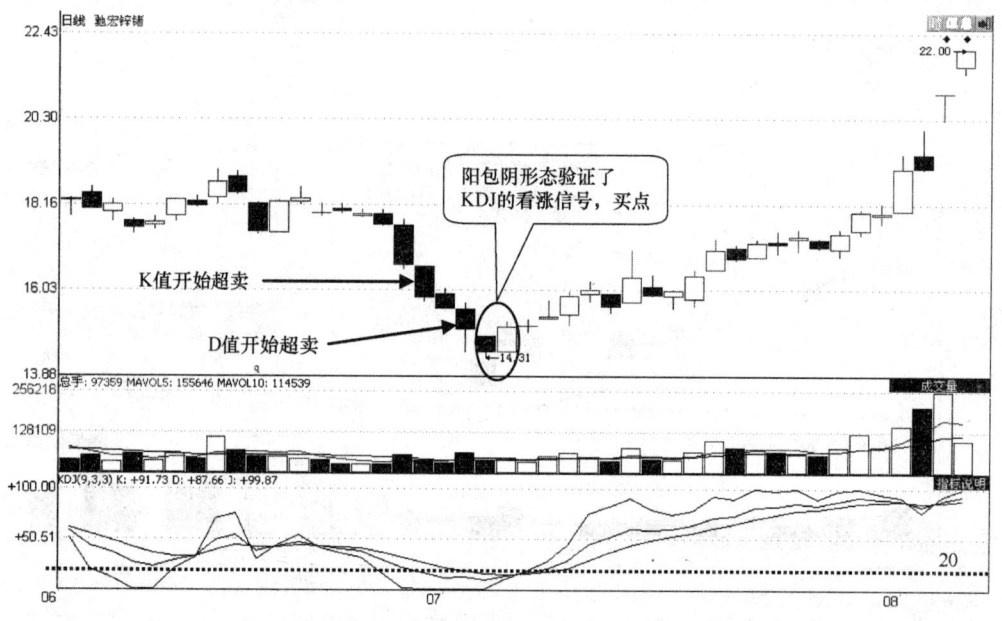

图4—40 驰宏锌锗日K线

4.9.3 整体趋势对指标信号的影响

在根据技术指标的信号进行操作时，投资者一定要注意整体大趋势的方向。当指标信号的方向与整体趋势方向相同时，投资者自然可以放心大胆地进行交易。如果指标信号的方向与整体趋势方向相反时，投资者就需要保持一定的谨慎态度，慎重对待此时的交易信号。

如图4—41所示，2009年第一季度，中金岭南（000060）的股价持续上涨。1月12日，该股股价到达BOLL指标的上轨处，此时指标发出"股价可能在上轨处遇阻"的卖出信号。但是由于此时股价的整体趋势是向上的，信号方向与趋势方向相反，因此投资者需要慎重对待这个信号，不要轻易卖出。此后股价持续上涨，并推动上轨同步上涨。

3月2日，该股股价回落至下轨处，发出"股价可能在下轨处获得支撑"的买入信号，由于此信号与整体趋势方向一致，因此投资者可以根据信号入场买入。

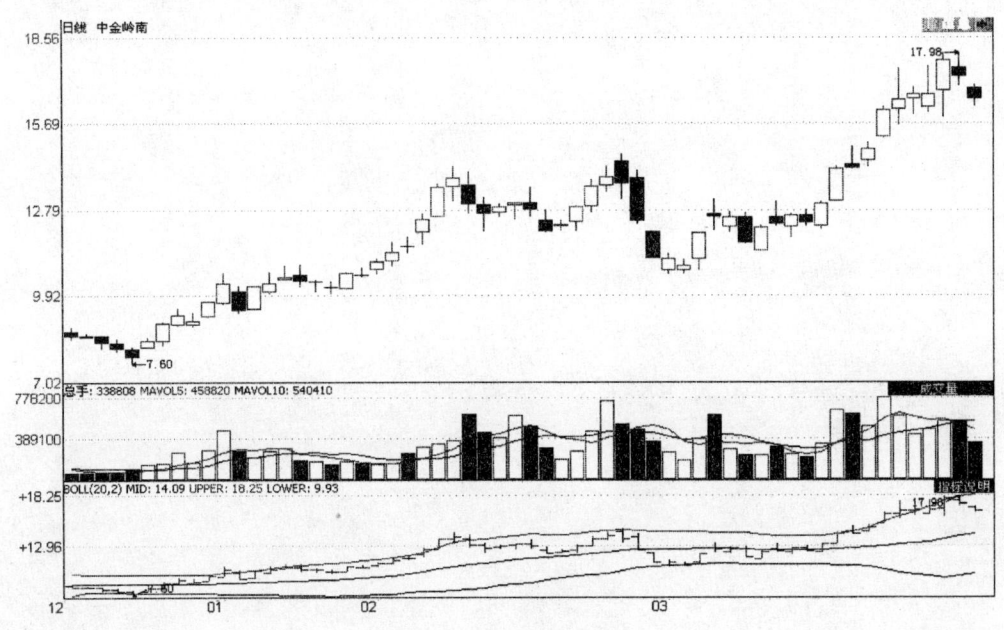

图4—41 中金岭南日K线

需要澄清的是，如果指标发出的信号与趋势方向不一致，投资者需要保持慎重，而不是无视这些信号。等待出现足够的反转信号后，投资者方可采取行动。这样的话，可以避免投资者在牛市中过早地卖出，在熊市中又过早地买入。

第 5 章

选择牛股的 8 个攻略

5.1 选择基本面优良的股票

上市公司公布的定期财务报表,详细介绍了公司在每个报告期间内的经营情况和经营业绩,是投资者选择股票的一个重要参考。

按照上市公司的财报买卖股票时,投资者可以重点注意以下内容。

第一,炒股,炒的是预期。

炒股不是炒以前发生的事情,而是炒以后预期要发生的事情。一个公司的业绩好,只能说明以前或者当前的业绩好,并不能断定以后的业绩仍然会好。因此对财务报表进行分析,投资者不能只根据单独某期的财务数据来分析,而应根据最近几期的财务数据,经过对比发现其中的变动趋势,选择那些业绩持续增长的公司。

第二,不可单独依据财报作出判断,应结合行业发展前景、大盘趋势等进行综合分析。

不可否认的是,要想从财报中发现有用的信息,需要比较专业的财务知识。对于大多数普通投资者而言,并不具备这种专业能力。但这部分投资者还是可以将财报作为股票交易当中的一个补充和参照。此外,行业发展前景以及大盘的趋势,对股票定价的影响非常大,因此投资者更应注意进行综合分析。

与炒股要炒预期相对应,选股也要选择成长股。选择那些预期业绩能够持续保持增长的公司的股票,无疑将使投资者有很大机会获取超额利润。判断一家公司是否具有成长性,可以从每股收益增长、净资产收益率和主营利润增长率这三个指标来进行分析。

5.1.1 每股收益持续增长

每股收益,是指上市公司的净利润与总股本的比值。也就是在这个会计报告的期间内,每一股能够产生多少利润。例如,贵州茅台2008年的年报中,每股收益是4.03元,意味着在2008年这一年里,每一股贵州茅台的股票,可以产生4.03元的利润。

每股收益越高,就说明上市公司的盈利能力越强。当每股收益出现连续增长时,就说明该公司的经营情况在不断向好,盈利能力在持续稳定地增强。这样的股票,值得投资者重点关注。

自2003年开始，国际黄金价格开始加速攀升，相应的，国内黄金股票的业绩也开始稳步增长。图5—1是中金黄金2003年至2009年的每股收益变动趋势图。投资者可以看出，从2004年中报开始，中金黄金的经营业绩逐步增长。表5—1是中金黄金在2005年中报、年报及2006年中报每股收益的具体数据。

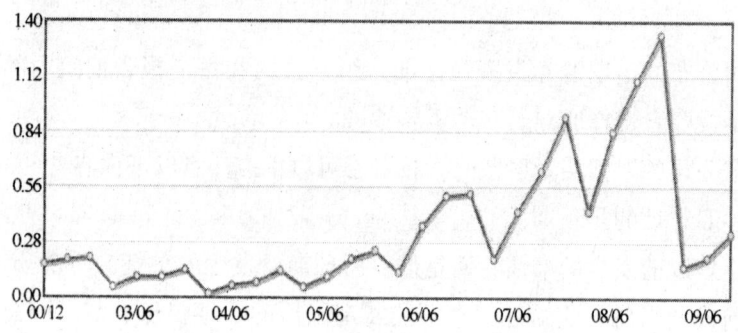

图5—1　中金黄金每股收益变动趋势图

表5—1　　　　　　　　　　中金黄金每股收益变动表

中金黄金每股收益（单位：元）	2005年中报	2005年年报	2006年中报
	0.11	0.24	0.36

在公布2006年中报两个多月后，即2006年11月份，中金黄金正式开始了牛市主升浪，整体涨幅非常惊人，如图5—2所示。

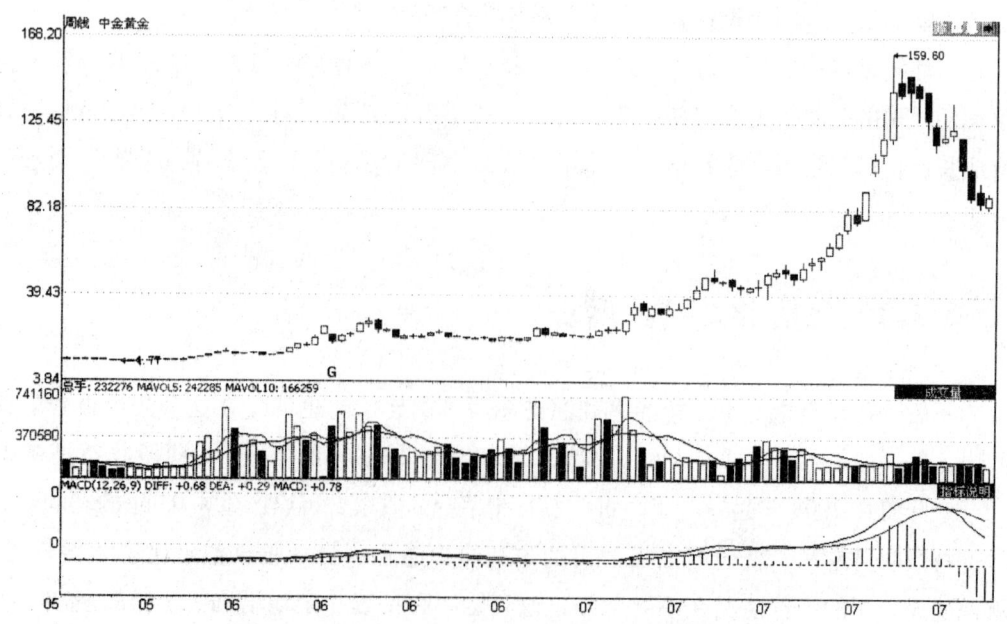

图5—2　中金黄金2006年至2007年牛市走势图（周线）

5.1.2 高净资产收益率

净资产收益率是净利润和净资产的比率。公司的资产可以分为两类：净资产和负债，其中净资产又称为股东权益。净资产收益率反映的就是公司运用股东资本的盈利能力。指标越高，说明上市公司运用股东资本所获取的利润就越多。如果能够持续地保持高的净资产收益率，那么就说明这家公司正处于健康的成长期。

净资产收益率可以有效地弥补每股收益的固有缺陷。由于每股收益以总股本作为计算基础，而上市公司的总股本经常会发生变动，例如，公司由于分红送股而总股本增加，那么每股收益往往会下降，即每股收益被稀释了。此时投资者并不能据此说明公司的盈利能力就下降了。用净资产收益率进行分析就能有效地避免这一缺陷。

一般来说，净资产收益率在20%以上，就说明公司的盈利能力非常出色，属于高成长公司。

苏宁电器自2004年7月21日上市后以后，几乎每年都要进行丰厚的分红送股，总股本不断扩大，因此使用每股收益将不能客观地反映公司的盈利能力。而使用净资产收益率则可以很好地进行判断。

从表5—2中可以看到，苏宁电器从2004年到2007年的每期年报里，每股收益在不断下滑。如果单看这个指标的话，就会得出"成长性在下降"的结论。但是投资者从表5—3中可以看到，苏宁电器的净资产收益率每年都能够保持在20%以上，说明公司的盈利能力十分强劲，成长性异常突出。

表5—2　　　　　　　　苏宁电器每股收益变动表

苏宁电器每股收益	2004年	2005年	2006年	2007年
（元）	1.95	1.05	1.00	0.51

表5—3　　　　　　　　苏宁电器净资产收益率变动表

苏宁电器净资产收益率	2004年	2005年	2006年	2007年
（%）	21.81	29.99	23.35	31.69

正是由于出色的成长性，苏宁电器成为998点—6 124点大牛市中的大牛股，在上市之后的三年时间里，出现连续上涨的长牛走势，如图5—3所示。

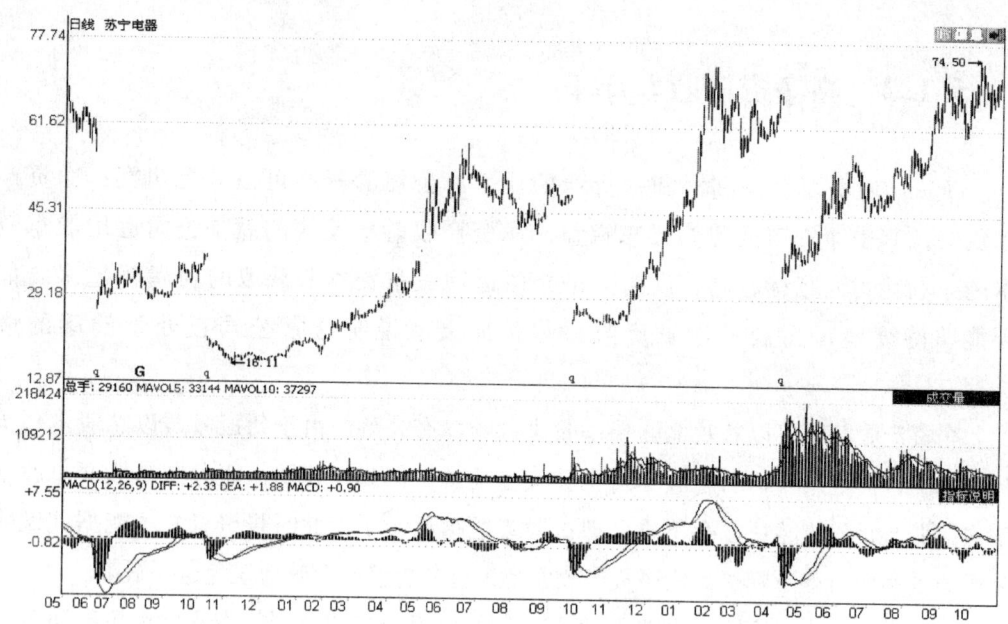

图 5—3　苏宁电器走势图

5.1.3 主营利润增长率

由于上市公司经常会有一些临时性的额外收益，比如炒股收益，出售某项资产的收益，获得政府的财政补贴等，这些都会计入本期的利润当中。但是这种收益，大多数都是"一锤子买卖"，不具有可持续性。从长期来看，只有主营业务才是公司的立身之本，主营业务的成长性才能真正体现公司的长期价值。因此我们使用主营利润增长率这个指标，来选择那些真正的成长股。

主营利润增长率，即本期的主营业务利润减去上期主营利润之差，再除以上期主营业务利润的比值。一般来说，主营利润呈现稳定增长趋势的公司正处在成长期，值得投资者高度关注。而那些主营业务利润呈现下降趋势的公司，说明经营已经陷入困境，或者所处行业已经进入衰退周期，需要投资者保持高度警惕。

图 5—4 是万向钱潮（000559）从 2005 年年报到 2009 年中报这段时间内，每期财报的主营利润增长率的变动情况。投资者可以看到，从 2005 年年报的 7.41% 开始，万向钱潮的主营利润增长率呈现稳步攀升的态势，一直持续到 2007 年三季度财报的 40.42%。

自此之后，该股的主营利润增长率开始走下坡路，尤其是 2008 年第一季度财报中，突然下降到 12%，预示着该股的成长性出现严重问题。此后该公司的主营业务持续恶化,在 2009 年一季报中甚至出现大幅度的负增长。

报告期		比上期变化
2009-09-30	3.0854	↑15.0806
2009-06-30	-11.9952	↑10.8431
2009-03-31	-22.8383	↓17.9062
2008-12-31	-4.9321	↓9.1127
2008-09-30	4.1806	↓0.2849
2008-06-30	4.4655	↓8.4131
2008-03-31	12.8786	↓20.0589
2007-12-31	32.9375	↓7.4841
2007-09-30	40.4216	↑0.095
2007-06-30	40.3266	↓3.5005
2007-03-31	43.8271	↑18.1833
2006-12-31	25.6438	↑14.1371
2006-09-30	11.5067	↑0.266
2006-06-30	11.2407	↑2.1338
2006-03-31	9.1069	↑1.6957
2005-12-31	7.4112	↓9.8525

图 5—4　万向钱潮主营利润增长率变动情况

5.2 选择龙头股

在股市交易中,知道"板块",并且会识别"板块"的龙头股,对于投资者的赢利非常重要。在同一板块中的这些股票,可能是属于同一行业、也可能属于同一地域或者属于同一大股东,总之,具有某些共性。投资者如果仔细研究这些同板块的个股涨跌就会发现,虽然它们基本上保持着共涨共跌,但涨幅大小、力度强弱、持续时间长短还是有很大区别的。在这些股票当中,表现最为强势、涨幅最大的就是这个板块的龙头品种。这类品种往往是"先板块之动而动,后板块之落而落",非常值得短线投资者追捧。

那么,如何发现领涨板块,并进而发掘里面的龙头品种呢?这里有几个要点。

5.2.1 选板块

在利好政策影响下,或者目前市场的主要预期中,哪些行业受益?哪个行业受益最大?

第一,利好政策。每次涉及相关行业或公司的利好政策一出台,股市里往往都会掀起一轮对该行业板块的热炒。比如2008年11月出台的4万亿投资计划,掀起了水泥基建板块的炒作热潮,龙头股太行水泥连续9个涨停,如图5—5所示。2009年上半年国务院连续出台了十大产业振兴规划,每个规划的出台都对相关产业板块形成了巨大的刺激。

第二,市场主要预期。自2005年开始,市场对于人民币升值逐渐形成共识,那么本币升值受益最大的行业莫过于银行和地产了,这两个板块也成为上轮牛市的主流板块。2008年6月底开始,受到北京奥运预期的影响,北京板块得到爆炒。如图5—6所示,龙头股北京旅游在短短12个交易日内股价翻番。这些都是市场的预期对相关行业和个股造成的刺激。

第5章 选择牛股的8个攻略

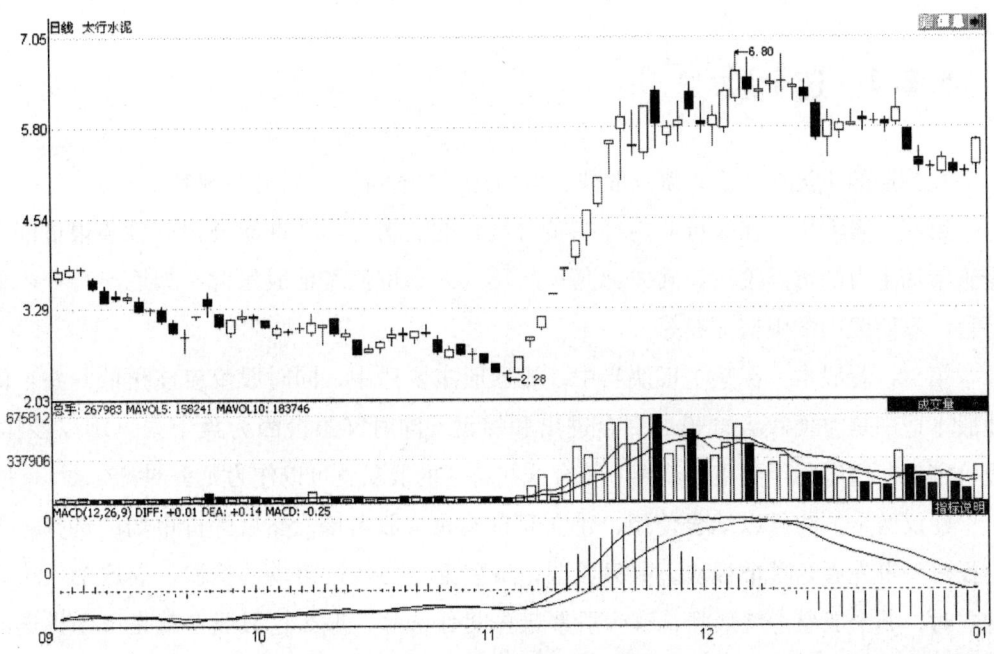

图 5—5 太行水泥日 K 线

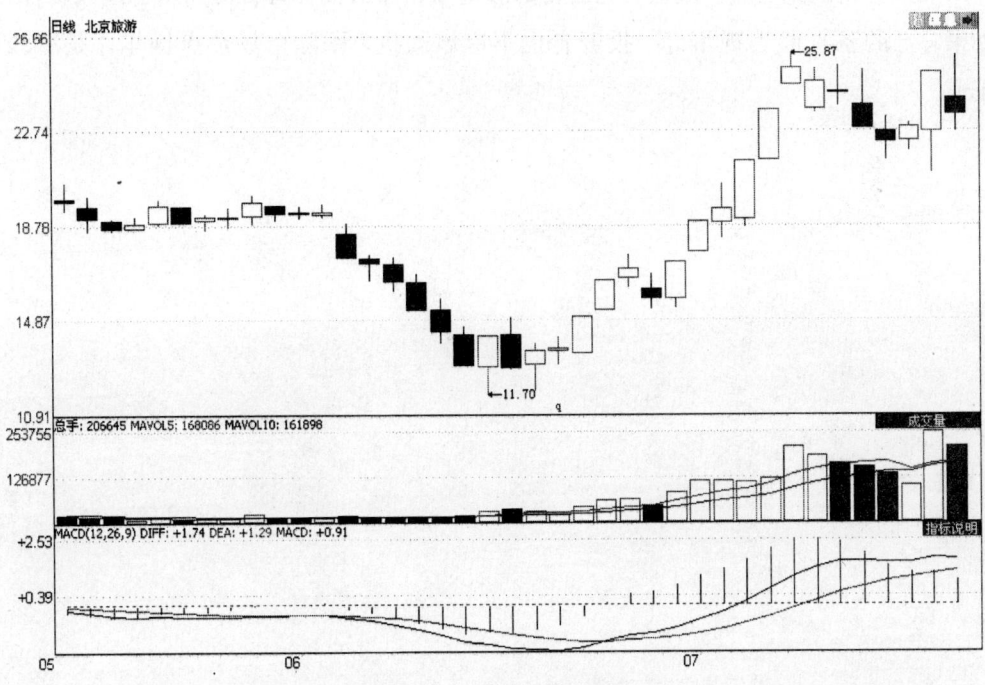

图 5—6 北京旅游日 K 线

5.2.2 选个股

在预期的主流热点中,哪只股票会成为龙头品种呢?此时有两种判断方法。

第一,看实力。在该行业内寻找实力最强的公司,那么这家公司的股票很可能会受到市场主力的重点关注。其成为龙头品种的概率也比其他股票大。如地产行业内的万科,券商股中的中信证券等。

第二,看股本。在整个板块当中,流通股本要适中,同时股价应该稍低一些。流通股本适中是方便较大规模的资金进出和控盘,同时又不会因为盘子太大难以炒作。股价稍低一些容易得到市场追捧。符合这些特征的股票就可以作为龙头的备选。

建议两个方法可以结合使用,建立起自选龙头股名单,然后等待市场的选择。无论投资者事先看好哪个板块、哪只股票,最后都需要经过市场的检验。等这个板块启动之时,哪个股票走势最强,哪个股票最先封住涨停,那么这只股票就是市场挑选的龙头品种。

如果真正的龙头股出现在自己的备选股里面,那么投资者就可以从容地入场操作。如果自己的备选股表现不好,投资者也不应该固执,跟随市场热点操作才是赚钱的正道。

5.3 选择热点题材股

股市中历来都有"题材炒作"的传统,在某个时间段,总有受到市场热捧的题材。投资者如果能够及时把握住当前的热点题材,将能够大大地提高自己的盈利能力。

5.3.1 重组

在我国内地股市中,重组题材一直是一个永恒的炒作题材,股市中也屡屡上演重组成功后"乌鸦变凤凰"的故事。

一般来说,重组主要分为两种类型。

一种是大股东对旗下资源的整合,例如央企重组等。

另一种重组方式,就是未上市公司通过对已上市公司注入资产的重组行为,实现借壳上市。在这种重组模式下,以往的绩差公司会彻底地改头换面,成为一家新公司,相应的,其股价也会一飞冲天。而这种重组方式,在绩差类公司,特别是有退市风险的ST类公司身上最为常见,因此这些业绩很差、即将退市的股票,就成为市场上主要的重组炒作品种。

如图5—7所示,2009年4月9日,连续三年亏损的ST昌河(600372)被暂停上市。停牌仅一个月后,ST昌河的资产置换项目即获得证监会核准,公司通过资产置换及定向增发取得了中航工业拥有的上海航空电器和兰州万里航空机电各100%股权。自此,传统的汽车制造逐渐淡出ST昌河的业务范畴,而航空机载照明及控制系统产品制造逐渐成为公司主业。2010年9月20日,该股复牌上市,首日收盘价22.42元。停牌前买入股票的投资者可以获得不菲的回报。

高收益同时也伴随着高风险。投资者买入绩差重组股,也面临着较大的退市风险。如果这些绩差股重组失败,就将在主板终止上市,并退入三板市场交易。而股票进入三板市场后股价会大幅下跌。投资者将面临大幅亏损的风险。

因此,普通投资者不宜参与买卖这种即将退市的股票。即使参与买卖,也只能是短线投机,在该股暂停上市前就卖出离场。对于那些风险承受能力强的投资者,可以将资金分散在几只重组股上。以部分股票重组成功后的巨大收益来弥补另一部分股票重组失败后的损失,达到分散风险的目的。

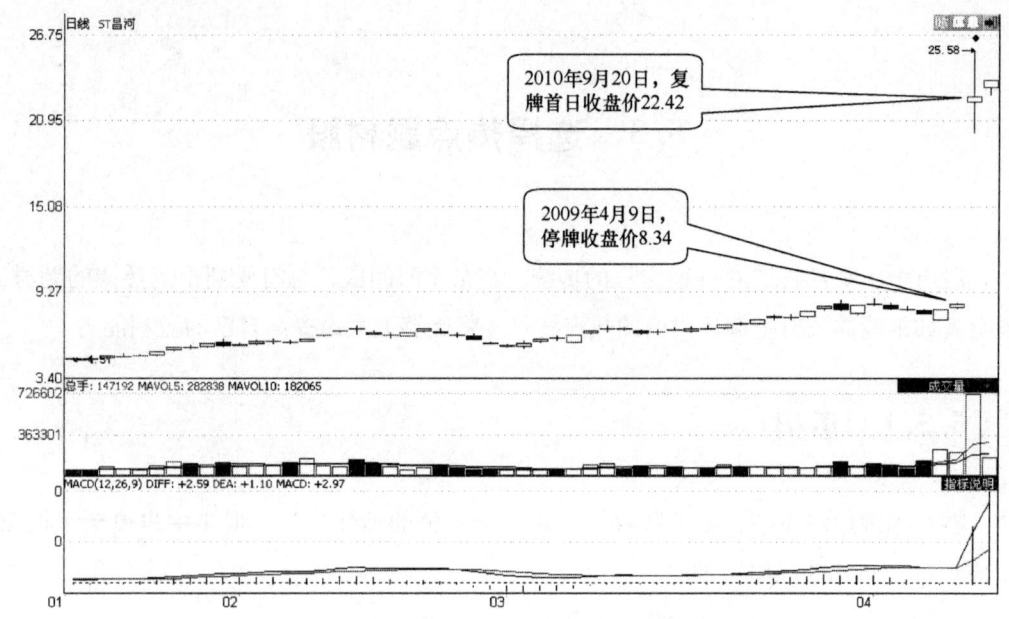

图 5—7　ST 昌河日 K 线

5.3.2　低碳环保

随着环境问题的日益严峻，低碳经济，以及环保问题越来越受到社会的广泛关注。相应的，市场中的低碳环保概念也逐渐受到资金的关注和炒作。

低碳环保概念，是一个涵盖范围很大的题材。就低碳而言，只要是有着很低的碳排放量，或者能够有效降低碳排放量的行业，均可以归入低碳板块。例如物联网、生物医药、新能源等。2009 年、2010 年市场上热炒的很多品种，实际上都可归入低碳概念。

（1）低碳概念之一：物联网

物联网概念，在我国是 1999 年开始提出的。在股市中，物联网板块的主要品种有：射频识别龙头股——远望谷（002161）；二维码识别股——新大陆（000997）；自动识别芯片生产商——厦门信达（000701）等。

如图 5—8、图 5—9 所示，2009 年 9 月至 10 月，物联网概念受到市场的热烈追捧，物联网板块的许多股票，例如新大陆（000997）、厦门信达（000701）均出现了暴涨走势。

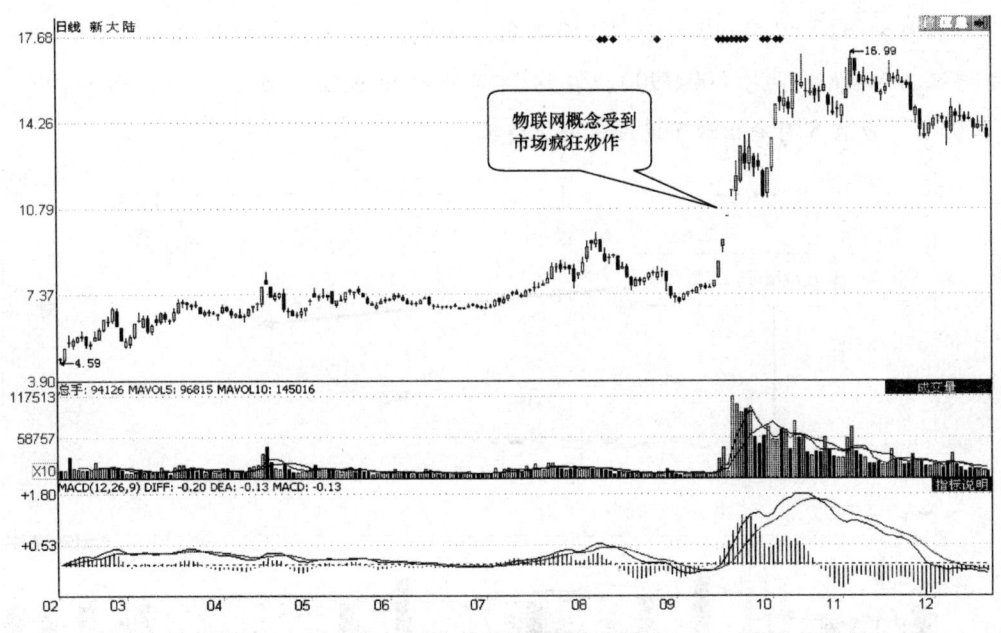

图 5—8　新大陆日 K 线

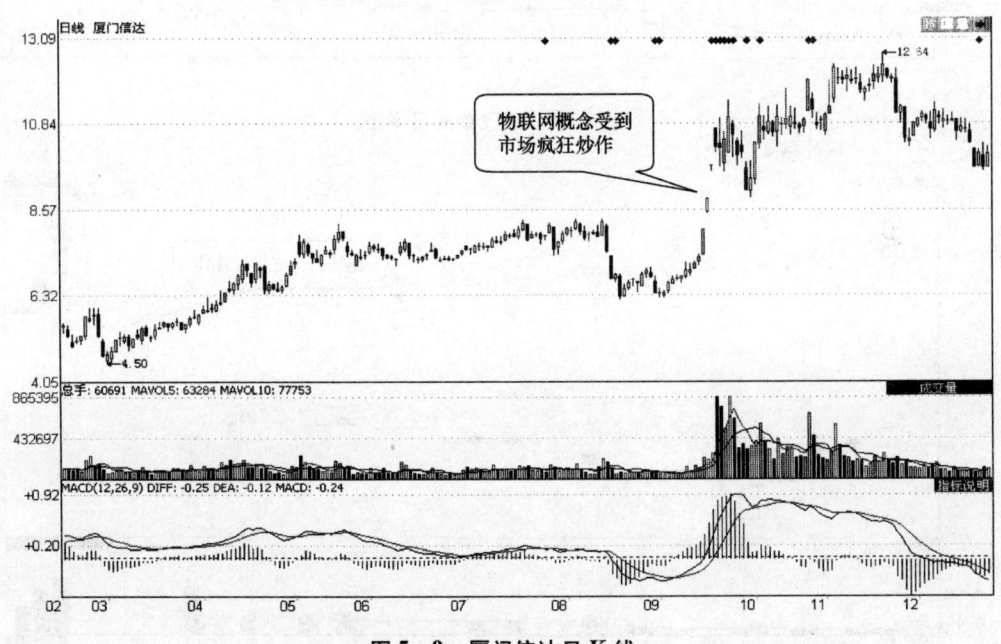

图 5—9　厦门信达日 K 线

(2) 低碳概念之一：新能源

在原油价格高企，传统能源产业污染日益严重的情况下，新能源成为各国政府的重点发展产业。2010 年第三季度，新能源产业中的锂电池概念，受到了股票市场的热烈炒作。市场上甚至出现了"有'锂'走遍天下"的说法，可见炒作气氛之浓厚。

如图5—11、图5—12所示，2010年第三季度，"锂电池"概念股集体大涨，尤其是领军品种成飞集成（002190），在这期间的股价涨幅超过了6倍。而佛山照明（000541）也在8月底出现了连续三个涨停板。

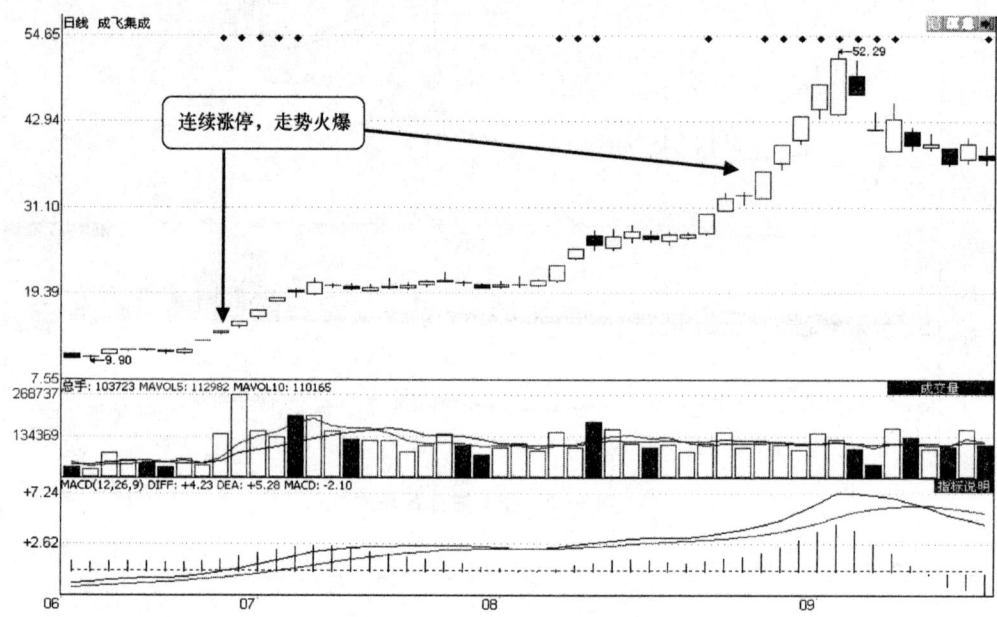

图5—11　成飞集成日K线

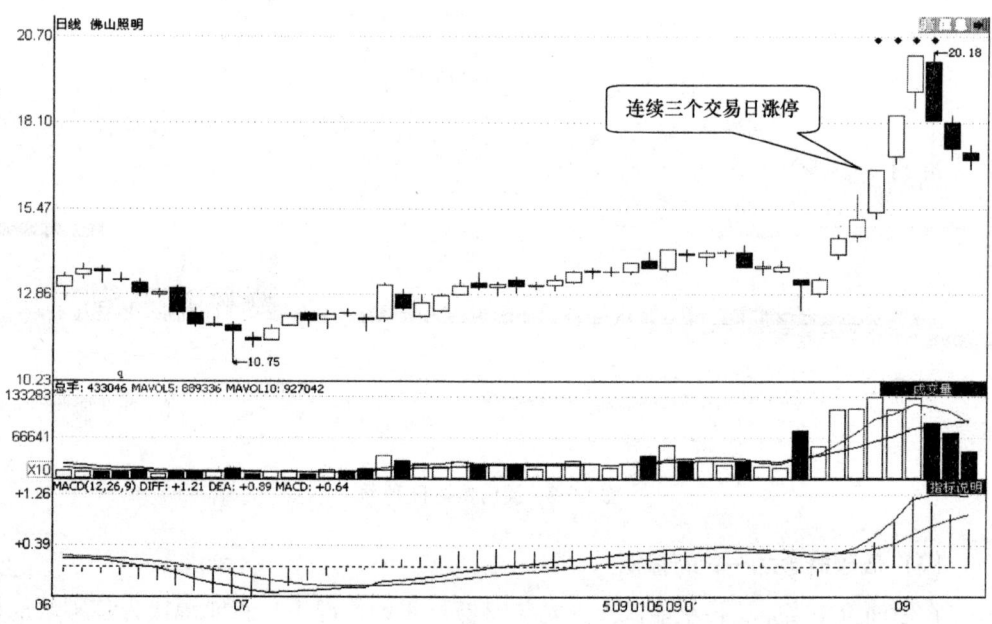

图5—12　佛山照明日K线

5.4 选择热点区域股

股票市场上的板块分类中,除了按照行业进行分类外,还可以根据地域来进行分类,如海南板块、新疆板块等。由于我国地域辽阔,不同地区的经济发展和产业分布都各有特色。在某个特定时刻,由于国际经济形势、国家产业政策、地区发展规划等因素的影响,会对某个特定区域的经济发展产生影响,并影响到市场上的该地域板块的股价变动,由此产生一系列的炒作机会。

5.4.1 海峡西岸经济区

海峡西岸经济区,简称"海西",是以福建为主体,面对台湾,范围涵盖台湾海峡西岸的经济综合体。2010年年初,海西概念开始逐步升温,市场上掀起了炒作热潮,尤其是海西概念中的基建个股,更是受到资金的热捧。

如图5—13所示,在2010年年初,海西板块的炒作逐步升温,尤其是2月初,该板块更是受到资金的狂热追捧。龙头股漳州发展(000753)出现连续的放量涨停走势。

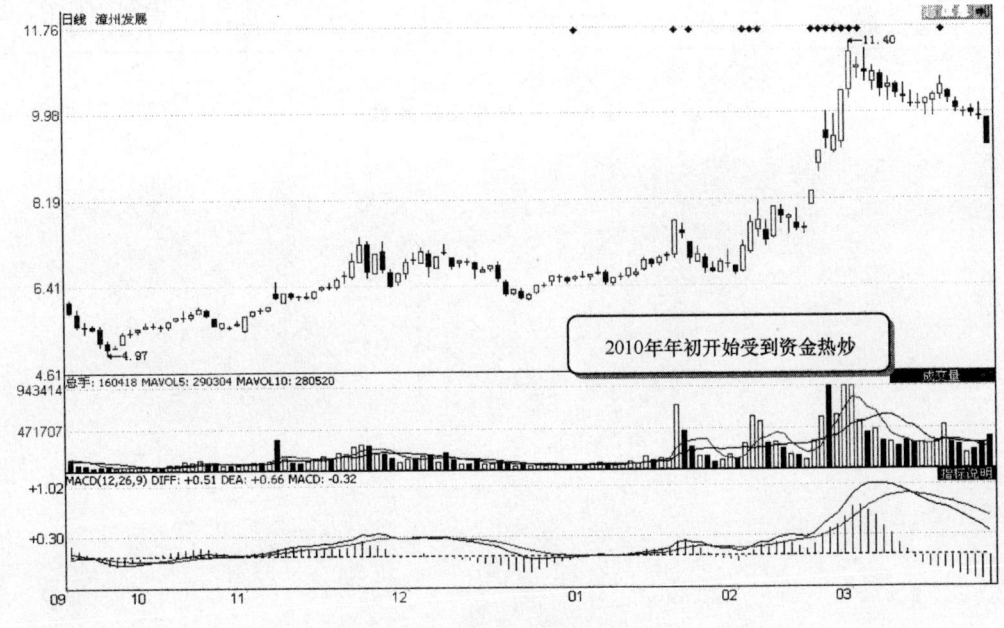

图5—13 漳州发展日K线

5.4.2 海南国际旅游岛

2010年1月4日,国务院发布《国务院关于推进海南国际旅游岛建设发展的若干意见》。至此,海南国际旅游岛建设正式步入正轨。

如图5—14所示,随着2010年1月初,海南国际旅游岛规划的出台,海南板块的龙头品种,罗牛山(000735)受到了游资的猛烈炒作,出现连续涨停走势。

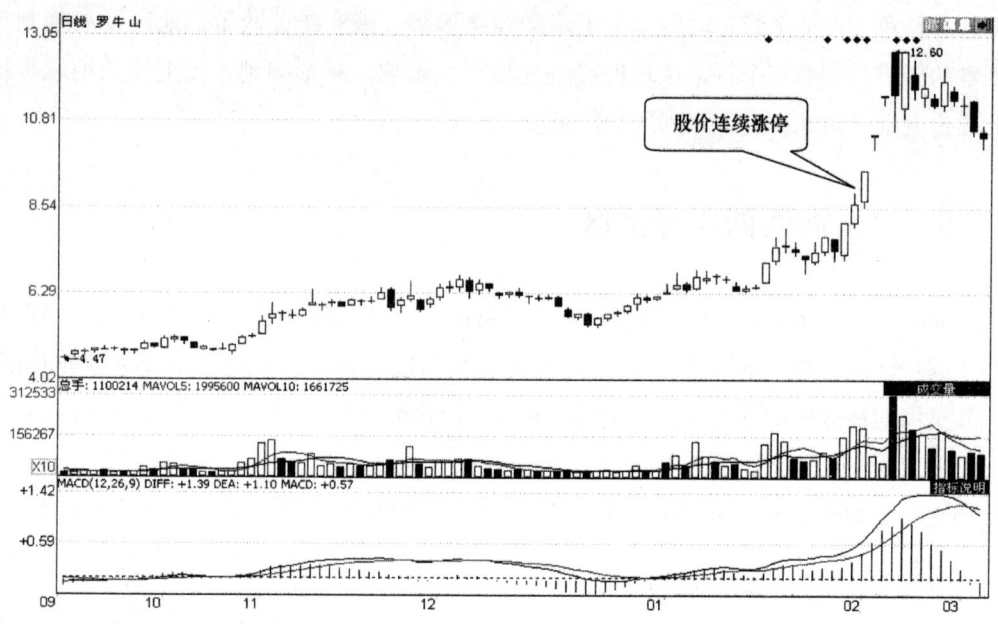

图5—14 罗牛山日K线

5.5 选择主力重仓股

山不在高，有仙则灵，股不在好，有庄则灵。炒股时，如果能够跟上主力的重仓股，享受主力抬轿的乐趣，自然是投资者的绝佳选择。

5.5.1 判断主力重仓股的方法

投资者可以通过以下四个方面来寻找主力重仓股。

第一，投资者可以主要通过观察基金重仓持股品种中，哪些新增品种以及增持品种的变化情况，来寻找主力重仓股。

第二，投资者还可以通过上市公司定期报告中的前十大股东的变化情况，寻找那些前十大股东中有众多主力机构，或者有新主力机构入驻的股票。

第三，从走势上来看，常常与大盘逆势而动的股票，这类股票往往是主力重仓股。尤其是大盘下跌它上涨，大盘小涨它大涨的股票，更加值得投资者重点关注。

第四，从盘中走势上来看，走势比较呆滞，成交比较清淡，小单子不多，偶尔有大单子出没的股票，往往是主力重仓股。此时股票已经主要集中在主力手中，流落在散户手中的股票已经不多。

5.5.2 买卖主力重仓股的技巧

第一，当主力重仓股经过一段时间调整后，成交量逐渐缩减，当成交极度低迷，日换手率在1%以下时，就说明主力已经洗盘到位，此时是跟庄买入的绝佳时机。

第二，当主力重仓股遇到突发性利空打压而大幅下跌时，由于主力并没有及时出货，或者根本没有出货计划，股票后市回升的概率极大。出现这种情形的主力重仓股，当其缩量企稳时，就是投资者的买入时机。

第三，当主力重仓股创出新高，但是成交量反而缩减时，就说明筹码锁定良好，主力志存高远，后市仍可继续看好，此时也是投资者的买入时机。

第四，如果主力重仓股在持续上涨之后，成交量开始放大，往往说明有大量筹码开始松动。而此时持有大量筹码的只有重仓在手的机构们。因此高位放量情形，就是主力出货的征兆。此时投资者应该果断卖出离场。

　　第五，如果主力重仓股在大幅上涨后，出现放量下跌的形态，往往是主力杀跌出货的迹象。此时投资者也应果断卖出。

5.6 选择抗通货膨胀股

5.6.1 通货膨胀的分类

通货膨胀按照程度高低，可分为温和通货膨胀和恶性通货膨胀。

在温和的通货膨胀下，通货膨胀率很低，物价仅以较缓慢的速度上涨。这种通货膨胀通常被理解为一种积极经济政策的结果，旨在调整某些商品价格并以此推动经济增长。在此情况下宏观经济运行良好，投资者信心一般不会受到影响。

恶性通货膨胀是指通货膨胀率加速上涨或者高通货膨胀率一直持续的现象。这时投资者会出现恐慌心理，为了资金保值而大量囤积消费品，市场供求关系会遭到破坏。生产型企业的设备、原材料、工资等各项成本均会大幅上涨，导致企业盈利水平下降甚至亏损。同时，国家为了控制通货膨胀，会采取宏观调控措施，如增加税收、减少贷款、加息、提高银行存款准备金率、甚至实施价格管制等。这些措施都会影响到股指走向。

5.6.2 抗通胀概念

恶性通货膨胀会影响宏观经济发展，对整个大盘属于宏观利空消息。但是一些受通货膨胀影响较小的股票，将成为资本市场的避风港，形成"抗通胀"概念。"抗通胀"概念股票主要集中在黄金、房地产、资源、农业等行业板块，如图5—15所示。

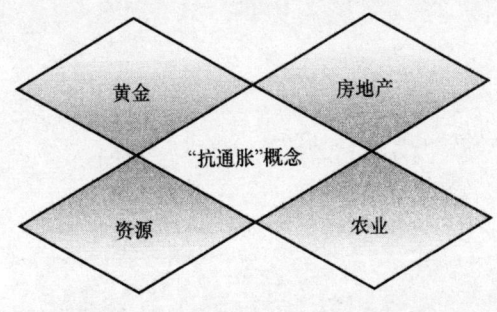

图5—15 "抗通胀"概念主要板块

黄金和房地产是投资者在通货膨胀中寻求资金保值增值的最主要途径。因此，黄金和房地产公司的业绩在通货膨胀中有望增加，而这两类公司的股票也会有不错的投资机会。但是投资者也应该注意，一旦国家开始宏观调控，房地产行业将成为调控的重点目标。所以，投资者在购买有"抗通胀"概念的房地产股票时应该注意风险，多关注国家政策变动。

资源和农业类上市公司的产品价格会随着通货膨胀而增加，但这两类公司的生产成本并不会有太大变化。因此，资源和农业类股票也是投资者在"抗通胀"概念中的操作重点。

5.7 选择消费垄断优势股

在"股神"巴菲特的选股标准中，非常注重消费类上市公司，尤其是那些具有垄断优势的消费品公司。这是因为，身处消费品行业，可以保证公司经营比较稳定，不会像周期性行业那么大起大落。具有垄断优势，又可以使公司有能力获取超额利润，在市场竞争中处于非常有利的位置。

如图5—16所示，是安琪酵母（600298）从2004年10月到2010年10月六年间的周K线图。在我国的酵母以及酵母衍生品行业，安琪酵母有着绝对的垄断地位。在这六年里，众多主力机构纷纷入场锁仓，该公司的股价也迭创新高，走势良好。

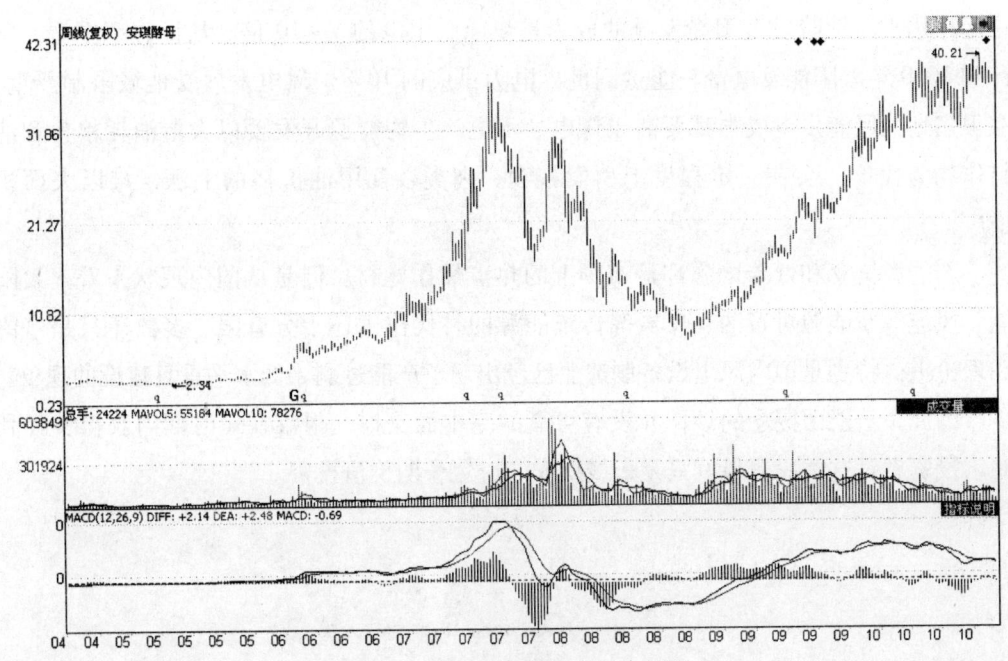

图5—16　安琪酵母周K线（复权）

5.8 选择环保节能概念股

大力开发利用新能源可以替代部分传统能源，将有利于低碳经济推行。而发展低碳经济又能够节约传统能源的消耗，为新能源的普及利用提供时间保障。

相对于传统能源，新能源普遍具有污染少、储量大的特点。发展新能源，对解决当今世界严重的环境污染问题和资源枯竭问题具有重要意义。

长期来看，新能源行业的优势是：目前全球已探明的石油、天然气和煤炭储量都将在几十年内耗尽。大力发展新能源已经刻不容缓。

而这个行业的劣势是：太阳能、风能等新型能源的技术并不成熟，还达不到商业化运作水平。现阶段太阳能发电的成本是煤电、水电的5~10倍。从世界范围看，预计到2030年太阳能发电量只能达到世界电力供应的10%。风电发展受地域限制严重。在很多地区风能发电成本都要高于煤电、水电。生物能源开发要以大量消耗粮食和油料作物为代价，会在一定程度上引发粮食、肉类、食用油价格的上涨，难以大面积推广。

新能源概念和低碳概念都是市场上的热点炒作题材。但是从国内现状来看，太阳能、风能等新能源对石油、煤炭等传统能源的替代作用还十分有限，多数还只是停留在理论上。特别是国内风电设备制造业已经出现了产能过剩、低水平重复建设的现象。

因此，新能源概念的炒作并没有可靠的基本面支撑，很难在短时期内获得实际利润。投资者对这类股票最好只是短线操作，避免长期价值投资。

第 6 章

新股民的 4 个买入原则

6.1 做好计划

在买入股票前对股价未来行情的预测只是买入理由中的一部分,这是交易成功的前提条件之一。除此之外还要设定好交易计划,想好判断错误和出现意外情况时怎么处理,怎么能在不利情况下尽量减少损失。

完整的交易系统,是指投资者由个人或由他人帮助设定的一系列买入和卖出股票的条件集合。一个完整的交易系统,应该包括买入理由、交易计划、交易实施等几方面要素。如图6—1所示。

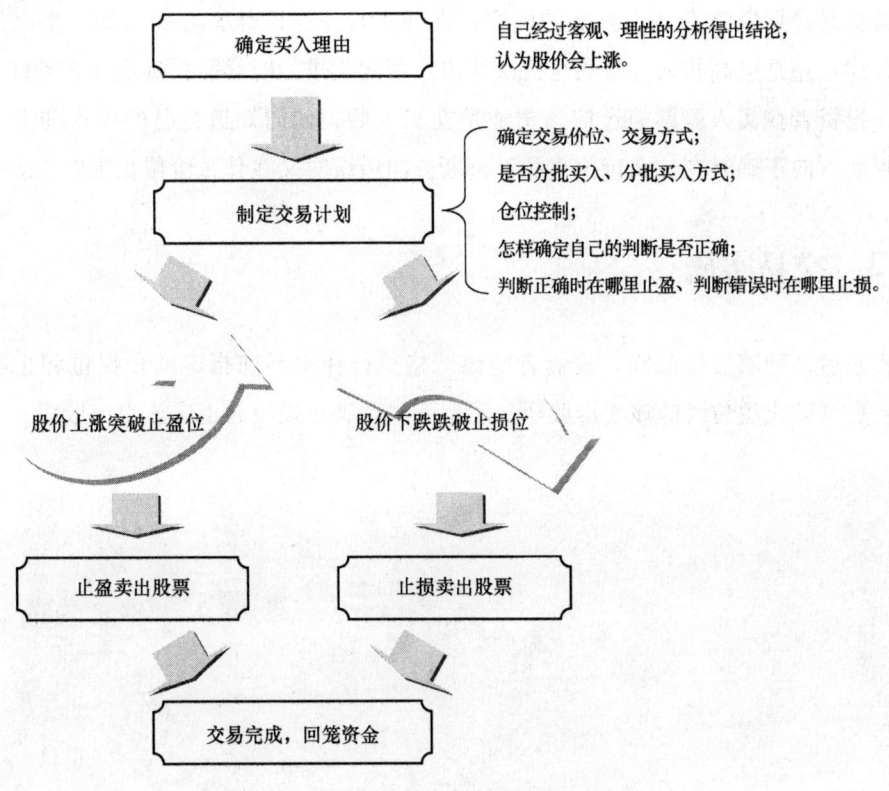

图6—1 股票买卖交易系统

6.1.1 确定买入理由

买入理由也就是投资者认为股价会上涨的理由。投资者只要想买入股票,肯定有自己的理由。有些理由是客观的,有逻辑的;有些理由则是非常主观的,凭空想象的;个别投资者更是单靠小道消息选择股票。在这里不去评说对错,只是建议刚刚进入股市的投资者最好还是使用那些自己经过客观、理性的分析得出的结论作为买入理由。

6.1.2 制订交易计划

确定买入股票后,投资者应该先制订一份详细的交易计划,按照计划买入股票。一般的股票交易计划应该有几个方面的内容:在什么价位、以什么方式入场?是以挂单等待的方式?还是追高买入?一共分几次买进?每次买进的时候需要满足什么条件?

此外,投资者在买入股票前还应该想清楚在买入后,如何知道自己的买入理由是正确的?判断方向正确时在什么价位止盈?判断方向错误时又在什么价位止损?

6.1.3 交易实施

买入股票后,随着股价涨跌,投资者应该严格执行在交易前指定的止损位和止盈位。股价上涨突破止盈位时应该卖出股票,股票下跌跌破止损位时也应该卖出股票。

6.2 心中有数,遇变不惊

6.2.1 设立交易系统

实战中,每个投资者应根据自己的实际情况,包括心理特点、风险承受能力、分析判断能力、优劣势以及看盘时间长短等因素,综合考虑后为自己设立一个交易系统。

有了交易系统之后,投资者就可以从容不迫地进行交易。不论股价朝哪个方向发展,都可以做到根据系统来交易,不会出现事到临头慌了手脚的被动情况。

下面我们设立一个短线交易系统作为参考,如表6—1所示。

表6—1　　　　　　　　设立模拟短线交易系统

☆ 买入前提
条件一:大盘处于上升趋势。股指在60日均线上方,同时60日均线方向向上;
条件二:个股均线呈多头排列。5日、10日、20日、60日均线从高到低依次排列;
条件三:股价放量突破近期整理区间,该整理区间延续时间至少三个月,突破当日的换手率在5%以上
☆ 买入方式
如果一只股票同时满足以上三个条件,则买入股票。若该股在突破后的三个交易日内出现回调并且在区间上线处止跌回升,则再追加买入。如果没有回落继续上涨,则不再追加买入
☆ 止损止盈
止损位:设定为刚突破的区间上线。如果跌破该线,则立即止损。
止盈位:设定5日均线为止盈线。股价收盘价跌破5日线,第二天立即卖出

6.2.2 交易系统应用实例

在设立一个交易系统后,投资者需要选择股票交易。下面以东方钽业为例说明上边的交易系统。

在分析个股走势之前,首先应该确定近期的大盘走势。只有在大盘上涨过程中买入股票才是最安全的。当大盘持续下跌时,个股难免会受到波及。这样的情况下是不适合买入股票的。

如图6—2所示,自2009年6月初开始,上证指数沿5日线和10日线震荡攀升,并且各条均线呈现多头排列。在这样的环境下,投资者可以选择个股操作。

如图6—3所示,2009年7月15日,东方钽业(000962)股价放量突破了一个重

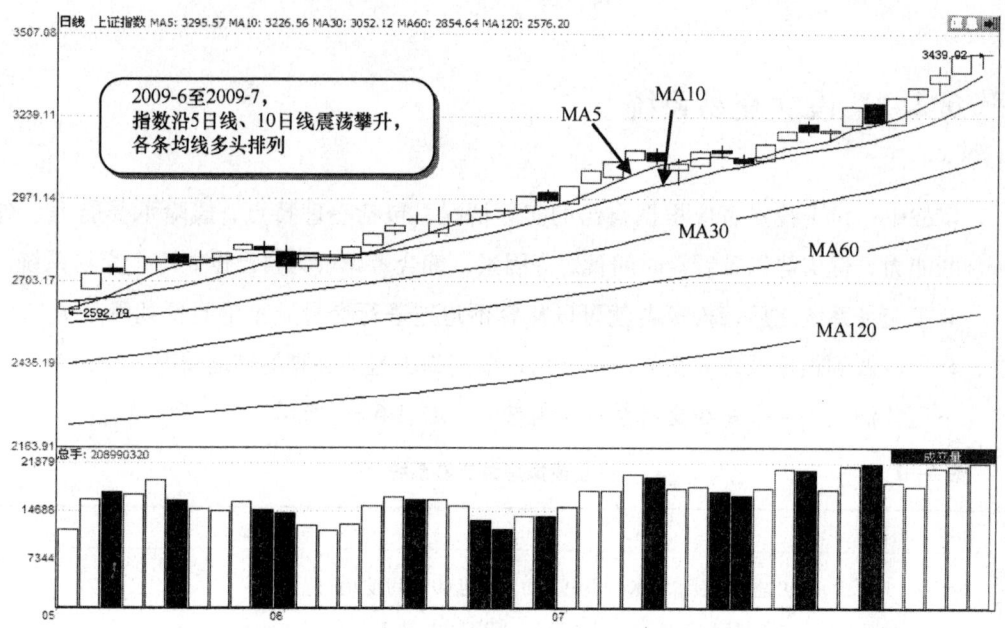

图6—2 上证指数日K线

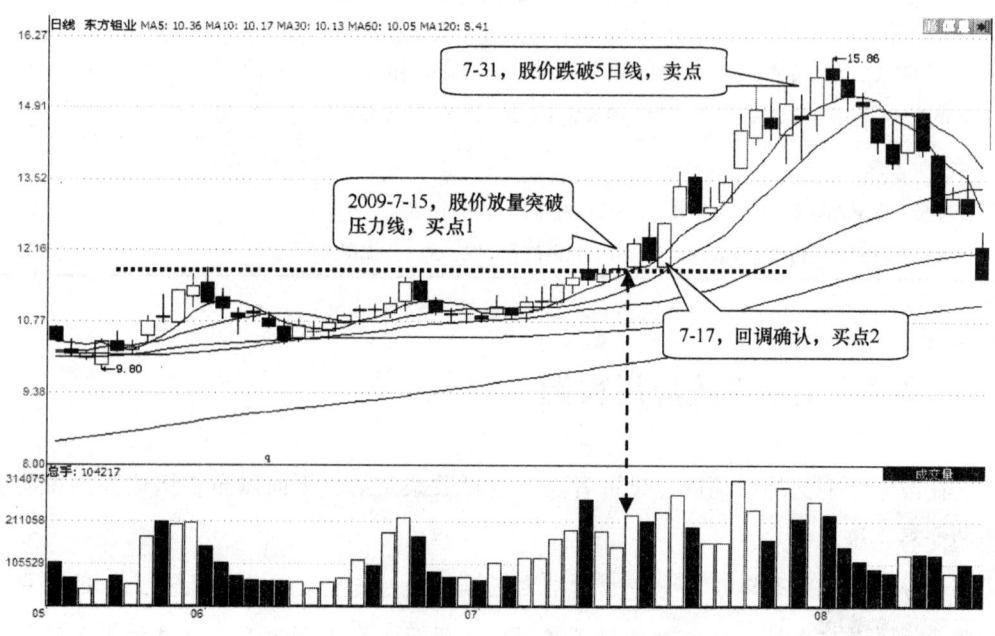

图6—3 东方钽业日K线

要的压力线。同时均线系统多头排列，符合买入条件。这时投资者应该买入股票，并将止损位设定为刚刚被突破的压力线上。

2009年7月16日、17日，该股回调确认突破有效性，并且很快回升。投资者可以在7月17日再次买入。止损位保持不变。

随后几个交易日该股震荡上涨，但没有跌破5日均线。这时投资者可以继续持股。7月30日该股收盘价跌破5日均线，31日开盘后投资者应卖出止盈。

6.3 建立止损位

多数投资者都知道对行情判断错误时应该止损,也有过止损操作的经历。但是在实际操作中,很多投资者对止损的理解是有偏差的。有的投资者认为,止损就是简单的割肉。只要亏损了就止损,一套就割。这样虽然干脆利索,而且不会被套牢,但最终的结果往往是越割越瘦。

实际上止损是非常有技巧性的操作,不同的环境、不同的个股,设定的止损位都是不一样的。那么到底应该采取哪种方法来设定止损位呢?当然,投资者可以根据自己的实际情况,灵活设定止损位。但无论怎样设定止损位都应该注意:止损位必须结合自己买入股票的理由来设定。

在实战中,投资者对止损的设定可以结合以下两点来综合制订。

6.3.1 灵活止损原则

不管什么人,每次买进股票总会有理由。当买入的理由已经不存在了,那么自然就要卖出股票止损。这就是灵活的止损位设定原则。

如果按照"突破10日平均线"作为买入理由,那么相应的"跌破10日平均线"时就应该卖出;如果觉得这个股票"走势很强"作为买入理由,那么"走势变弱"时就应卖出;如果按照"这个股票要送股"作为买入理由,那么送股之时就是卖出之时。

通过灵活设置止损位,投资者在买入股票后止损位可能会随着行情发展而变化。交易不同股票时设定的止损位也不相同。这时投资者应该注意一点:可以将止损位向上抬高,但永远不能将止损位向下降低。止损线至少是水平线,或者应该向上倾斜。以下降过程中的均线、向下倾斜的趋势线做为止损线都不是很好的选择。

如图6—4所示,2010年3月24日,汉商集团(600774)股价突破一条阻力线。如果投资者以此为理由买入股票,可以将止损位设定在这根阻力线上。4月27日,股价跌破止损线。这证明投资者之前的判断失误,此时应该卖出股票止损。因为买入点和止损点基本在一条水平线上,投资者这样操作的损失不会太大。

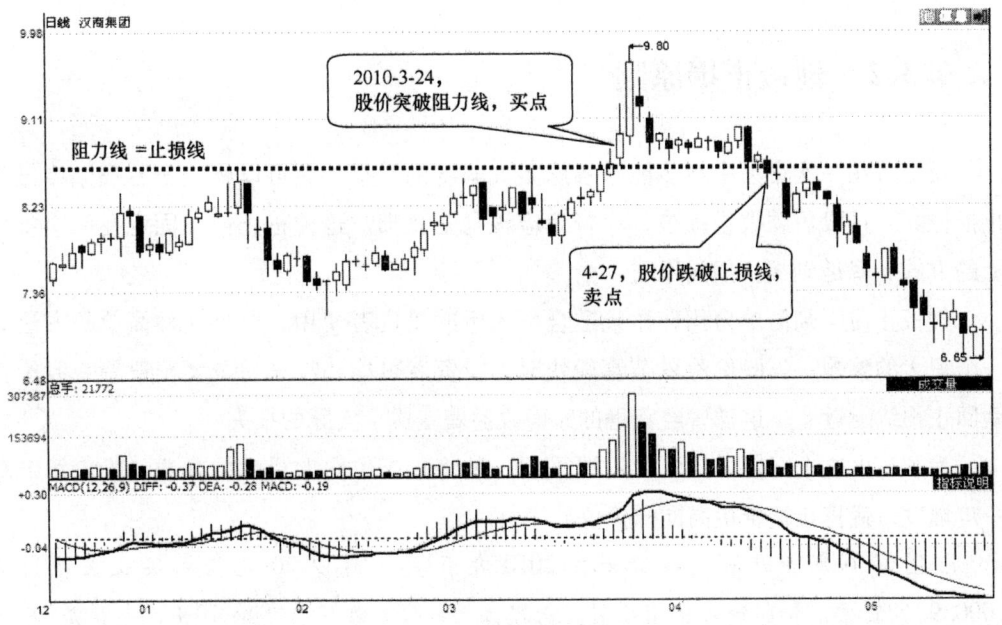

图6—4 汉商集团日K线

如图6—5所示，2009年10月12日，莱茵置业（000558）股价突破30日均线。如果投资者以此为理由买入，可以将止损位设定在30日均线上。12月25日，股价跌破30日均线。此时投资者应该卖出股票止损。因为在这段时间内30日均线呈上升趋势，所以即使投资者止损卖出，也可以有不错的收益。

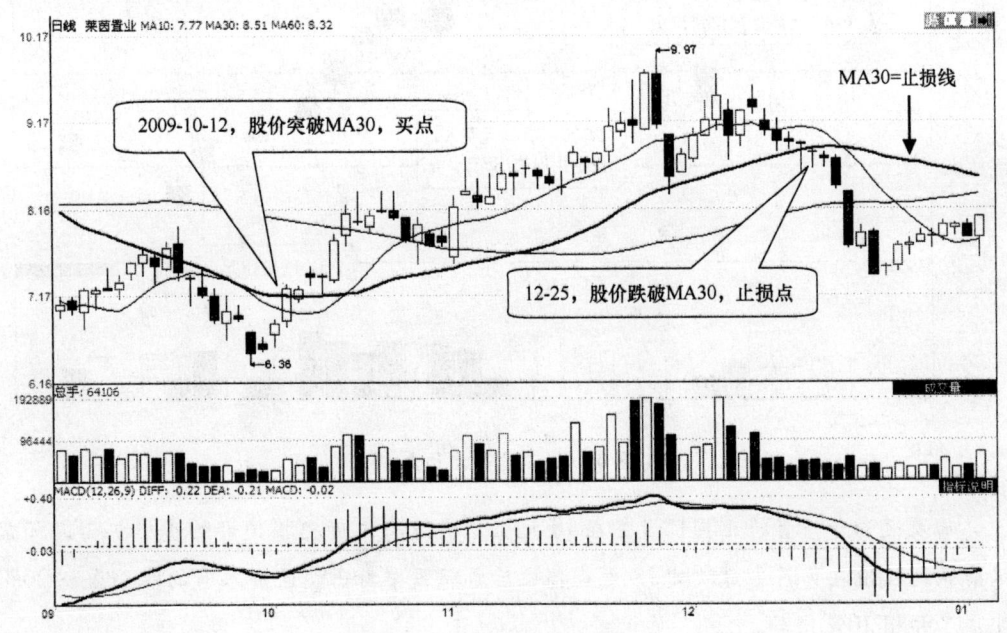

图6—5 莱茵置业日K线

6.3.2 刻板止损原则

投资者在一次交易中最多能够容忍多大幅度的亏损，就可以将这个亏损幅度做为止损位。一旦股价跌破止损位，投资者应该马上止损。这种将止损位固定在一个价位上的方式，就是刻板止损的原则。

刻板止损原则简单易用，比较适合新入市的投资者使用。但是这种简单的方法有一个很大的弊端：当股价涨跌节奏较快时，投资者可能还没来得及卖出股票，股价就跌回止损线附近了。这样曾经获得的账面收益就变成了实际的损失。

为了解决这个问题，投资者可以采用一种将止损位向上浮动的办法。股价每上涨一定幅度，就将止损价抬高同样价位。

如图6—6所示，假设投资者在2010年6月3日以20元价格买入兴蓉投资（000598）股票。按照刻板止损原则，止损位可以设定在股价下跌10%，也就是18元位置。此后股价向上突破24元后开始下跌。

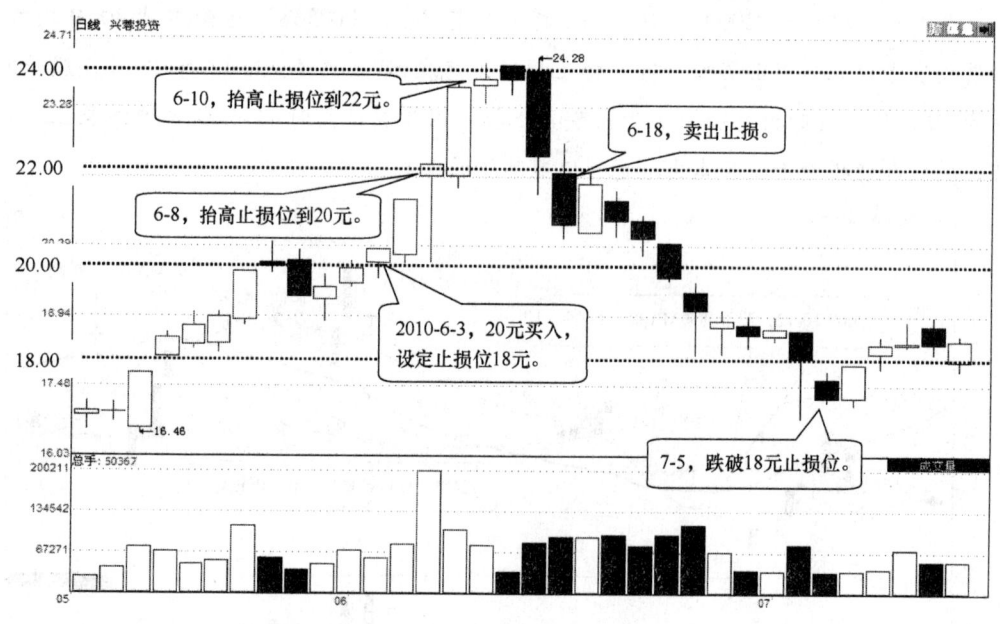

图6—6 兴蓉投资日K线

如果投资者一直将止损位设定在18元上，又没有准确把握顶部的卖出机会，那就只能等到股价在7月5日跌破18元止损位后再将股票卖出。这样本有的账面盈利20%变成了亏损10%出局。

为了锁定自己的收益，投资者可以采用将止损位向上浮动的办法。具体操作方法是：股价每上涨2元，就将止损位向上调整2元。例如6月8日股价突破22元，投资者可以将止损位由18调整到20元。6月10日股价突破24元，这时止损位就顺势提高到22元。6月18日，股价跌破22元止损位，投资者可以将手中的股票卖出。通过这样的操作，投资者有效地保住了自己已获得的收益。

6.4 分批建仓、试探性买入

6.4.1 一次性交易的弊端

很多投资者在买入股票的时候，都喜欢把全部资金一次性投入；卖出的时候，又把所有股票一次性卖出。这种一次性交易的方式看似很痛快，但是有一个很大的弊端：投资者没有给自己留下任何退路。

投资者对行情的判断失误是常有的事。在买入股票后，股价可能再下跌一些。如果投资者坚持一次性买卖的方法，当股价下跌时只能选择割肉离场或者被动套牢，等待股价回升。而如果投资者选择分批买入，这时手中还有剩余资金，可以比较从容地在低位补仓摊匀成本。即使割肉出局，因为仓位较轻，这样操作也能把损失降到最低。

分批卖出股票也是同样的道理。当投资者卖出股票后，股价可能会继续上涨。如果投资者将股票全部卖出，当股票上涨后只能忍受踏空的遗憾。而采用分批卖出的方法，投资者只是将手中的股票卖出一部分，保留一定仓位，当股票上涨时还可以享受股价上涨带来的利润。

通过上边的分析可以看出，分批买卖操作可以有效解决投资者判断失误时出现的套牢和踏空问题，使投资者处在一个"涨可攻、跌可守"的灵活位置。因为投资过程中的判断失误难以避免，所以投资者在日常交易中坚持分批买入、分批卖出的操作方法非常必要。

6.4.2 分批买卖的具体操作

分批买卖操作具体可以分为分批买入和分批卖出两种操作。

分批买入是指当投资者看好某只股票的前景时，因为担心踏空可以先购入一部分股票。如果未来股价上涨，说明自己的判断正确。这时投资者可以逐步买入增加仓位，直到买入期望数量的股票。如果股价下跌，投资者就应该停止买入，并且尽快了结已买入股票造成的亏损。

分批卖出是指当投资者看淡某只已经持有的股票时，可以先卖出部分股票。如果未来股价下跌，则证明投资者对股价的判断正确。这时可以将剩余的股票卖出。如果未来股价继续上涨,则说明投资者的判断失误。这时可以利用保留下的仓位,获得股价上涨的收益。

采取分批交易的措施,就是给自己一个继续观察、判断的机会,让趋势继续发展,看看自己之前的判断和交易是不是出现失误。如果失误,那么造成的损失并不大,还有机会弥补;如果正确,那么可以继续完成剩余的操作。

如图6—7所示,2009年6月10日,贵州茅台(600519)股价突破一根长期阻力线。这是一个买入信号。当投资者按照这个信号买入股票时,可以制订一个分批买入建仓的计划。股价突破当日先建立1/3仓位,当股价有回抽获得支撑时,再建立1/3的仓位。如果未来股价上涨趋势确立,就把剩余仓位补充完毕。

按照这样的策略,投资者可以在6月10日股价突破当天、6月25日股价回调获得支撑时和6月29日股价上涨趋势确立时分别建立1/3的仓位,最终完成建仓。

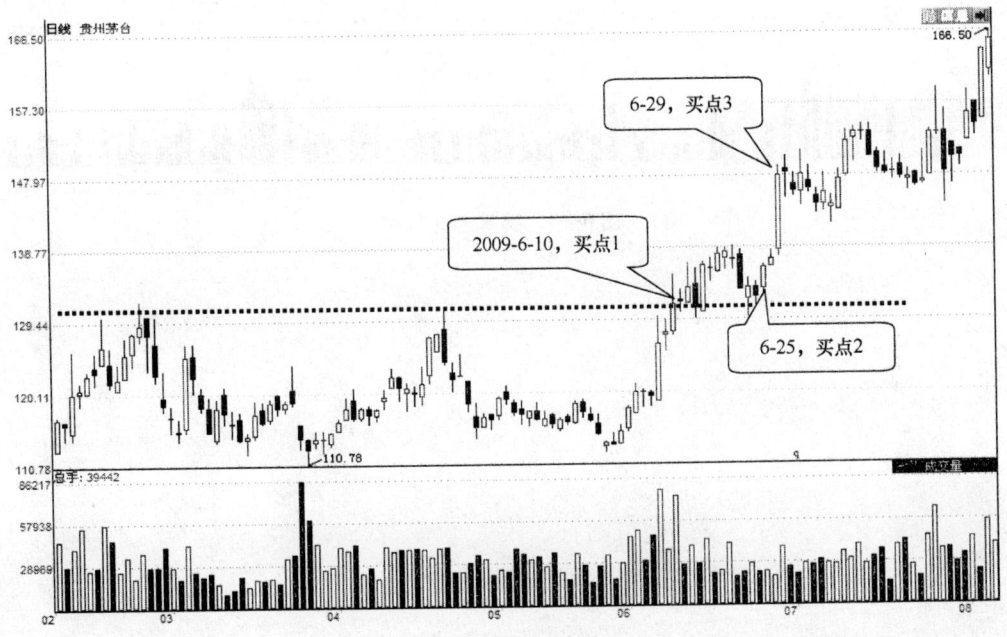

图6—7 贵州茅台日K线

如图6—8所示,2010年初,鹏博士(600804)股价在高位形成三角形形态。4月1日,股价突破三角形上边线。这时投资者可以建立一个分批买入计划。在4月1日突破当天和4月9日股价回调获得支撑的时候,投资者可以分别建立1/3的仓位。等股价确定上涨趋势时再补充剩余的仓位。

但是投资者买入股票后可以看到,股价的上升趋势一直未能确立。4月26日,股价跌破之前三角形形态中的支撑线。这说明股价向上突破失败。这时投资者应该尽快将手中已经买入的股票卖出止损。通过分批买入的策略，投资者可以在判断失误时将损失降到最低。

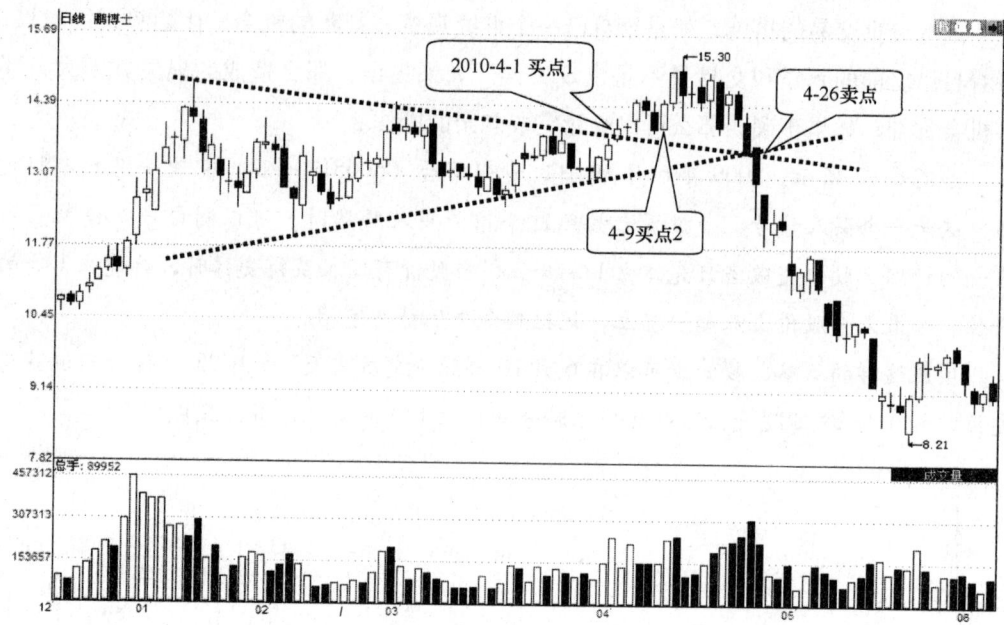

图6—8　鹏博士日K线

第 7 章

新股民的 8 个炒股技巧

7.1 申购新股技巧

申购新股,俗称"打新股",是我国内地股市中一个重要的获利渠道。

虽然申购新股的中签率并不高,但是仍然吸引了许多稳健投资者的积极参与。这是因为打新股的风险比较低,同时收益相对来说又比较可观。

目前我国内地股票发行上市实行的是核准制,新股属于稀缺资源,僧多粥少的局面一时还没有改观。因此,新股上市首日往往会受到资金追捧,多数都有一定的涨幅,很少会跌破发行价。在行情火暴时,新股上市甚至可能有翻倍行情。

7.1.1 申购新股流程

沪深两个交易所申购新股的流程基本相同。在申购当日,投资者要根据新股的发行价和有效申购数量缴足申购款,进行申购委托。假如投资者缴纳的申购款不足,证券交易网点将不会接受申购委托。

比如,2010年9月,投资者账户上现有资金50万元,计划参与新股"宁波港"网上申购(网下申购不向普通投资者放开)。以下就是这次新股申购的程序。

(1)新股申购公告

在每一只新股发行之前几个交易日,投资者都可以在权威证券媒体看到这只新股的"申购公告"。"申购公告"的内容包含申购价格、申购时间、申购代码等内容。从宁波港的申购公告中可以得知如表7—1所示的信息。

表7—1　　　　　　　　　新股申购公告中的有用信息

股票代码	601018	股票简称	宁波港
申购代码	780018	申购简称	宁港申购
申购价格(元/股)	3.7	对应市盈率	29.30倍
股票面值(元)	1.00	网上发行日期	2010年9月14日

(2)委托申购(T日)

9月14日是网上发行日期。我们将其作为T日。在这一天的正常交易时间,投资者可以通过网上交易或者电话进行买入委托。申购代码"780018",买入价3.7元。通过计算可以知道，50万元最多可申购135 000股，获得135个配号。

需要注意的是，目前我国沪市规定申购单位为1 000股，每一账户申购数量不少于1 000股，超过1 000股的必须是1 000股的整数倍；深市规定申购单位为500股，每一账户申购数量不少于500股，超过500股的必须是500股的整数倍。沪市每申购1 000股获得一个配号，深市每申购500股获得一个配号。

交易成功后，整个申购过程结束。参与申购的资金将被冻结。投资者账户上冻结资金总共3.7×135 000＝499 500元。

（3）资金冻结、验资及配号（T+1日）

在申购日后的第一个工作日，即9月15日，交易所将根据最终的有效申购总量，按每申购1 000股（深圳500股）配一个号的规则，由交易主机自动对有效申购进行配号。

因为总申购数量已经统计出来，一般在这一天晚间就可以计算出投资者申购的中签率。例如宁波港的网上即时发行数量为11亿股，网上发行配号总数为6 428万个（每个配号1 000股）。这样算下来网上申购中签率大约为1.71%。

（4）摇号抽签（T+2日）

申购日后的第二个工作日，即9月16日，公布"中签率公告"。同时根据总配号量和中签率，进行摇号抽签。这天晚间，中签配号的号码就会公布。这时投资者可以知道自己是不是幸运的1.71%。

（5）中签及资金解冻（T+3日）

申购日后的第三个工作日，即9月17日，中签资金会自动拿来按发行价购买股票，而没有中签的申购资金将解冻。

投资者如果没有中签，所有资金将全额退回。需要注意的是，在整个申购过程中，只要不中签就不需要缴纳任何手续费。如果中签1 000股，那么除去按发行价购买那1 000股股票外剩余的全部资金将回到投资者的账户中，另外投资者账户中还会增加1 000股宁波港的股票。

9月28日宁波港上市，这时投资者就可以将中签获得的股票全部卖出。

申购新股过程中，投资者需要注意以下问题。

➲ 申购新股必须在发行日之前办好股票账户和资金账户。

➲ 每个账户对同一只新股只能申购一次（不包括通过基金、转债间申购）。如果出现重复申购，那么只有第一次申购有效。

➲ 申购新股的委托不能撤单。

➲ 沪市规定每一申购单位为1 000股，申购数量不少于1 000股，超过1 000股的必须是1 000股的整数倍。深市规定申购单位为500股，每一账户申购委托不得少于500股，超过500股的必须是500股的整数倍。

⇨ 申购新股每1 000股（或500股）配一个申购配号，同一笔申购所获得的配号号码是连续的。

⇨ 每个中签号只能认购1 000股（或500股）。

⇨ 新股上市日期由沪深交易所批准后，在指定证券报上刊登。计划在上市首日卖出新股的投资者需要格外注意这个日期。

⇨ 申购新股必须全额预缴申购股款。

7.1.2　新股申购实操技巧

在申购新股过程中，有这样一些可以提高中签率的小技巧。

（1）几只新股接连发行，选择靠后者的机会大

如果连续有两批新股发行，而且申购时间之间相差不足3个工作日，投资者最好选择较晚的一批新股申购。这是因为大量打新资金都会去追逐第一批新股。到第二批新股开始申购时，这些资金还没有解冻，实际参与申购的资金较少，中签率也就更高。

（2）选择合理的下单时间

从概率上说，每个号码中签的可能性是相同的。不过根据历史经验，在开盘或者收盘阶段申购中签的可能性会比较小。因此投资者最好选择中间时间段申购。如选择10:30—11:30或者13:00—14:00之间的时间段下单。

（3）通过机构动向发现冷门股

按照现行的新股发行体制，在社会公众投资者网上申购新股之前，有一个向机构投资者网下询价配售的过程。这个过程会产生一个网下发行询价倍数（网下有效申购数量/网下发行股票总数）。如果询价倍数高，就说明该股受机构追捧，那么最终的网上申购的人数也会很多，对应中签率可能就比较低。而如果询价倍数低，就说明受到机构的冷遇，网上申购的人数也会比较少，自然该股的中签率就会高一些。

但投资者应该注意的是，新股中签率的高低和上市后首日的涨幅之间往往会有负相关的关系。即如果新股中签率过高，说明市场并不认可这只股票，这只股票上市后难以有较大涨幅。例如华泰证券在2010年2月上市时的网上申购中签率高达14.43%。这只股票上市当天的收盘价仅比发行价上涨5.3%。上市一个半月后破发。这种新股是投资者应该回避的。

综合来看，投资者可以选择那些网下询价倍数中等偏下的上市公司。这样可以在高中签率和高收益之间获得较好的平衡。

（4）合伙申购新股

对于资金量不多的中小投资者来说，每次能申购的新股数量并不多。这样申购新股就像是抽奖：中奖时能获得很高的收益，但大部分时间是难以中奖的。投资者的收益与运气有很大关系。如果很多位投资者能合伙申购，把大家资金集中在一起，就可以解决这个问题。

例如，某投资者以自己的资金每次只能申购1万股股票，按沪市规定，可以获得10个配号。假设中签率1%，按照概率计算，这位投资者每申购新股10次只能成功一次。如果采用合伙申购的办法，有10位同样的中小投资者把资金集中在一起，就可以获得100个配号。这样在1%的中签率水平下，这些投资者就几乎每次都可以中签，获得相对稳定的收益。

投资者应该注意，在合作打新之前大家应该签订好相关协议，例如资金由谁管理、操作计划由谁制订、损失和收益大家如何分配等。这样可以避免产生不必要的麻烦。

（5）合理选择新股申购

如果某一天有多只新股同时开始申购，投资者就需要对这些新股进行对比，选择最优的一只股票申购。在对比不同新股时，投资者需要考虑的问题，如表7—2所示。

表7—2　　　　　　　　对比不同的新股需考虑的问题

网上发行数量	股票网上发行的数量越多，投资者中签的可能性也就越大。但投资者应该注意，盘面越大的股票上市后大幅上涨的可能性就越小
发行价	通过发行价和自己资金量的对比，投资者可以计算出自己最多能申购多少股票
单一账户申购上限	虽然普通投资者一般不会受到申购上限的约束，但在打新股时还是应该关注这个数据。一只股票的申购上限越低，对大资金的限制力就越强。这样拥有小额资金的投资者在打新股时相对就更有优势
发行市盈率	发行市盈率越高的股票上市后的风险越大
网下申购倍数	通过网下申购倍数，投资者可以大致估计出网上申购的中签率
年报每股收益	通过年报中每股收益的数据，投资者可以了解一只股票的盈利能力。虽然多数打新股的投资者都不追求价值投资，但盈利能力越强的股票在上市后就越容易受到资金追捧，出现较大涨幅
股票具备的概念	如果一只股票具备当前市场上的热点概念，则该股上市后往往能够成为投资者炒作的焦点

7.2 加仓技巧

7.2.1 越涨越买还是越跌越买

投资者买进一只股票后，如果股价涨了，投资者又追加买入了一些，这种越涨越买的加仓方式叫做顺势加仓；如果股价跌了，投资者又补进一些来摊低成本，这种越跌越买的加仓方式叫做逆势加仓。这两种操作方法的对比如表7—3所示。

表7—3　　　　　　　　　　顺势加仓和逆市加仓

顺势加仓	逆市加仓
进攻性的交易方法	防御性的交易方法
股价越涨，就越往上追击，顺着趋势一路加上去。好处是一旦碰到较强的行情，可以乘胜追击，尽可能获取更大的收益	股价越跌越买，步步为营，防御为先。因为股价下跌总有个限度，一旦股价回升就可逐步获利
适用于趋势投机，但是需要上方有一定的空间来冲锋	适用于价值投机，需要下方有一个坚实的后盾
可能经常会亏损，但一旦盈利就是大盈，对投资者的心态要求较高	亏损的可能性较小，但一旦亏损就是大亏，对投资者的风险管理水平要求较高

从表7—3可以看出，两种加仓方法各有优劣，关键看投资者的个人情况，以及在什么情况下使用。

我国股市具有"涨起来疯涨，跌起来狠跌"的特点，同时很多投资者还比较缺乏风险意识，或者风险控制水平不高，如果采用越跌越买的方式，其结果往往是越套越深，等真正的底部到来时，已经没有资金抄底了。

正是鉴于这种情况，所以建议大家尽量不要采用逆势加仓，而应多采用顺势加仓，即乘胜追击，"买涨不买跌"。投资者应该遵循这样的原则：当个股行情已经明确出现上涨趋势，此时进行第一次买入；第一次买入后，如果股价的上涨趋势得到巩固和确认，投资者可以加仓买入。

7.2.2 两大买点：突破与回抽

在一些突破上涨的形态中，"突破"表示趋势正式开始，"回抽"则是对之前突破的确认。因此，我们可以将"突破"作为初次的买入条件，"回抽"作为加仓买入的条件。

(1) 突破前期高点后回抽

如图7—1所示，2009年2月9日，上海普天（600680）股价突破前期多次上涨的高点，这是一个买入信号。看到这个信号，投资者可以买入股票。股价上涨几个交易日后小幅回抽。这是对之前突破行情的确认。2月19日，股价回抽到前期高点位置获得支撑反弹。这时投资者可以加仓买入股票。

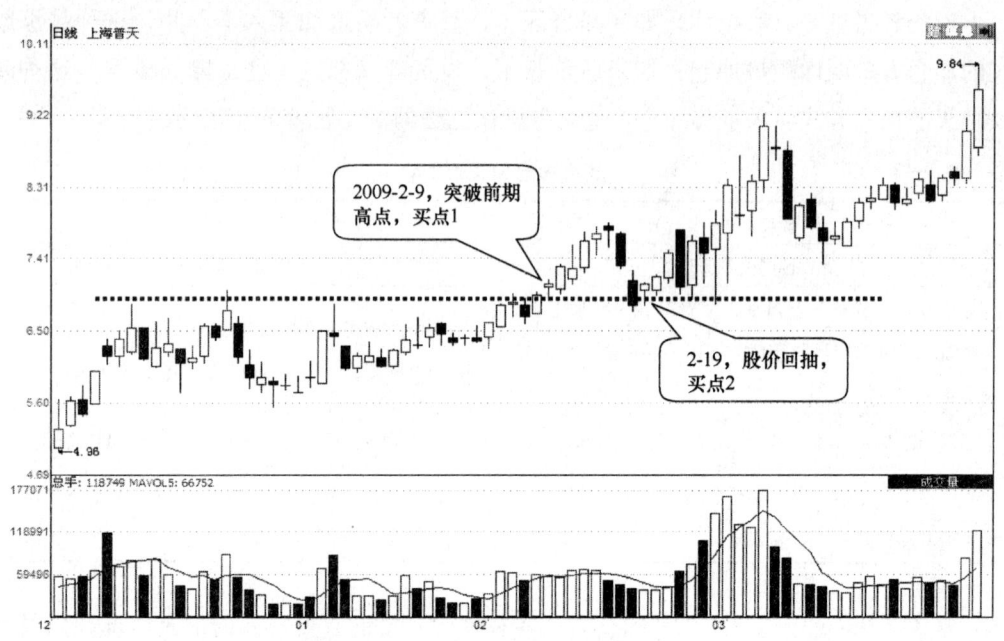

图7—1 上海普天日K线

(2) 突破趋势线后回抽

如图7—2所示，2009年5月至9月，伊利股份（600887）股价一直处在一个缓慢的上升趋势中。9月7日，股价突破趋势线。此时投资者可以买入股票。9月21日，股价回抽到前期趋势线附近获得支撑。此时投资者可以加仓买入。

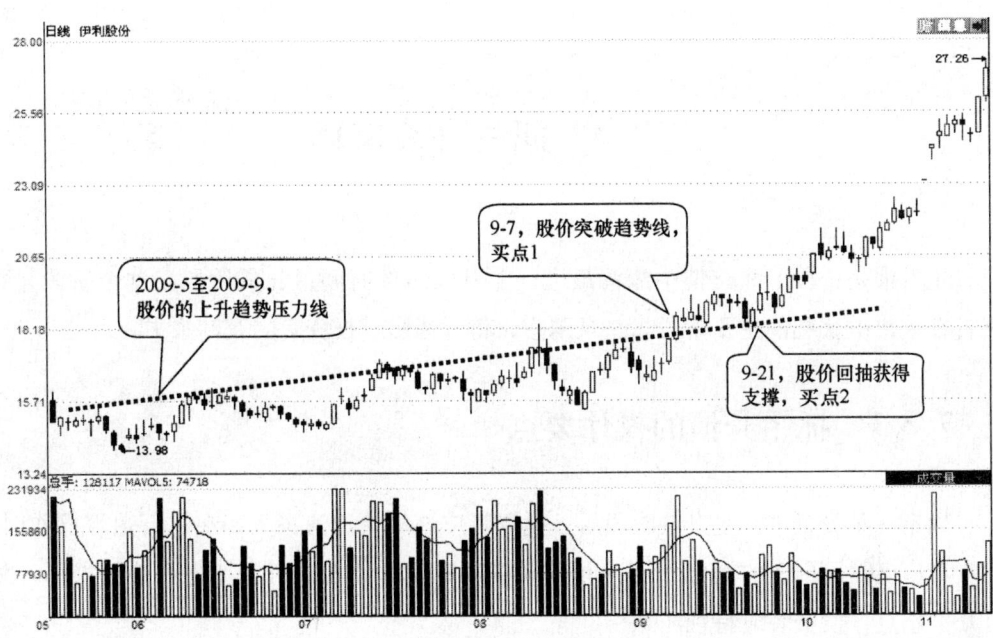

图7—2 伊利股份日K线

7.3 抓主升浪技巧

主升浪是一段上涨行情中涨幅最大，上升的持续时间最长的阶段。这个阶段是投资者在牛市中获利的主要阶段。一旦踏空，将大幅影响投资者的获利水平。

7.3.1 抓主升浪的操作要点

确定一只股票进入主升浪阶段后，投资者应该尽快追涨买入。在进行追涨操作时，投资者应该制订周密的操作计划，并且严格按照操作计划执行。抓主升浪的操作计划有几大重点，投资者应特别注意。

（1）不再关注基本面指标

在抓取主升浪时，投资者不应该再拘泥于股票市盈率、市净率和成长性等基本面因素，而是应该多关注市场资金的流向。经过大幅上涨，有些股票的市盈率可能达到几百倍，但这并不影响其长期的上涨趋势。只要股票受到资金的追捧，投资者就可以大胆追涨买入。

另外投资者还应该注意，在主升浪中股价大幅上涨，KDJ 和 RSI 等超买超卖指标会有钝化的情况。这时投资者并不应该再死板地按照这些指标的买卖信号操作。

（2）合理控制仓位

投资者即使十分看好后市行情，也不适合去满仓追涨。更加稳健的操作模式是先建立大约 2/3 的仓位，剩余 1/3 的资金可以看后市行情强弱进行灵活的高抛低吸操作。

（3）设定盈利目标

追涨的过程中，投资者需要依据市场行情的变化设定盈利目标，设置目标时要考虑到市场的具体环境特征，从市场的实际出发，洞察行情的根本性质，大致分清行情的类型，研判行情的上涨攻击力，并根据这些因素最终确定盈利目标。到达盈利目标位时，要坚决止盈，这是克服贪心和控制过度追涨的重要手段。

（4）严格控制风险

在追涨操作前，投资者就应该确定好止损计划，并且在买入后绝不更改。由于追涨操作相对风险较大，所以对止损位的把握尤为重要。一旦大盘反复震荡或个股滞涨，投资者要保证自己可以全身而退。

除了设定一个严格的止损位外,投资者在买入股票后还需要关注大盘行情,判断市场上的整体风险。当市场上风险加大时,即使个股依然强势,投资者也应该适当卖出股票。

7.3.2 跟主力抓主升浪

按照目前国内的情况,即使大量散户聚集在一起也无法拉升起一波主升浪。只有基金、QFII、社保基金、券商、游资等才有能力在市场上兴风作浪。他们就是股市的"主力"。所有在一段时间内能持续大幅上涨的股票都是由这些主力推动的。

主力进场吸纳股票后,市场上流通的筹码减少了。即使他们持股不动,股价也会自然上涨,但涨幅不大。一旦主力看好启动时机,开始向上拉升,股价就会开始一波主升浪。对普通投资者来说,要想跟随主力抓主升浪,必须寻找有主力进入的股票。具体操作时投资者可以重点把握以下三个形态。

(1)底部有明显成交量堆积

在股价持续下跌一段时间后的底部,成交量往往会持续萎缩。如果这时有资金开始进入,则表示主力正在建仓买入股票。当大量股票被主力持有后,市场上的流动筹码会相对减少。此后如果成交量逐渐减少,则标志着主力建仓基本完成。对于走出这种形态的股票,投资者应该重点关注。

(2)K线在底部缓慢上涨

当K线在股价运行的底部缓慢上涨时,是筹码已经被高度锁定的信号。这种形态经常会表现出以下三个特点。

第一,K线图中的阳线多、阴线少。股价忽高忽低。但从整体上看,其底部在逐渐升高。

第二,分时图中的股价线也是起伏不定,而且经常在水平或者垂直移动。每档买卖盘口之间的差距也比较大,有时会相差几毛钱。

第三,每天的成交量都极度萎缩,换手率保持在1%左右。

在这种情况下,投资者可以确定筹码已经被主力高度锁定。当成交量放大、股价有加速上涨的迹象时,表示主升浪即将展开。这时投资者可以买入股票。

(3)移动平均线由相互纠缠变成多头排列

当股价在底部区域波动时,移动平均线往往会在底部反复纠缠。这是后市行情还不明朗的信号。当短期均线率先上涨,中期均线和长期均线也先后向同一方向运行时,移动平均线会逐渐发散成多头排列的形状。这是上涨行情出现,主升浪即将展开的信号。

7.3.3 跟热点抓主升浪

(1) 寻找炒作题材

在整个大盘上涨过程中，总会有一些股票连续上涨、上涨动能十足。它们的表现远强于大盘，是整个市场上的明星股票。这些股票如果处于同一地域、同一行业或者拥有同一题材、同一概念，相互之间就会产生联动效应。于是，热点板块就形成了。

热点板块一旦形成，羊群效应就出现了。除去几只龙头股外，热点板块中其他股票也有望出现较大幅度的上涨。其中绝大多数股票的表现都会强于大盘。板块内的股票持续上涨、持续赚钱，也就持续吸引更多投资者不断跟进。大量投资者的买入继续推动股价上涨，从而在K线图上就出现了主升浪。

对于投资者来说，只要能够发现市场上的热点板块，抓住有利时机介入，就等于抓住了主升浪。那么，投资者怎样在市场热点中分辨孕育主升浪的板块呢？一般来说，热点板块通常会有大量资金介入、有政策性的利好、有某种新概念或者业绩的提高、或者有价值重估等重大事件作为依托。

(2) 关注板块轮动

在大盘持续上涨的牛市中，虽然许多股票都在上涨，但那些紧跟大盘上涨趋势随波逐流的股票，其涨幅往往会落后于大盘。如果投资者不慎选中这种股票，所获得的收益会十分有限。因此，投资者应该把关注的重点放在寻找热点板块上，紧紧地跟上热点板块。

另外，在一轮牛市中，市场上受到追捧的热点板块也会不断变化。当热点板块轮动时，投资者也要把握好这种调整的节奏。

例如在2010年的股市中，最早领跑的热点是海南板块。其龙头股是罗顿发展（600209）。7月开始，市场热点轮换到锂电池概念。这次领涨的股票是成飞集成（002190）。9月，热点再次轮换，有色金属成为热点板块。领涨的股票也变成了广晟有色（600259）。如果投资者能够抓住一年中的这几次炒作机会，即使在大盘不温不火的这一年中也有望获得不错的收益。

7.4 追击涨停板

投资者在追击涨停板时,应该按照"不封不追"的原则,只有到达涨停价位才追。投资者可以选择在涨停价格的卖一刚刚为零时,也就是买单刚刚将涨停价格上的卖单全部吃掉时,迅速挂单排队。很多时候,股价封涨停并非一蹴而就,投资者也可以选择股价在涨停板位置反复震荡的过程中,逐步挂单买入。

当然,在有些时候,股价的涨停封得很牢,短线投资者虽然及时挂单,但是仍然可能无法成交。当碰到这种情况时,投资者可以去选择同板块其他品种,或是其他的短线强势股。

下面我们通过一些实战案例,来说明在分时走势中如何把握涨停股的买入时机。

7.4.1 快速出击抢龙头

当某个板块受到市场热炒时,第一个涨停的股票,往往就是该板块的龙头品种。因此短线投资者如果要炒作龙头股,就要密切注意板块所有个股的分时走势。对于第一个冲击涨停板的品种,投资者要尽量在第一时间追击涨停板。

如图7—3所示,2010年10月8日,国阳新能在开盘后快速冲击涨停。在股价刚

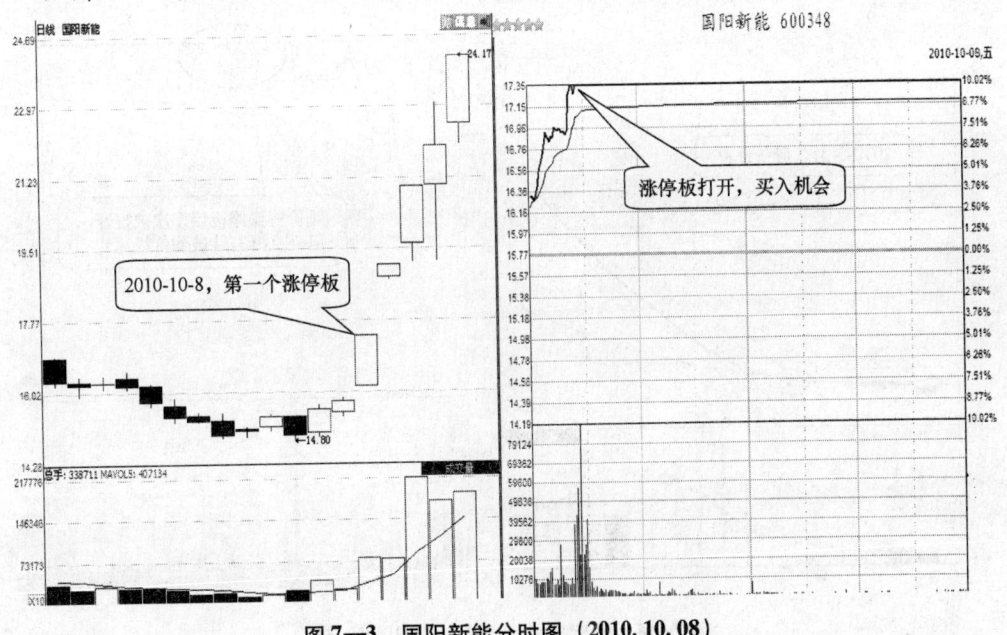

图7—3 国阳新能分时图 (2010.10.08)

刚触及涨停板时,投资者就可以追高买入。这样可以趁涨停板打开的机会买入股票。在这时买入,投资者可以赚取之后几个涨停板的收益。

如果投资者没能及时追涨停买入国阳新能,则可以考虑购买其他煤炭股票。这之后一周,整个煤炭板块的走势都十分强势。

7.4.2 涨停洗盘不用慌

如果一只股票在盘中一度涨停,但是始终无法牢牢封住涨停,而是封住又打开,打开又封住,从盘面上看总是有大量抛盘出现。此时短线投资者可能会担心主力在涨停板上出货,纷纷选择保持观望或者卖出股票。而主力往往会反过来利用投资者这种心态,借助涨停板打开的机会洗盘。其目的是抬高投资者的平均持股成本,准备继续拉升股价。

因此,如果一只股票涨停后涨停板又被多次打开,投资者不必惊慌,只要股价不跌破均价线就可以继续持有。如果股价跌破均价线,则投资者应该卖出部分股票回避风险。

如图7—4所示,2010年3月31日,国际实业(000159)股价开盘后迅速上涨并封上涨停板。虽然之后涨停板多次被打开,但股价一直没有跌破均价线。这时投资者不必惊慌,可以稳定持股。此后的行情证明这次涨停板未能封牢只是主力在刻意洗盘。经过短暂的调整后,股价又有了较大幅度的上涨。

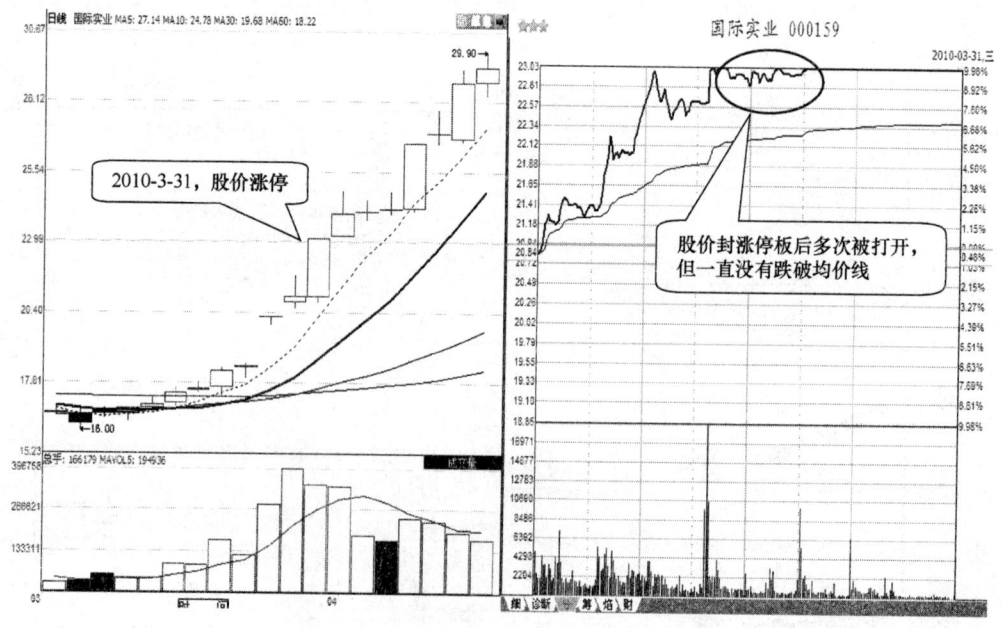

图7—4 国际实业分时图(2010.03.31)

如图7—5所示，2010年9月1日开盘后，成飞集成（002190）股价快速封上涨停板。但是在中午收盘前，股价出现跳水走势，跌破了均价线同时下跌到开盘价附近。之后股价反弹到均价线上时又持续遭到阻力。虽然最终股价以涨停收盘，但盘中的快速下跌说明市场行情已经变弱。收盘前，投资者最好在涨停板上卖出部分股票。

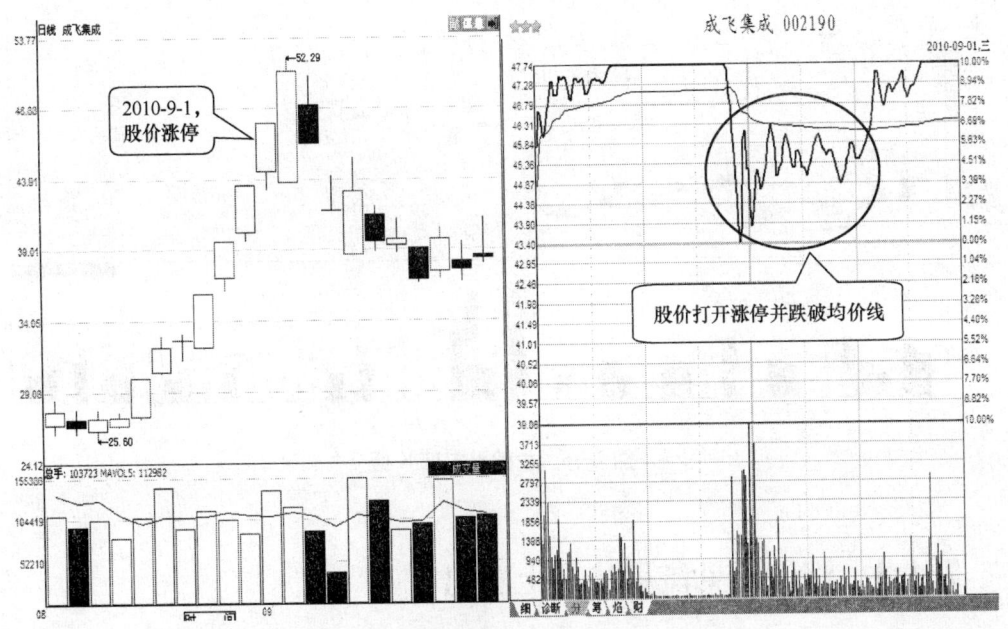

图7—5　成飞集成分时图（2010.09.01）

7.4.3　大盘股涨停果断追高

当中小盘股票涨停时，如果投资者贸然追涨停买入，需要冒比较大的风险。因为这种涨停很可能是庄家的诱多陷阱。可能投资者刚在涨停板上挂单，股价就被打回原形。

与中小盘股票相比，投资者追涨停买入大盘股的风险就要小得多了。一只大盘股如果被封在涨停板上，这绝对不可能是少数游资或者单个机构造成的。必须要多家大机构共同配合才能守住。这些大机构之所以努力将股票封上涨停，无疑就是其判断市场已经具备了向上的能力。

如图7—6所示，2009年6月1日，中国平安（601318）股价涨停。这种大盘股涨停说明市场上的众多机构同时看好后市。看到这种形态，投资者可以追高买入。

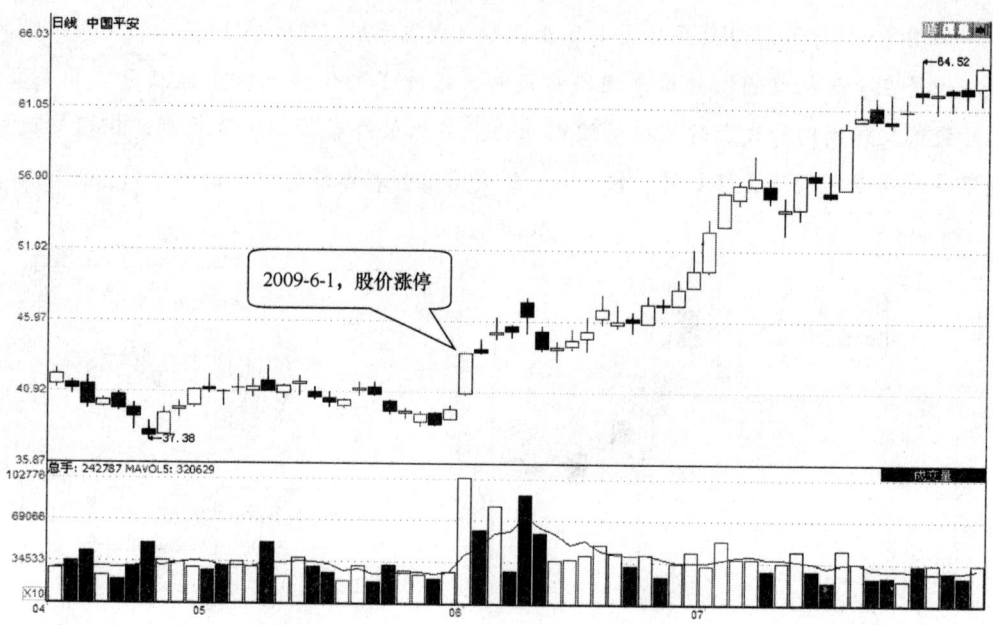

图7—6 中国平安日K线

7.4.4 涨停后见流星线马上卖出

在股票涨停板后的第二个交易日,如果股价跳空高开,同时成交量急剧放大,这时投资者一定不要追高。特别是经过一段时间波动后,如果K线形态变成十字线,就表示上升的动力严重不足,上方抛盘十分强大。之前的涨停很可能是主力的诱多陷阱。这种情况下,投资者应该尽快卖出手中的股票。

如图7—7所示,2010年5月21日和24日,西藏城投(600773)股价连续涨停。25日,成交量大幅放大。同时这天的股价也反复波动,在顶部形成一个放量的十字线。这个形态说明上方的抛盘压力十分巨大,而股价上涨的动力并不充足。之前两个交易日的涨停很可能是主力的诱多陷阱。这样的情况下,投资者应该尽快将手中的股票卖出止损。

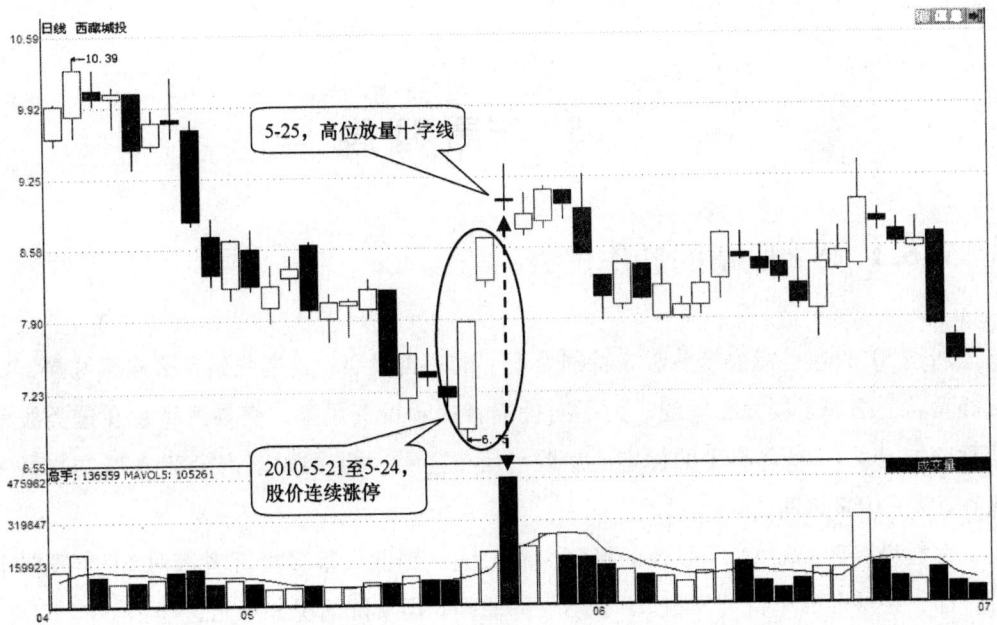

图7—7 西藏城投日K线

7.5 布局 ST 股

7.5.1 ST 股票的炒作优势

所谓 ST 股票是指被交易所"特别处理"的一类股票。这类股票要么连续亏损,要么经营状况出现了较大的问题。为了向投资者提示投资风险,交易所特意在这类股票简称前加上了 ST 或者 *ST 的标志。从股市历史上看,ST 类股票占全部 A 股的数量大概在 5%~10% 之间。

多数投资者都知道 ST 股票的投资风险较大。因此,很多投资者都对 ST 类股票十分排斥,在炒股时坚持"不碰 ST 股票"的原则。但实际情况并不是这样。

图 7—8 分别列举了 2009 年和 2010 年上半年沪深两市所有股票中跌幅前十位的股票。其中只有 *ST 关铝一只属于"ST 类"股票,占比例很小。由此可以看出,ST 股票虽然在经营或者业绩上有一定问题,但这并不说明 ST 股就一定会大幅下跌。投资者对股票的分析一定要理智客观,不要有心态上的偏见。

	2009 年沪深两市跌幅排名			2010 年 1-6 月沪深两市跌幅排名		
序号	代码	名称	阶段涨幅↑	代码	名称	阶段涨幅↑
1	600187	国中水务	-29.67%	000831	*ST关铝	-56.34%
2	002312	三泰电子	-28.90%	600491	龙元建设	-55.26%
3	601668	中国建筑	-27.84%	600231	凌钢股份	-55.06%
4	002319	乐通股份	-25.67%	000898	鞍钢股份	-54.96%
5	002318	久立特材	-24.42%	600837	海通证券	-52.29%
6	002313	日海通讯	-23.46%	600596	新安股份	-51.38%
7	601107	四川成渝	-22.51%	002110	三钢闽光	-51.36%
8	002275	桂林三金	-22.39%	600159	大龙地产	-51.22%
9	601618	中国中冶	-21.90%	000932	华菱钢铁	-50.85%
10	300027	华谊兄弟	-21.81%	600393	东华实业	-50.00%

图 7—8 沪深两市跌幅排名

其实,ST 股有其独到的特点。例如 ST 类股票每个交易日的涨跌幅都是 5%,这就使得这类股票很容易连续的涨停或者跌停。当出现连续的涨停时,市场上会出现狂热的气氛。这将推动股价有更大的涨幅。与之对应,当股价连续跌停时,市场上就会出现恐慌气氛，这将打压股价持续的下跌。因此，在每轮行情中，ST 类股票的波动幅度都要超过同类型的其他股票。

图 7—9 分别列举了 2009 年和 2010 年上半年沪深两市所有股票中振幅前十位的股票。其中有四只 ST 类股票。这个比例要高于前边跌幅排名中的情况。

	2009 年沪深两市振幅排名			2001 年 1-6 月沪深两市振幅排名		
序号	代码	名称	阶段振幅↓	代码	名称	阶段振幅↓
1	000631	顺发恒业	2113.68%	000776	广发证券	329.36%
2	000570	苏常柴A	740.62%	000017	*ST中华A	181.87%
3	600146	大元股份	689.88%	600209	*ST罗顿	172.38%
4	600537	海通集团	652.62%	000049	德赛电池	169.04%
5	000540	中天城投	649.96%	002310	东方园林	152.78%
6	600139	西部资源	645.35%	000703	*ST光华	140.92%
7	000519	江南红箭	643.36%	002294	信立泰	132.57%
8	000078	海王生物	618.97%	300002	神州泰岳	131.07%
9	600562	*ST高陶	597.74%	600552	方兴科技	130.81%
10	600481	双良节能	559.71%	300015	爱尔眼科	124.83%

图 7—9　沪深两市振幅排名

通过前边的分析，我们可以有个比较清楚的认识：ST 类股票容易出现暴涨暴跌的行情。但平均起来看，市场上所有 ST 类股票的平均表现并不一定比其他股票差。如果投资者能够利用好 ST 类股票股价波动较大的特点，有望获得比其他股票更高的收益率。

7.5.2　ST 股票的摘帽条件

ST 类股票摘帽的条件如表 7—4 所示。

表 7—4　　　　　　　　　　ST 股票摘帽的条件

（1）年报必须盈利；

（2）近一个会计年度的股东权益为正值，每股净资产高于股票面值；

（3）最新年报表明公司主营业务正常运营，扣除非经常性损益后的净利润为正值；

（4）最近一个会计年度的财务报告没有被会计师事务所出具无法表示意见或否定意见的审计报告；

（5）没有重大会计差错和虚假陈述，未在证监会责令整改期限内；

（6）没有重大事件导致公司生产经营受严重影响的情况、主要银行账号未被冻结、没有被解散或破产等交易所认定的情形公司应当自收到最近年度审计报告之日起两个工作日内向本所报告并提交年度报告，同时可以向证券交易所申请撤销特别处理。

满足摘帽条件的股票，在年度报告公布后，经董事会申请和交易所批准，即可"摘帽"。从公布年报（同时申请摘帽）到实施摘帽，时间间隔一般为一个月左右。

7.5.3 ST股票的技术分析技巧

ST类股票的走势与其他股票有所不同。投资者在技术分析时，应该注意ST类股票的走势特点，运用专门的技术分析技巧。常用的ST股票特殊技巧有以下两种。

（1）低价区第一次跳空涨停

当股价在下跌一段时间后的低价区域出现第一次跳空涨停时，投资者就可以考虑在之后一个交易日追高买入。股价在涨停时拉升地越干脆、之后的涨停封板越稳固，则该形态的看涨信号就越强烈。

如图7—10所示，2009年9月4日，*ST东碳（600691）股价跳空涨停。这是股价结束横盘整理，即将开始上涨行情的信号。看到这个信号，投资者可以在随后一个交易日追高买入股票。

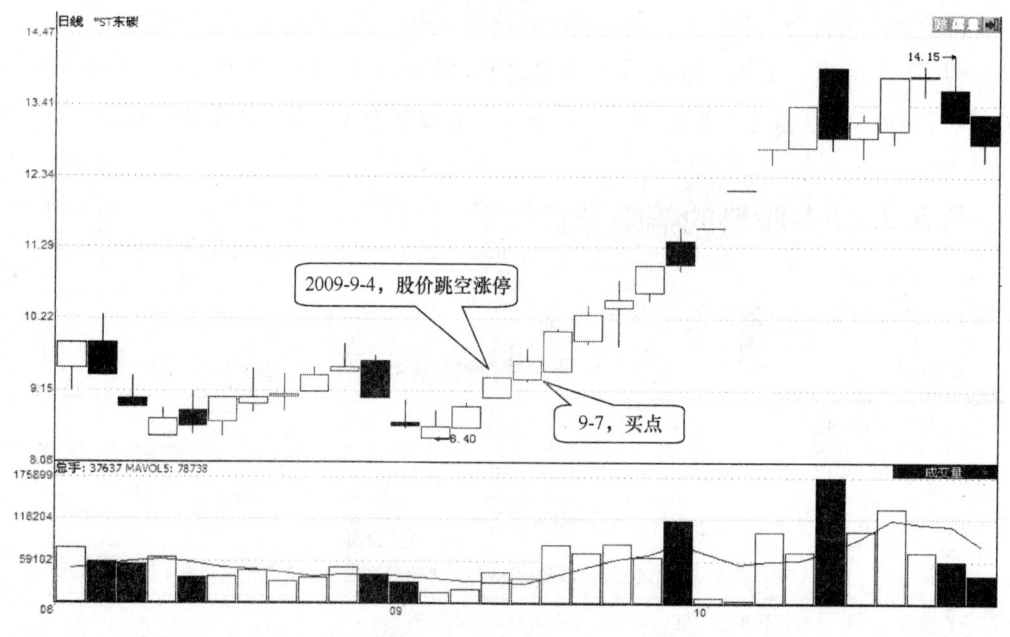

图7—10　*ST东碳日K线

(2) 一手遮天形态

这是一个ST类股票特有的K线组合形态。股价在刚刚开始上涨时连续两个交易日涨停。第一个交易日涨停时有较长的阳线实体。第二个交易日则是直接一字涨停。出现这个形态后，投资者可以直接追涨买入。未来股价还有望出现连续多个涨停。

如图7—11所示，2009年1月14日和15日，*ST烽火（000561）股价连续两个交易日上涨。其中第一个交易日涨停有较长的实体，之后一个交易日股价一字涨停。这两个交易日的K线组成了一手遮天的K线形态。这是股价会持续上涨的信号。看到这个形态后，投资者可以在随后几个交易日追涨停买入。

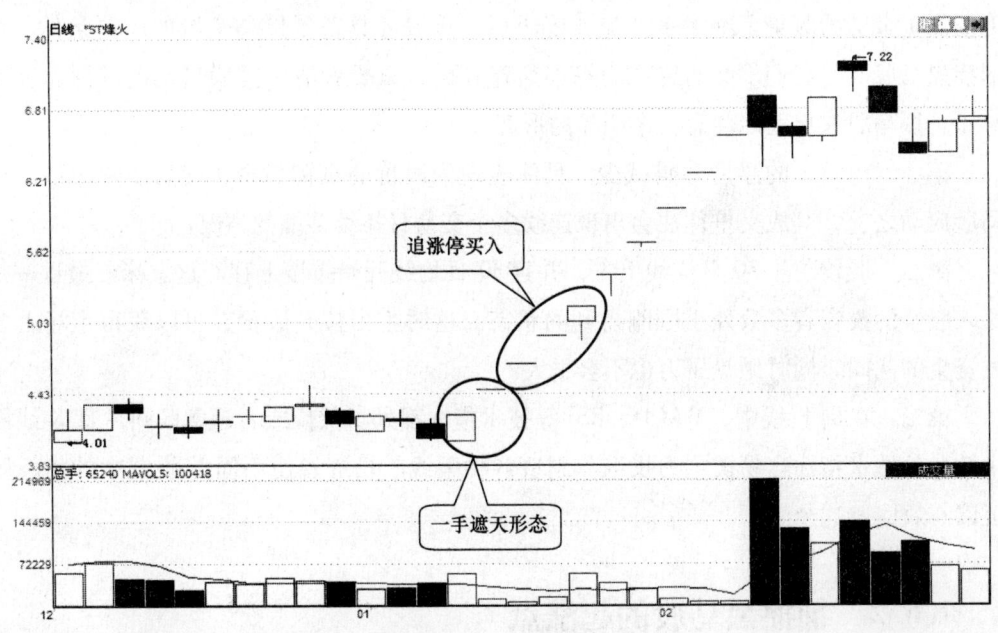

图7—11　*ST烽火日K线

7.6 捕捉黑马股

7.6.1 捕捉黑马股的特殊形态

黑马股是指那些并没有被市场普遍看好，但是在短期内取得了较大涨幅的股票。

黑马股的启动不是偶然的，其中必然有主力资金推动。在黑马股启动之前必然有主力的大规模建仓过程，或是长时间的隐蔽建仓，或是快速的放量拉高建仓。只有主力依靠资金实力收集了绝大多数流通筹码后，该股才具备了黑马个股的前提条件。在捕捉黑马股时，我们不必研究主力是如何建仓的，只要看清黑马股启动前的形态就足够了。黑马股在启动之前有三个明显的形态。

第一，市场上的浮动筹码减少。具体表现为股价的震幅趋窄，交易非常清淡。黑马股启动之前，其成交量往往会出现连续多个交易日持续萎缩的情况。

第二，股价位于 30 日均线上方，并且 30 日均线开始缓慢上移。这意味着最近一月买入股票的投资者多数处于刚刚盈利的状态。这时主力拉升股价，可以获得市场上多方资金的认同，同时抛盘压力也不会很大。

第三，在周 K 线中，MACD、RSI 等技术指标都处于低位或者超卖区间。日 K 线图中的各种技术指标容易被主力操纵，制造各种骗线。投资者使用周 K 线图中的指标则可以有效回避这个问题。

7.6.2 捕捉黑马股的起涨点

如果投资者能准确判断黑马股的起涨点，在主力拉升的同时买入，自然可以获得不错的收益。但这样操作的风险是比较大的。许多股票明明出现了启动的迹象，但这只是主力的诱多陷阱。当投资者买入股票后股价会持续下跌。

为了降低操作风险，投资者可以等到主力拉升一段时间后，上涨趋势确立时再买入股票。这样操作虽然放弃了"鱼头"部分的收益，但买入股票后的风险大大降低了。在选择已经进入上涨行情的黑马股时，投资者可以参考以下三步。

第一步，在涨幅榜中选择目标股。

投资者可以经常翻阅沪深两市的涨幅榜。在大盘上涨的基础上，表现能超过大盘 2%～3% 左右的股票就有可能是刚刚启动的黑马股。

在选择一个大范围后，投资者可以继续观察个股的均线、价位区间和成交量几个指标。如果一只股票的股价在 30 日均线上方、30 日均线缓慢上行、同时股价处于相对的低位、成交量逐渐放大，则投资者就可以将其作为重点观察对象。

第二步，观察盘口。

通过第一步划定一个大致的范围后，投资者就可以观察个股买卖盘口中主力的运作迹象。市场主力的资金量很大，其买卖股票时肯定会在盘口上留下痕迹。

例如上档挂出的卖单非常大，但无论挂出多大的卖单也会有相应的大手笔主动性买盘涌入，将挂单吃掉，随后上档又有大手笔卖单挂出，又有买盘将其吃掉。在如此反复过程中股价持续上涨。这就是典型的主力拉升股价形态之一。

第三步，逢低吸纳。

当确定主力在向上拉升股价时，投资者就可以逢低买入股票。往往黑马股启动时股价运作都非常流畅，股价快速扬升而缓慢回调。投资者可以趁股价回调时介入。一般而言，股价在分时图中不会跌破当天均价线。当股价在均价线上获得支撑时，投资者就可以买入股票。

7.7 "T+0"操作技巧

"T+0"交易制度和"T+1"交易制度的区别表现在:前者当天买入,当天就能卖出获得资金;后者当天买入后必须等到下一个交易日才能卖出获得资金。

买卖过股票的投资者都知道,国内现行的是"T+1"交易制度。例如投资者买入1 000股深发展A的当天,持股账户中会显示如图7—12所示。图中冻结数量1 000股和可用余额0股说明投资者刚刚买入的1 000股股票还不能卖出。

证券代码	证券名称	股票余额	可用余额	实际数量	冻结数量
000001	深发展A	1000	0	1000	1000

图7—12 股票买入后被冻结

如图7—13所示,当投资者买入股票过一个交易日后,持股账户中就会变成可用余额1 000股,冻结数量0股。这说明上个交易日买入的股票这时可以卖出。

证券代码	证券名称	股票余额	可用余额	实际数量	冻结数量
000001	深发展A	1000	1000	1000	0

图7—13 下一个交易日股票可用

在"T+1"交易制度下,如果投资者手中既有股票,又有资金,那么就可以变相地实现"T+0"操作。根据交易方向不同可以分为顺向"T+0"和逆向"T+0"两种。

7.7.1 "T+0"交易要点

"T+0"操作的好处在于不改变原有现金股票比例的情况下,充分利用盘中波动赚取差价利润。但由于盘中波动随机性最大,非常难以把握,而且需要较大的波动空间才能盈利,因此可交易机会实际上并不多。

如果频繁地进行"T+0"操作,往往许多的交易结果都不理想,要么是成本越来越高,要么是丢了股票踏空行情。总之,除非有足够把握,否则不建议投资者进行"T+0"操作。

投资者在进行"T+0"操作时需要把握7个要点。

要点1:"T+0"必须建立在对个股长期观察的基础上,要求投资者非常熟悉个股的股性。

要点2：投资者必须能够全天看盘，盯紧行情走势。

要点3：投资者需要有较高的短线操作经验和快速的盘中反应能力。

要点4："T+0"属于超短线，交易时要快，不仅分析要快，决策要快，下单也要快。

要点5：切忌贪心和犹豫，一旦有所获利，或者发现股价遇到阻力，立刻就落袋为安。

要点6：判断好当天的大盘和个股走势的波动和强弱，确保波动幅度能使"T+0"操作有充分的获利空间。

要点7：严守交易纪律。既然是做"T+0"操作，那么一定要当日完成，切忌因为交易不顺利或者没有达到预期目标而不进行后面的补回环节。

7.7.2　跌停板上"T+0"操作

当大盘出现剧烈的上涨和下跌，有时个股的反应会有所滞后，此时可以利用这种滞后效应进行"T+0"交易。

如图7—14所示，2010年10月19日，*ST高陶（600562）以跌停价格开盘。开盘后成交量持续放大，同时大盘也逐渐泛红。这时跌停板有打开的迹象，出现"T+0"操作机会。此时如果投资者手中既有资金也有股票，可以在跌停板上买入与原来持有数相等的股票。

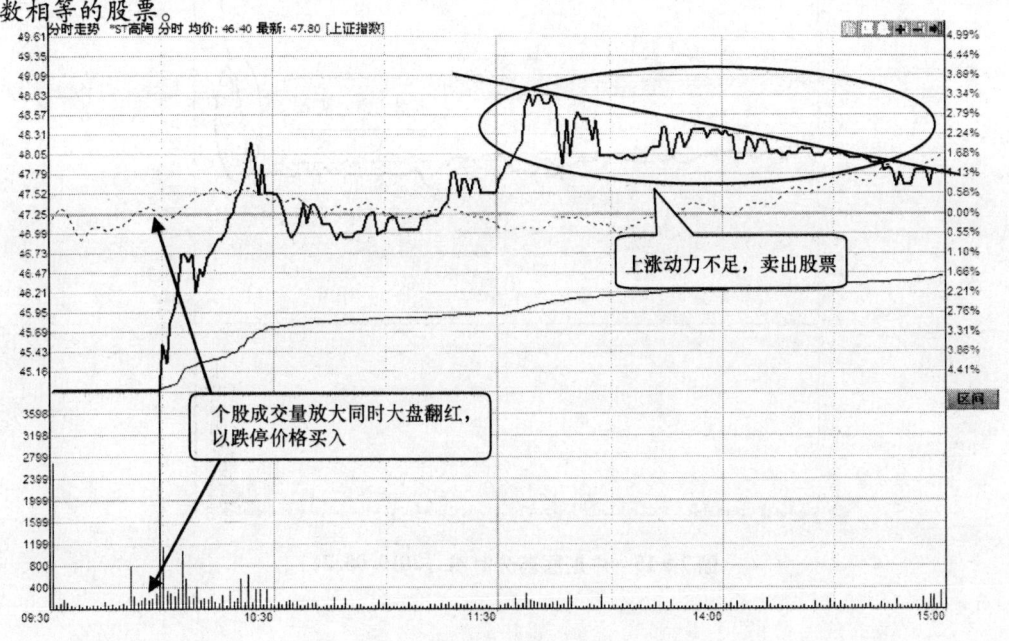

图7—14　*ST高陶分时图（2010.10.19）

开盘半小时后，*ST 高陶打开跌停。之后股价继续上涨。下午开盘后，股价走势开始变弱，出现一顶比一顶低的行情。这是股价上涨动力不足的信号。在此过程中，投资者可以找机会将原来持有的股票卖出。

7.7.3 交易在日内完成

"T+0"交易有一个重要原则，就是根据各种可能的情况订好计划，并在交易过程中严格按照计划执行，切忌跟随走势变动，随意更改计划或不按照计划执行。投资者必须保证当天的交易当天完成。

如图 7—15 所示，2010 年 8 月 31 日开盘后，中汇医药（000809）股价持续横盘整理。下午收盘前，股价突然放量上涨。如果投资者手中既有资金也有股票，这就是一个难得的"T+0"交易机会。投资者可以趁股价放量上涨初期买入股票，临近收盘时将原持有的股票卖出。投资者应该注意的是，当日买入股票后必须要在收盘前将原来的股票卖出。在这一天尾盘拉升后，中汇医药股价低开低走。投资者很难再有更好的卖出机会。

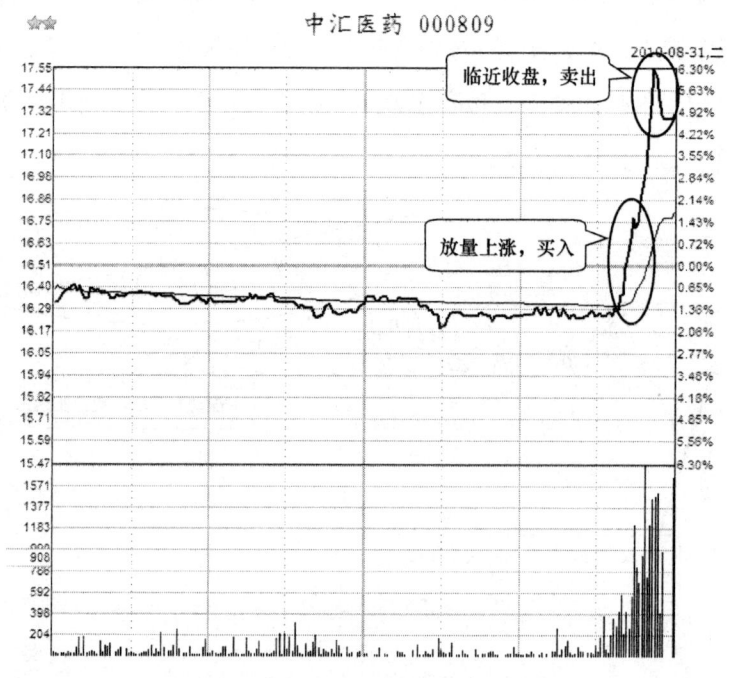

图 7—15　中汇医药分时图（2010.08.31）

7.8 解套技巧

对于套牢,最好的应对办法就是避免套牢。很多投资者会说:"谁不知道啊!关键是怎么避免套牢?"避免套牢实际上很简单:买入前设好止损位,跌破止损位就出局。

如图7—16所示,2010年2月至3月,鹏博士(600804)股价多次在同一根直线上获得支撑反弹。如果投资者认为这根支撑线有效,可以趁3月30日股价第三次下跌到支撑线位置时买入股票。同时可以将止损位设定在这根直线上。

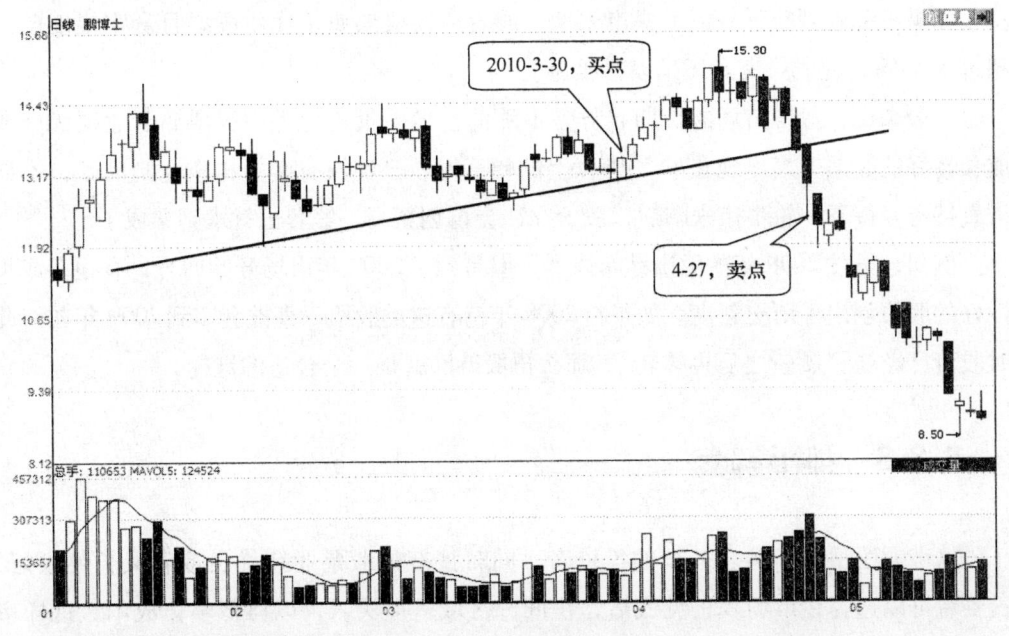

图7—16 鹏博士日K线

4月27日,股价跌破了止损线。此时投资者应该将手中的股票卖出。这样操作虽然会承受小额亏损,但能够有效地避免被更深的套牢。

如果没有设定止损,或者虽然设定了止损但没有执行,最后导致套牢,投资者就会非常被动。不过在套牢后投资者也不必惊慌,可以参考以下四种方法尝试弥补。

7.8.1 割肉解套

这一方法在熊市初期比较适用,尤其是当投资者在牛市顶部时,追涨那些疯狂炒作的股票被套，此时应该立即割肉离场，不要对后市抱有任何幻想。因为一轮熊市最终的跌幅，往往会非常惨烈，经常会超过大多数投资者的预期。一旦判断熊市来临，不要心疼损失，马上止损卖出。

有些投资者被套牢后，往往喜欢等反弹的时候再卖。但是从多年观察的情况看，大部分人都面临两种结局。一种是反弹迟迟不来，股价继续下跌，后边终于有了反弹，但是价格还不如当时的价格高；另一种是，反弹价格的确高了一些，但是投资者觉得会有更高的价格，所以舍不得卖出，结果错失了良机。

7.8.2 捂股解套

如果投资者判断已经到了熊市末期，或者所持股票属于优质股票且套牢幅度已经超过了50%，此时投资者还是以捂股为上。

一般来说，股票市场的长期趋势是上涨的，如果投资者手中股票属于业绩优秀或成长性好的股票，当出现套牢50%以上的幅度时，已经没有必要再斩仓割肉了，不如一直持有。待下一轮牛市来临后，股价往往会再创新高，解套也就水到渠成了。

例如，虽然2008年的熊市跌幅惨烈，但是到了2009年市场开始回升，有很多成长性好的股票创出了历史新高。如果在2008年持有这类股票一直被套牢到2009年初。此时股价已经被"腰斩之后再腰斩"，那么捂股待涨就是一个合适的选择。

7.8.3 摊平解套

这个方法适用于轻仓被套的投资者，同时持有的股票业绩优良或者成长性很好。投资者可以选择在市场真正见底后，在低价区域追加买入，以摊低整体成本。这样市场回升之后，可以实现解套。

投资者使用这一方法时需要对趋势有一个准确的把握。现实中，经常有投资者为了摊低成本，不顾市场大势如何，只是一味地越低越买，结果是越套越深。因此，即使摊平解套也要有个度。第一次买入亏损后可以继续买入摊平成本。但如果摊平成本后继续被套牢，则应该尽快卖出股票。

7.8.4 滚动操作解套

这一方法在各个市场行情中均适用，但是对投资者的交易能力要求较高。投资者必须有充足的时间和精力，并对大盘或个股的波段趋势有准确判断之后才能选择这种解套方法。

不论股价上升还是下跌，均有解套的波段机会，对应的也有向下滚动和向上滚动两种操作方式。

（1）向下滚动操作

投资者如果判断股价短期内将继续下跌，就可以卖出股票，待股价下跌后在低位补回。如此的反复操作，可以降低成本，实现解套。

（2）向上滚动操作

投资者如果判断股价在短期内有小幅反弹，就可以买入部分股票，待股价上涨后在高位抛出。如此反复进行，也可以实现解套甚至能略有盈余。

另外，在滚动操作中为了降低风险，投资者可以使用分批交易的方法，不要一次性全部卖出或买进。

第 8 章

新股民应避免的 9 个错误

8.1 迷信内幕消息

对内幕消息的偏好是许多新股民的通病。通常新股民都认为只有自己和极少数人才知道这个内幕消息，然后根据这个内幕消息操作就能获得大利。这是一种不劳而获，期望天上掉馅饼的白日梦。最终的结局只有亏损。当我们按照内幕消息买入股票时，很可能是市场上"消息灵通"的一群人出货的时候。

进入股市后，朋友、同事都经常会给我们一些小道消息。他们的用意可能是好的，但却有失客观性。庄家很常用的伎俩是"助涨然后下泻"。内幕消息发布者会在短时间内将小道消息透漏给中小股民。部分迷信消息的投资者会在同一时间购买。股票价格开始被推动而上涨，也就是助涨。股价一上涨就会有许多对消息将信将疑的人买入，股价会继续上涨。上涨到最后，开始完全不相信内幕消息的那些人也会跟风买入。一段时间过后，股价上升到一个历史新高。在这个时候，消息发布者就会抛出自己持有的股票以获取巨额利润。然后股价开始下跌，市场上出现恐慌性抛盘，股价下跌速度越来越快。经过疯狂的下泻后，留在股民手中的只是一堆不值钱的垃圾股。

丁阿姨的儿子在某机构做"操盘手"。每隔一段时间，儿子总会发短信给丁阿姨，让她买入或者卖出某只股票。但是经过一段时间后丁阿姨发现，自己的"老鼠仓"居然在大牛市中亏损了半数本金。儿子给的自然是货真价实的"内幕消息"，丁阿姨对此十分不解。其实，机构的操盘计划只有内部为数不多的几个人知道。像丁阿姨儿子这种操盘手只能"盲人摸象"，难以窥探到机构的整体计划。于是丁阿姨的亏损也就难以避免了。丁阿姨作为机构的"内部人"都无法依赖内幕消息获利，我们这些普通股民就更不要指望了。

除了迷信内幕消息之外，新股民还有很多类似的误区。例如迷信专家，迷信权威，迷信大师，迷信理论，迷信股神等。许多新股民对电视上、报纸上指点江山的"著名分析师"很感冒，花费巨额会费成为他们的会员，对他们的点评奉若神明，但真相往往是残酷的。

利用初中的数学知识我们可以得到一个等式：$2^{10}=1\,024$。这个等式在预测大盘涨跌时有特殊的含义。我们找来1 024人，把对当天大盘涨跌完全相反的预测结果发给同样多的人。从第二天开始，每天都只给前一天收到正确结果的那一半人发新的消息。

如此下来，总会有1个人收到的消息是连续10次正确的。同时还会有相当一部分人收到消息的正确率在70%或者80%以上。这些投资者都会对我们的"预测能力"敬佩不已。剩下那部分人是赚是赔，跟我们就毫无关系了。在股票市场上，有很多投资顾问就是这样把自己包装成"股神"的。

其实，很多新股民都知道内幕消息可能是主力的陷阱，也知道自己可能成为最后接手的人。但大家还是对这些消息趋之若鹜。其原因只有一个：每个人都希望依赖别人，想让别人告诉自己买什么股票能挣钱，而不是理性地思考。

很多新股民选股票看的既不是公司业绩，也不是技术形态，而仅仅是听人推荐。只要有人推荐了，不管三七二十一买了再说。至于这家公司经营什么，历史走势如何，则全然不顾。这些股民中有的可能是没有时间仔细选股，但更多的人却是因为自己根本不知道怎样选股。在这种情况下，是否有人推荐便成了选股的唯一标准。

新股民为了走出迷信内幕消息的误区，最主要的还是应该建立自己的选股标准。只有建立起自己的交易体系和选股方法，才能不再盲目地迷信内幕消息。

8.2 喜欢买"低价股"

需要在几只股票中做出选择时,我们应该选哪只买入?答案很简单:买入最有上涨潜力的股票。但是在实际操作中,很多股民却简单地把"上涨潜力"等同于"价格便宜",非常喜欢买入低价股。

投资者喜欢买低价股的原因,一方面是由于,投资者在炒股时依然采用日常生活中的"买菜思维",希望以同样价格买入更多的东西。另一方面,投资者觉得价格越低,未来的上涨空间就越大,觉得同样是翻倍,5元的股票涨到10元比较容易,而50元的股票要涨到100元就十分困难了。难道事实真是如此吗?

如图8—1所示为2010年前三个季度沪深两市所有A股中涨幅排名前十的股票。图中最后一列为这些股票在2010年首个交易日的开盘价(其中广发证券、*ST威达、*ST中华A涉及重组,2010年1月4日并没有开盘。表中所取数值为该股重组复牌后第一个交易日的开盘价)。从图中可以看出,这些获得巨大涨幅的股票中很少有低价股。除去涉及重组的*ST威达、*ST中华A外,10元以下股票只有两只。而且这两只股票的股价也都在9元以上。另外还有一只100元以上的高价股也取得了较高的涨幅。这张表格可以说明股票价格是否大幅上涨,跟股价绝对值的高低并没有什么相关性。

序号	代码	名称	阶段涨幅↓	2010年开盘价
1	002190	成飞集成	290.27%	15.760
2	600259	广晟有色	270.18%	15.750
3	000776	广发证券	265.15%	54.000
4	000603	*ST威达	195.47%	8.110
5	002310	东方园林	194.78%	111.480
6	000669	领先科技	192.59%	9.990
7	000017	*ST中华A	192.13%	7.820
8	000703	*ST光华	190.77%	9.570
9	600111	包钢稀土	180.82%	27.740
10	000049	德赛电池	176.15%	10.850

图8—1 沪深A股2010年前三季度涨幅榜

新股民钟情低价股,除了受传统"买菜思维"的影响外,还有一个很大的原因是认为股价下跌总有底部。新股民中的部分人往往容易产生越是低价股风险越小的认识误区。在他们看来,股价已经低到3~4元的低价,再跌也跌不到哪儿去。难道真的是股价越低就越安全吗?

如图8—2所示,2010年前三个季度沪深两市所有股票中跌幅前10位的股票。从图中可以看到,华菱钢铁和武钢股份两只股票在2010年初的股价已经位于10元以下,而在这一年的前三季度又下跌了近50%。高价股方面,除去新亚制程、三川股份、双箭股份、朗科科技几只2010年新上市的股票,其余几只跌幅巨大的股票中没有一只2010年开盘价位于50元以上。这张表格说明股价低的股票不一定下跌空间就小,而股价高的股票也不一定就会有下跌的风险。

序号	代码	名称	阶段涨幅↑	2010年开盘价
1	600837	海通证券	-52.61%	19.200
2	002388	新亚制程	-49.50%	59.480
3	300066	三川股份	-49.41%	75.000
4	600030	中信证券	-48.96%	32.000
5	000898	鞍钢股份	-48.06%	16.060
6	002381	双箭股份	-47.08%	52.500
7	000932	华菱钢铁	-45.76%	7.610
8	300042	朗科科技	-44.52%	51.000
9	000686	东北证券	-44.03%	38.500
10	600005	武钢股份	-43.89%	8.350

图8—2 沪深A股2010年前三季度跌幅榜

在日常生活中,很多人都知道"便宜没好货,好货不便宜"。这个道理在股票投资时同样适用。股票价格高说明这只股票被投资者认可,能够吸引资金不断地买入。同样如果股票价格很低,也必然是有内在原因的。这些公司要么是存在不为众人所知的隐患,要么是现在遇到了什么问题。所以对于低价的股票,投资者不仅不能过分追捧,还应该尽量回避。

实际上,对于新股民,那些价格中等、业绩优秀、有良好发展前景的公司股票是很好的选择。能够在低价股中挖掘"价值洼地"固然是很好的获利途径,但对于新股民来说这样操作是要冒很大风险的。

8.3 过于频繁的交易

江恩把投资者在股市中的失败归结于3个原因，其中一个就是频繁交易。有些投资者是频繁做短线，希望能够通过"短平快"的方式快速致富。有些投资者这山望着那山高，总觉得别的股票好。刚买入的股票，涨得只要稍微慢点，就迫不及待地卖出换股。结果账户里的钱不仅没有增加，反而越来越少。辛辛苦苦费了很大的劲，却相当于给证券公司打工了。

频繁交易之所以导致亏损，主要有以下四个原因。

第一，股票的短期走势具有很大的随机性和不确定性。交易周期越短，这种不确定性就越大，投资者在操作和判断上的难度也越大。要想通过频繁的短线交易获利，对投资者的要求非常高。投资者不仅需要有高超的判市技巧，还需要有良好的心态、敏捷的反应速度并且能够严格执行的交易纪律。而以上这些，多数投资者都不具备。因此，多数投资者的频繁交易结果最终都是持续亏损。

第二，频繁交易反映的是投资者急于求成的心理，在这种心理驱使下，投资者很难保持一个客观冷静的交易心态，非常容易引起判断和操作的失误，无形中增加了赔钱概率。

第三，频繁交易极大地增加交易成本。投资者每一次交易时，都需要承担相应的成本，包括上缴给国家的印花税，支付给券商的佣金等。交易次数少的时候，这些税费并不起眼，但是当交易非常频繁的时候，累计的税费将是一个巨大数字。

假设有一个投资者，账户内资金10万元，每周买卖一次。我们再假设他的本金始终保持10万元，那么一年52周下来，这位投资者的总交易金额达1 040万元。按照双向2‰的佣金费率，支付的佣金为20 800元，按照单向1‰的税率，支付的印花税为5 200元。当然，还有其他过户费等支出，我们忽略不计。仅佣金和印花税这两项，该投资者一年共支付26 000元，相当于本金的26%。也就是说，按照这个交易频率，该投资者每年至少需要26%的盈利，才能实现保本。

第四，频繁交易将导致投资者缺乏足够的时间去分析研究即将买入的股票，从而增加了失误的概率。投资者往往是头脑一热，只看到好的一面，而没有仔细地进行全面分析，就做出了交易决定。这种仓促决定的交易，其结果往往是不理想的。

投资者尤其是中小投资者，要尽量避免频繁交易，应追求成功率，而不是交易次数。

  首先，在强势市场里不要轻易卖出，不要一看到短线有了收益，就产生"落袋为安"的想法，要敢于持股和捂股。

  其次，在弱势市场里学会空仓等待，要少操作或不操作。当大势不好时入场交易，犹如逆水行舟，不仅费力，而且费钱。

  最后，对于普通中小投资者来说，大部分都有自己的主要职业，炒股只是个"副业"，能够投入股市的时间、精力都有限，因此并不适合短线的频繁交易。在股市里有所谓"3年不开张，开张吃3年"的说法，这种立足于中长线的大波段交易，比频繁交易更适合大多数投资者。

  中长线走势的规律性要远大于短期走势，比较易于把握，同时也会有充足的时间让投资者细细思考。一次精彩的中长线的操作，可能要强于多次成功的短线操作。而投资者在短线交易中多次成功所积累的收益，可能因为一次判断失败而化为乌有。

8.4 为摊低成本而补仓

不断补仓来摊匀股价是很多新股民失败的重要原因。几乎所有新股民都有在股价下跌过程中不断补仓的习惯。

如图8—3所示,在股价持续下跌过程中,很多股民都会不断重复这样的心理过程。在股价下跌过程中不断加仓买入,摊匀成本。但最终的结果往往是由浅套到深套,最后变成死套。等股价真正见底开始反弹时,这些投资者早已经没有资金再去摊匀成本。

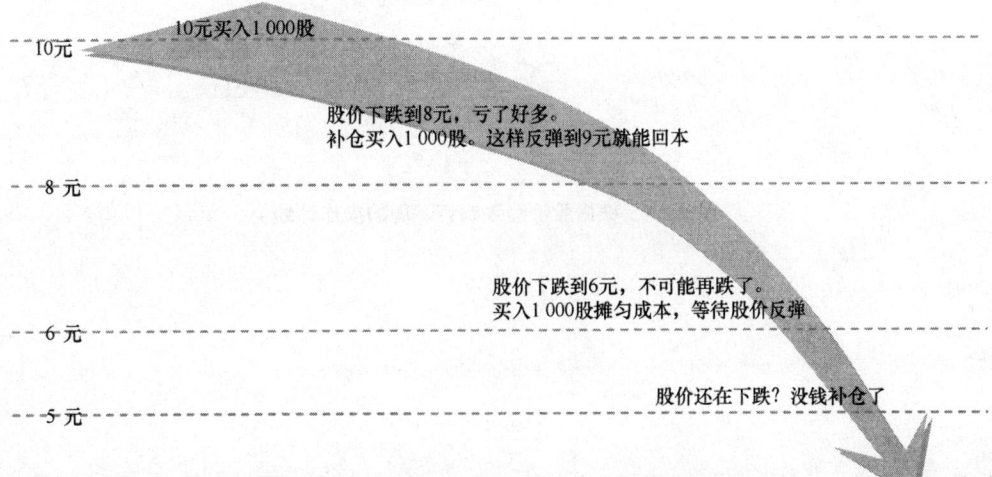

图8—3　在股价下跌过程中不断补仓

新股民陷入这个误区的原因是一种"不服输"的心理。坚持自己"从哪里跌倒,就要从哪里站起来"。这种韧性用在其他事业上或许能使人成功。但如果在炒股时这样做,很可能让自己血本无归。

"股神"巴菲特教给我们的哲理是"你用不着非要从原来跌倒的地方爬起来"。在购买股票时,我们需要考虑的是这只股票能否上涨。如果判断股价上涨就买,如果判断下跌就不要买。这与自己已经购买的股票是盈利还是亏损没有关系。

股价运行不会看任何人的眼色。跟它斗气完全没有用。我们在一只股票上亏的钱完全可以在另一只股票上赚回来。如果赌气死抱住一只股票不断补仓,更大的可能是让自己的亏损无限扩大。这样的投资者跟输红眼的赌徒是没有任何区别的。

对于自己已经失误过一次的股票,我们可能会失误第二次甚至第三次。因此,当自己的股票下跌时,投资者最佳的解决方案应该是止损卖出。在买入股票前为自己理性地设置一个止损位。股价一跌到这个位置无论有什么理由都应该卖出止损。补仓的操作只适合在股价上涨时进行。当股价上涨时,如果发现行情的走向强于预期,投资者可以加仓买入股票,如图8—4所示。

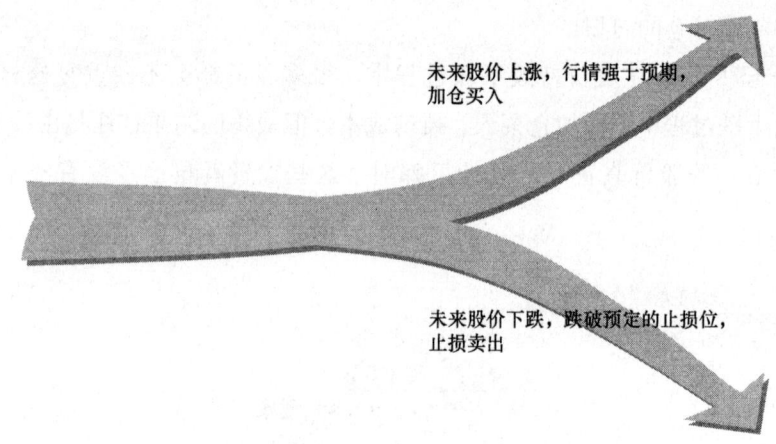

图8—4 根据股价涨跌制订不同的操作计划

8.5 "急功近利"的思想

股市中有个规律叫做"七亏二平一赚"。意思是说股市上所有投资者中，有70%的人都在亏损，20%的人能保持不赚不赔，只有10%的人在赚钱。而在新股民的群体中，这个亏钱的比例可能还要更高。

之所以有这么多新股民都在亏钱，与"急功近利"的思想有很大关系。这个思想普遍存在于新股民身上，其具体表现有很多形式。

急功近利思想的第一个表现就是"无证上路"。大家都知道，如果要想开车上路，除了知道"红灯停、绿灯行"的基本规则外，还应该学习各种交通规则，熟练掌握驾驶技术，并且还要考取驾照。股市投资是一项比开车要高深得多的事业，这份事业虽然不需要类似的驾照考试，但仅仅知道"低买高卖"就入场炒股是远远不够的。

一个对技术、基本面分析一无所知，对股市风险控制毫无认识的投资者，绝对不可能成为股市的赢家。这就好像一个既不懂交通规则、也不懂任何驾驶技术的人，如果突然把车开到高速路上，绝对不可能安全到达终点。

急功近利的另一个典型表现就是想赢怕输。买入股票后股价稍有上涨，就急于卖出锁定利润；一旦股价下跌，又不愿将浮动的亏损变成实际损失，捂股不卖。虽然说炒股都是为了追求获利，但如果像这样过分注重短线得失，往往会在遇到牛股时踏空行情，遇到熊股时又会被深度套牢。

为了解决这个问题，新股民最需要的就是在买入股票前制订严格的操作计划。包括获得多少收益时止盈卖出，承受多少损失时止损卖出。交易计划一旦制订，就要严格执行，绝对不能再做临时的改变。

急功近利还有一个典型的表现就是喜欢臆断庄家动向。经常有新股民会评说庄家"把股价拉这么高，看你怎么出货？""再打压就把自己套牢了，真是傻庄！"在他们看来，庄家并无过人之处，一举一动都在自己的眼皮底下。

虽然每个庄家都在重复建仓、打压、拉升、出货的步骤，但新股民很难判断庄家什么时候拉升，拉升多少，是在洗盘还是出货。所以，假如你是分析和看盘的高手，完全可以抓住庄家的尾巴大赚一把。但是如果你自认为没有这样的本领，只是臆断庄家动向，那么你很可能会成为庄家最后出逃时的"轿夫"。庄家坐庄时有一种专门的技术叫做"骗线"。这就是专门为这些喜欢臆断庄家动向的投资者准备的。

8.6 选择滞涨股等待补涨

当行情已经启动一段时间后，许多之前踏空的投资者也开始入市。不过其中有不少投资者觉得，有些股票已经涨得太高了，可能已经涨不动了，现在不能再买了。而有些股票看起来还趴在底部，后面肯定会有补涨的机会，买这些品种，既安全，盈利又多，真是绝佳的买入品种。

那么，这种买入滞涨股的交易行为，是否就是最合理的选择呢？

在整个牛市当中，并非所有股票最终的涨幅都一样，不同的品种、不同的板块，其启动时间、涨幅大小往往会相差很大。其中启动时间最早、走势最强、涨幅最大的品种，就是这波牛市行情的主流品种。而启动市场时间晚的，往往是弱势品种。

主流品种的上涨行情，往往贯穿整个牛市行情的始末。而弱势品种在牛市中的上涨往往只是昙花一现。其涨幅很小，而且上涨持续时间短，风险可能会更大。

8.7 不敢追击龙头股

新股民选股时常犯的一个错误，就是不敢追击板块的龙头股。

一个板块启动之时，启动最早，涨幅最大，涨势最猛的品种，就是这个板块的龙头股。一般来说，投资者事先很难判断哪个板块会成为热点板块。当热点板块开始浮现时，其龙头品种往往已经有了两到三个涨停。此时很多投资者往往会选择该板块中涨幅较小的品种，而不敢去追已经有了较大涨幅的龙头股。

实际上，如果投资者想要介入某个板块，不论什么时候，选择龙头股都是最安全、最有希望实现盈利最大化的方式（相对同板块其他品种而言）。在整个板块行情中，龙头股先板块之动而动，后板块之落而落。投资者即使追高买入，仍然会获得丰厚的回报。

8.8 只看当前业绩，不看以后发展

很多新股民在分析股票的基本面时，经常会出现一个误区，就是只看当前业绩，不看未来发展。

炒股，炒的是预期，而不是当前或者历史的数据，而是对未来的预期。以市盈率指标为例，静态市盈率，也就是当前的市盈率，只能作为投资参考，而不能作为买卖依据。例如，某只股票当前股价为10元，每股收益是1元，那么市盈率就只有10倍，投资者可能觉得这个股票很有投资价值。可半年后该股业绩一落千丈，一下子变成了0.10元，那么如果股价已经跌到了5元的话，市盈率就变成了50倍，变成了毫无投资价值了。

在上例中，如果投资者已经预先判断该股未来业绩将有一个大幅的下滑，那么就肯定不会被当前的"10倍市盈率"诱骗入场。

换个角度，如果一只股票真有价值的话，那么这个股票的价格，不太可能会跌到大家很容易就发现投资价值的地步。除非是在大熊市人气非常低迷的情况下，否则这种天上掉馅饼的好事，早就有主力机构抢破头了。

8.9 选择自己不熟悉的股票

很多新股民选择股票时，经常是临时起意，看到某只股票好，顾不上多方面地熟悉这只股票，就头脑一热地买进。殊不知，市场行情变化莫测，这只股票的股价一出现大的起伏，投资者就会陷入彷徨失措之中。涨了，不知道是该卖还是该留；跌了，不知道该止损割肉还是继续坚持。这样长期下来，往往就是糊里糊涂地挣钱，也糊里糊涂地赔钱。当然，大多数情况下，以后者居多。

投资者在买入一只股票之前，应该对这只股票的基本面、技术面都有一个全面的了解。不同的投资者可以有不同的侧重点。对于技术分析投资者而言，对于技术面应该有一个详细、全面、深入的研究，对于基本面则大概有所了解即可。而对于价值分析投资者而言，就需要更侧重于行业分析、公司经营分析等方面。

第 9 章

新股民的 6 个信息渠道

神経回路と情報処理

9.1 获取最权威的政策信息

政府网站是最权威的信息发布渠道,也是投资者需要重点关注的信息渠道。首先,国家的经济政策、行业政策、货币政策、财政政策等的变动,无不对股市的整体运行,以及个股的涨跌产生重要的影响。其次,为确保信息的权威性与准确性,越是重大的信息,投资者越要追本溯源,分析这些信息的最初来源,而不是单纯依靠一些转载的信息来做分析。

9.1.1 综合类新闻网站

提到综合类的新闻网站,投资者可能首先想到的就是新浪、搜狐等。不过,还有一个重要的综合类新闻网站,其内容更加丰富,而且更具权威性,那就是人民网。

人民网隶属于人民日报社,其权威性毋庸置疑。其新闻内容非常丰富,涵盖了国际、国内的政治、经济、社会、金融等各个方面。人民网的经济频道,自然是投资者浏览的重点,其包含了新闻、金融、财富、理财等多个主频道。在每个主频道下面,还包含了许多独具特色的子频道。

图9—1是人民网经济频道下面的"部委"子频道,投资者可以看到,该频道涵盖

经济相关部委专题列表	
国务院南水北调工程建设委员会	
国家发展和改革委员会	中华人民共和国财政部
中华人民共和国劳动和社会保障部	中华人民共和国国土资源部
中华人民共和国建设部	中华人民共和国铁道部
中华人民共和国交通部	中华人民共和国农业部
中华人民共和国商务部	中国人民银行
中华人民共和国审计署	国有资产监督管理委员会
中华人民共和国海关总署	国家税务总局
国家工商行政管理局	中国民用航空总局
国家安全生产监督管理总局	中华人民共和国国家统计局
国家知识产权局	中国银行业监督管理委员会
中国证券监督管理委员会	中国保险监督管理委员会
国家电力监管委员会	中华人民共和国国家粮食局
国家烟草专卖局	中国邮政
国家外汇管理局	国务院发展研究中心

图9—1 人民网经济频道中的部委频道

了与经济有关的各大部委。投资者点击这些部委的名称,就可以进入该部委的栏目中,其内容包括领导活动、焦点事件、部委信息、观察评论等,内容非常丰富和全面。投资者可以轻松地了解到相关部委的最新动态。

9.1.2 重要部门网站

国家政策变动对经济运行、股市波动有着非常直接的影响。中国人民银行、银监会的货币信贷政策,对整体资金面的松紧状况起到非常重大的影响。证监会、沪深交易所的各项市场监管制度、交易规则的变化,更是对股市运行产生非常直接的影响。这些部门的网站,应成为投资者的重点关注网站。

例如,在2009年、2010年,随着各国宽松货币政策的实施,流动性充裕所引发的资产价格高涨、通货膨胀等现象引起了社会的高度关注。其中股市波动,更是与货币供应情况息息相关。投资者自然需要关注中国人民银行货币供应量的变动情况。

图9—2是中国人民银行网站中,"统计数据与标准"栏目下"货币统计概览"中"货币供应量"的数据信息,从中投资者可以看到2010年前三个季度每个月的货币供应量变动情况。其中最值得投资者关注的,就是M2的变动情况。

货币供应量
Money Supply

单位:亿元人民币
Unit:100 Million Yuan

项目 Item	2010.01	2010.02	2010.03	2010.04	2010.05	2010.06	2010.07	2010.08	2010.09	2010.10	2010.11	2010.12
货币和准货币(M2) Money & Quasi-money	625809.29	636072.26	649947.46	656561.22	663351.37	673921.72	674051.48	687506.92	696384.86			
货币(M1) Money	229588.98	224286.95	229397.93	233909.76	236497.88	240580.00	240664.07	244340.64	243802.41			
流通中货币(M0) Currency in Circulation	40758.58	42865.79	39080.58	39657.54	38652.97	38904.85	39543.16	39922.76	41856.56			

注:本表9月份为初步数据,其他月份为正式数据。

图9—2 中国人民银行网站中的货币供应量信息

9.2 提前获取上市公司公告信息

持有某只股票的投资者,肯定会非常关心这只股票的公告信息。在普通的财经网站、证券类报纸等信息渠道中,投资者只有在当天开盘前才能看到最新的上市公司公告。但如果通过上海证券交易所和深圳证券交易所的网站,投资者在前一天晚上就可以看到公告内容。

例如,在上海证券交易所网站的"信息披露"频道"上市公司公告"栏目下,投资者可以看到最新各种类型的公告信息,如图9—3所示。

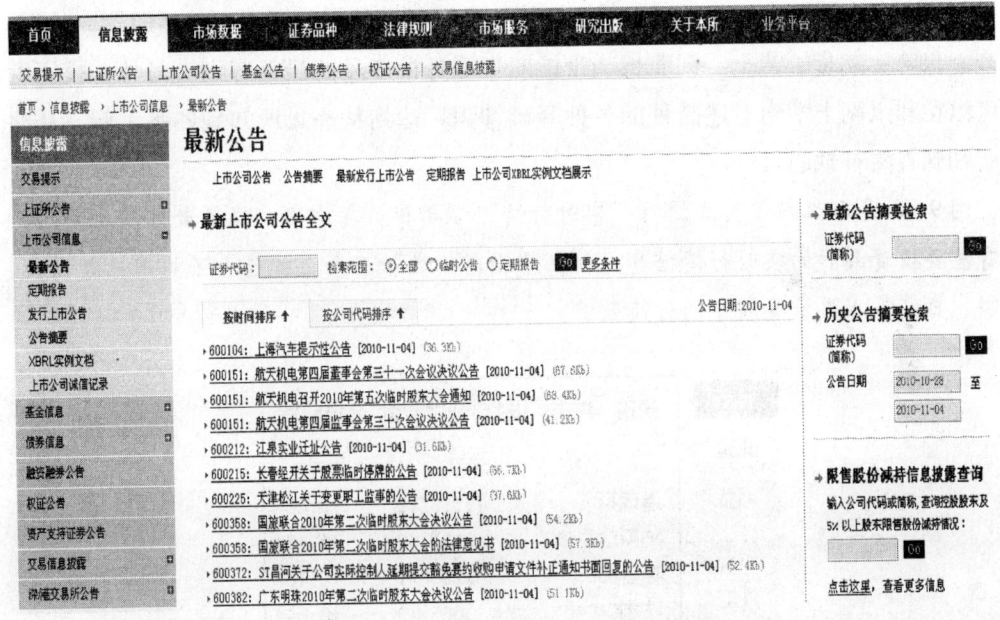

图9—3 上海证券交易所网站中的最新公告

9.3 获取及时的财经信息

目前在国内有不少专门的财经网站。它们提供的信息，集中于经济、金融、理财等领域，在财经新闻方面更加的专业，也更加全面。这类网站中，比较有代表性的就是和讯网。

和讯网是国内较早的专业财经网站。经过多年的发展，和讯网在不断丰富完善财经资讯和理财服务的同时，围绕中高端客户提供多元化服务，成为一个兼具财经资讯信息、投资理财工具、金融数据产品的互动网络平台。

投资者在和讯网上，几乎可以看到经济、金融领域的任何资讯，包括股票、外汇、房产、保险、期货、黄金、创业板、股指期货等各种产品的最新咨询。另外，投资者还可以在和讯网上学到上述品种的各种基础知识，达到从一无所知到熟悉了解，从略有所知到查漏补缺的目的。

图9—5是和讯网首页右侧的"实时行情"显示栏。在这里，投资者可以看到几乎所有重要投资品种的实时行情信息。如在"全球指数"里面，就包含了美国三大指数、法国、日经等世界重要股市的行情数据。

股市名称	最新	涨跌幅%
道琼斯	11188.72	+0.58%
纳斯达克	2533.52	+1.15%
标普500	1193.57	+0.78%
法国CAC40	3865.72	+0.64%
日经225	9159.98	+0.06%
英国富时	5757.43	+1.10%
澳洲全股	4793.80	+0.43%

图9—5　和讯网的实时行情栏目

9.4 获取基本面信息与技术面信息

在获取企业的基本面信息和技术面信息方面，炒股软件是最快捷的信息渠道。

9.4.1 通过F10快速获取基本面的信息概要

在炒股软件的F10资料中（在该股票的界面下，敲击"F10"键即可进入），关于该上市公司的各种基本面信息，已经被分门别类进行整理，投资者可以很方便地看到自己想要的信息。

图9—6是大智慧炒股软件中浦发银行（600000）在2010年11月4日的F10资料。投资者可以看出，关于浦发银行的基本面的重点信息，已经按照"财务透视""主营构成""行业新闻""股东进出"等16个部分列出。尤其在"操盘必读"中，将该股的最新财务指标、最新公告等基本面信息集中在一起，方便投资者快速阅读。

```
浦发银行   操盘必读   财务透视   主营构成   行业新闻   大事提醒   八面来风   公司概况   管理层
600000     最新季报   股东进出   股本分红   资本运作   行业地位   信息快讯   回顾展望   盈利预测
◆ 最新指标（三季增发后）◆    ◇万国测评制作:更新时间:2010-11-03
每股收益       (元):1.0340      目前流通(万股)     :1147905.93
每股净资产     (元):8.4189      总 股 本(万股)     :1434882.42
每股公积金     (元):2.1303      主营收入同比增长(%):36.25
每股未分配利润 (元):1.9894      净利润同比增长(%) :44.19
每股经营现金流 (元):-1.7580     净资产收益率(%)   :18.18

2010中期每股收益(元):0.7910        净利润同比增长(%)  :33.92
2010中期主营收入(万元):2275149.07  主营收入同比增长(%):36.42
2010中期每股经营现金流(元):-2.4230 净资产收益率      :12.51

分配预案：不分配
最近除权：10送3派1.5(10.06.10)
☆曾用名:浦发银行->G浦发->浦发银行
☆大智慧金融交易终端提供深度资讯分析、SuperView(超赢)数据分析,
   网上购买http://pay.gw.com.cn,热线021-20219999

◆ 最新消息 ◆
   (1)2010年三季报披露，9月末本行存款总额153375422万元，贷款总额
107935728万元，资本净额为11308600万元、核心资本充足率分
别为10.19%、7.09%(2009年末分别为10.34%、6.90%);不良贷款率、拨备覆盖
率分别为0.60%、307.78%(2009年末分别为0.80%、245.93%)。
   (2)2010年10月16日公告，以13.75元/股向广东移动定向增发286976万股，
募集资金总额3945927万元(净额3919946万元),将全部用于补充公司的核心资
```

图9—6 大智慧的浦发银行F10资料（2010.11.04）

不过，炒股软件中的"F10"资料，只包含基本面信息的大致摘要，并非全部的基本面信息。例如，上市公司定期公布的财务报告，在F10资料中只提供近几期报告中

重要的财务指标，并不是全文公布，因此可能会遗漏一些重要的基本面信息。

因此对于重要的财务报告、公司公告，投资者还是应该到交易所网站，或者专业的财经网站上去仔细阅读全文，防止错失重要信息。

9.4.2 通过看盘获取各种技术面信息

一只股票的技术面信息，包括当天分时走势、K线形态、均线、成交量信息、技术指标等，这些信息在炒股软件中均可以非常直观地看到。

图9—7是2010年11月4日，在同花顺炒股软件中浦发银行的盘面信息。投资者可以看到实时挂单信息、实时的成交信息、K线、均线、成交量、技术指标（本例中为MACD指标）这些技术面信息。投资者可以根据这些技术面信息，判断股价趋势，把握买卖时机。

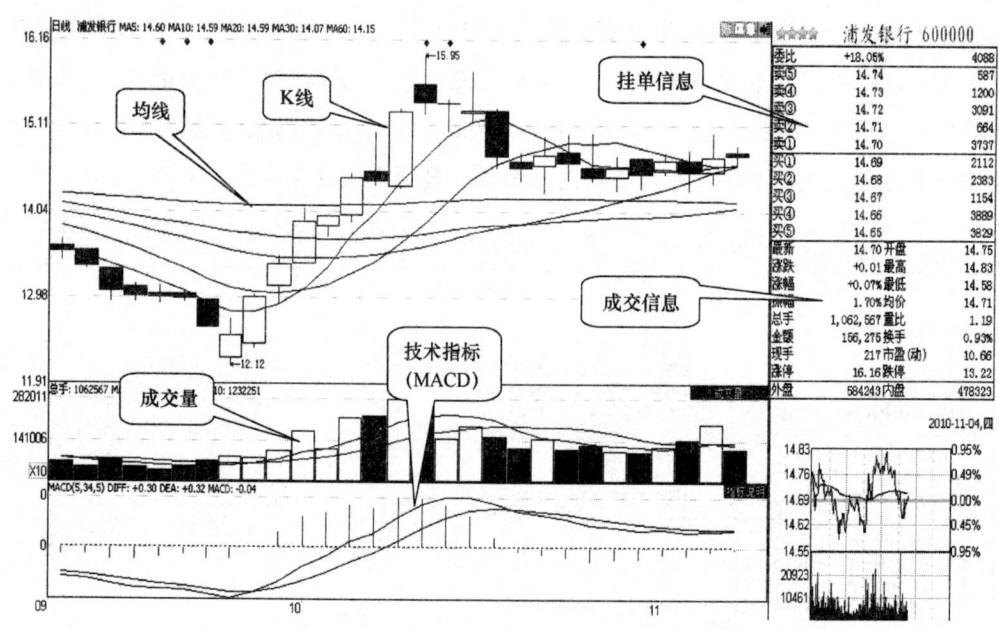

图9—7 同花顺炒股软件中浦发银行的盘面信息（2010.11.04）

9.5 博采众家之长——知名财经博客

股市中的学问浩如烟海，任何投资者都不能故步自封，将自己封闭起来，而是应该多看、多听，了解新信息，学习新知识。因此，了解其他投资者如何想、如何做就非常重要了。

正因如此，财经博客就成为投资者学习、借鉴的好地方，尤其是那些知名的财经博客。一个博客之所以能够成为知名博客，博主肯定有着独到的地方。投资者不应拘泥于技术分析还是价值分析，而应充分吸收博客文章中的精华，博采众长，为我所用。

各大财经网站基本都有自己的博客频道，如新浪财经博客、中金博客、和讯财经博客等，都是非常有名的博客频道。每个博客频道中，都有博客排行榜，投资者可以重点关注排行榜前列的博客，如图9—8所示。

投资者在浏览财经博客时，需要注意关注点的问题。投资者浏览知名博客，应将主要关注点放在博主的思路、理念和分析方法上，而不能过于关注博客的行情分析、股票推荐这些内容。

投资者须知，理念、方法、技巧这些东西是应该学习的，但是对当前行情的分析和判断，投资者还是应该以我为主，建立属于自己的研判体系，拥有属于自己的买卖原则。不能人云亦云，将希望都寄托在别人身上。

财经博客排行　　更多排行

名次	作者	总人气
1	徐小明	1209220430
2	wu2198	871087415
3	封起De日子	769020193
4	凯恩斯	625341756
5	股市风云	601336967
6	淘金客	418665661
7	空空道人	407994794
8	沙黾农	247440213
9	叶荣添	203217563
10	一和家家	191145209
11	百年一人	168604711
12	叶弘	157907668
13	冯矿伟	145223075
14	徐文明	139095218
15	占豪	117698130

图9—8　新浪财经博客排行（2010.11.03）

9.6 充分交流的平台——股票论坛

股票论坛，是形形色色的投资者聚在一起聊天论股的地方。投资者可以去一些股票论坛转转，看看当前的热点话题是什么，大家都在关心什么板块，热门帖子都有哪些，自己关注的高手有没有新帖子，或者适当参与某个话题讨论一下等。

目前国内人气比较火暴的股票论坛，有淘股吧、MACD股市技术分析俱乐部、金融界论坛等。投资者逛股票论坛，可以有以下四个方面的收获。

（1）欣赏佳作

在股票论坛中，那些点击率高或者加为精华的帖子，很多都是佳作。这些帖子，或者观点独到，或者内容深刻，都有着精彩之处。浏览这些帖子，投资者会不断地吸收他人所长，弥补自身之短，达到提高炒股水平的目的。有时可能仅仅是帖子里面的一两句话，或者一两个跟帖，也能给你莫大的启发。

（2）跟踪高手

在很多股票论坛，都会有股市高手在中间活跃。他们或是价值投资高手，或是擅长技术分析，或者以短线投机为主。不论是哪种风格，他们共同的特点是，有着自己的分析和交易体系，在市场中磨炼多年，对市场有着自己独特的理解。

这些高手往往有着高深的理论和技巧，或者丰富的市场实战经验。他山之石，可以攻玉，更何况这些高手写出来的文章，往往是真正的好玉。因此新股民应该时刻关注这些高手，尤其是那些对自己非常有帮助、有促进作用的高手，认真阅读他们的文章，向他们学习，可以帮助自己快速了解这个市场，快速融入这个市场。

（3）了解市场热点与人气

当某个板块或是个股，刚刚出现第一个涨停，或是刚成为市场的炒作热点时，马上就会有大量投资者在股票论坛上进行讨论。因此这些热点品种会第一时间在股票论坛上有所反映。如果投资者在盘面上没有注意到某些热点品种的话，就可以通过股票论坛来发掘。

另外，在论坛上，有不少投资者会在一起讨论和预测下阶段的热点板块是哪个。投资者通过这些讨论，可以开拓思路，拓宽眼界，发现自己以前没有注意到的板块和品种。

(4) 了解多空两面的观点

在炒股过程中，有一个问题会一直困扰投资者，就是如何能够保持一个客观态度，避免出现"屁股决定脑袋"的主观化问题。例如，当投资者买入股票后，很容易变得"一相情愿"，这时所有的信息都是利多。那些利空信息，不是被曲解为利多，就是被简单地认为"利空出尽是利好"。总之，"一相情愿"的心态，导致投资者的眼睛就好像装了一个过滤器，只愿意看到对自己有利的信息，只愿意去看自己希望看到的信息。

这种主观化的投资心态，常常导致投资者在明显不利的局面下，仍然不愿意尽快出局，结果从盈利变亏损、从浅套到深套。

充分了解多空两个方面的意见，对投资者保持客观性非常有帮助。看看多空双方的观点如何、理由如何，哪一方的理由更充分？哪一方的理由更牵强？当前的市场走势更支持哪一方？在这里，尤其要尊重和自己意见相反的观点，理性、冷静地分析这些观点，有助于我们全面、客观地研判行情。

第 10 章

创业板炒股应知应会

创业投资与私募股权基金

10.1 创业板炒股入门

10.1.1 什么是创业板

创业板又称二板市场,是专门为暂时无法在主板上市的中小企业和新兴公司提供融资途径和成长空间的证券交易市场。创业板市场是对主板市场的有效补充,在资本市场中占据着重要的位置。

我国内地的创业板是深圳证券交易所的创业板。为了与主板区分,这些股票的代码以"300"开头。在创业板市场上市的公司大多从事高科技行业,虽然具有较高的成长性,但这些公司往往成立时间较短,规模较小,还不符合主板市场的上市条件。创业板正是为这些公司提供了一个有效的融资渠道。

从投资者的角度考虑,与主板市场上成熟的上市公司相比,创业板上市公司"创业"失败的可能性更大。投资者需要面对更大的风险。当然,这些公司未来可能的发展空间也是主板上市公司不能比拟的。投资者在承担较大风险的同时,也有望获得更高的投资收益。

10.1.2 创业板的特点

创业板是与主板相对的概念。与主板股票相比,创业板股票有以下四个特点。

(1) 上市条件更加宽松

创业板对上市公司资质的要求比主板宽松。例如主板市场要求申请上市公司发行前股本总额不少于3 000万元,发行后不少于5 000万元;创业板要求申请上市公司发行前净资产不少于2 000万元,发行后的股本总额不少于3 000万元。主板市场要求申请上市公司主营业务3年内没有发生重大变化;创业板市场要求申请上市公司主营业务两年内没有发生重大变化。

(2) 买者自负的原则

所谓"买者自负"原则也就是"谁入市谁就要对自己的投资行为负责"。对风险较大的创业板,监管机构仍坚持和主板一样的买者自负原则。无论机构还是个人,在买入股票前都应该自行做出判断。买入股票后收益自己获得,风险也由自己承担。

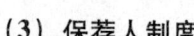

（3）保荐人制度

保荐人相当于上市推荐人。一家企业要想在创业板上市必须要有保荐人的推荐。保荐人的主要职责是协助申请上市的公司进行上市申请，负责对申请公司的有关文件做出仔细的审核、披露，并承担相应的责任。保荐人制度可以确保上市公司信息的充分、真实、准确、及时披露，使投资者从量和质上关注、把握公司的信息，进而对股票的价值和风险状况作出更加准确的判断。

（4）特殊交易规则

创业板的交易规则与深圳主板市场几乎完全相同。包括T+1交易制度、每天10%的涨跌停板制度、集合竞价确定开盘价和收盘价、正常交易时间内连续竞价等。创业板股票与主板唯一的一点不同是上市首日有停盘制度限制，具体如表10—1所示。

表10—1　　　　　　　　　创业板上市首日停盘制度

涨跌情况	停牌情况
较当日开盘价首次涨跌20%时	可临时停牌30分钟
较当日开盘价首次涨跌50%时	可临时停牌30分钟
较当日开盘价首次涨跌80%时	可临时停牌至14:57

10.1.3　创业板炒股开户

投资者要想从事创业板交易，需要单独开通创业板交易功能。申请参与创业板市场的流程大致分为四步。

（1）衡量自己的资质

目前投资者从事创业板交易的硬性规定中，最主要一点是必须具有两年以上（含两年）股票交易经验。投资者可以通过中国证券登记结算公司网站，对本人证券账户的首次股票交易日期进行参考性查询。

创业板的市场风险要大大超过主板市场。除了满足硬性规定外，投资者还应该尽可能了解创业板的特点、风险，之后客观评估自身的风险承受能力，谨慎决定是否申请开通创业板市场交易。

对未具备两年交易经验的投资者，原则上不鼓励直接参与创业板市场交易。如果投资者谨慎评估了自身风险承担能力坚持要申请，则必须在营业部现场按要求签署《创业板市场投资风险揭示书》，并就自愿承担市场风险抄录"特别声明"。

(2) 提出开通申请

决定开通创业板交易后，投资者可以通过网上或到证券公司营业场所现场提出开通创业板市场交易的申请。

在提出开通申请时，证券公司要对投资者的风险承受能力进行测评，帮助投资者判断自己对风险的认知和承受能力，提示风险。此外，证券公司一般还会要求申请人在申请时留下个人影像资料。

如果风险测评结果显示投资者的风险承受能力较弱，不适合参与创业板交易，投资者应当谨慎考虑是直接参与创业板交易，还是通过购买投资基金等方式间接参与。

(3) 签署风险揭示书

经过审核后，投资者需要到证券公司签署一些文件。

如果投资者符合《实施办法》规定的基本要求，可与证券公司现场签署《创业板市场投资风险揭示书》。文件签署两个交易日后，证券公司经过相关核查程序，就会为投资者开通创业板市场交易。

如果暂不符合基本要求，但投资者坚持直接参与创业板市场，在现场签署风险揭示书的同时，投资者还应就自己自愿承担市场风险抄录一段特别声明。在上述文件签署五个交易日后，经证券公司完成相关核查程序并经过营业部负责人签字核准后，投资者可开通创业板市场交易。

(4) 确定开通成功

要想知道开通创业板交易是否成功，投资者可通过中国证券登记结算公司网站自行查询，也可通过所属证券公司查询。

10.2 创业板股票特殊的分析方法

10.2.1 创业板炒股的心理准备

与主板股票相比，创业板股票往往会有独特的走势特点。因此，投资者在炒作创业板股票时，应该摆正自己的心态。

(1) 不要盲目追求短期暴利

创业板股票股价的波动幅度相对较大。这意味着股价可能出现的涨幅较大，而且跌幅也可能会很大。如果投资者为了追求短期内大幅获利而盲目跟风，追逐一些短期暴涨的股票，可能会使自己面临很大的风险。

短期爆炒的背后是风险的积聚。处于成长期的企业，业绩超预期增长能调动市场上很多投资者的乐观情绪，从而推高股价。但一般来说，企业经营业绩的高速增长期只能持续3～5年的时间。企业成熟后就很难再有成长阶段那么高的溢价水平。此时创业板公司的大股东可能会在限售股解禁后伺机退出。如果这样的话，未来创业板股票的价格会大幅度下挫。

(2) 不要盲目追求高科技概念

尽管创业板强调创新，而且美国的创业板市场上也曾经诞生了微软、英特尔、谷歌这样一批伟大的高科技公司。但是对投资者而言，尽管有许多高科技公司在创业板上市，最后的结果还是被市场淘汰。高科技一方面代表着高附加值、高成长性，另一方面也意味着高风险。一旦公司领先的技术被新技术所取代，这些高科技公司就很难继续高速发展。其股价也可能会一落千丈。

(3) 不要盲目追求"绩优"

创业板上市公司普遍规模较小，成立时间不长。其业绩好坏有一定的偶然性。投资者不能单单因为其目前绩优，就推断这些公司未来也能继续"绩优"。

10.2.2 创业板的特殊炒股技法

除了摆正心态外，投资者在评估创业板上市公司股票时还应该采用一些特殊的分析方法。

（1）重点分析公司的持续成长能力

投资者在分析创业板上市公司价值时，需要重点关注的不应该只是公司当前的实力，而是要考虑公司是否处于一个好的行业，公司成长性是否较高且可持续，发展战略是否清晰，商业模式是否简洁，管理团队是否经验丰富，公司是否具备一定的竞争壁垒和核心竞争力等。

（2）多关注公司的风险

投资者应认识到，没有任何一个股票市场能够保证投资者一定能获得高收益。创业板上市公司普遍具有高成长性的特点，但这并不代表所有在创业板上市的企业都会获得高成长。与主板市场相比，创业板上市公司"创业"失败的可能性更大。投资者在分析创业板股票时，应该多关注上市公司经营要面临的风险。一些创业板公司上市后获得资金支持，能够迅速发展壮大，投资者自然可以获得高收益。但也有相当一部分创业板公司最后会被市场淘汰，造成投资者的损失。

（3）结合技术分析

股票市场发展有一些不变的规律。即使上市公司的资质十分优秀，其股价也不可能只涨不跌。股价与上市公司自身价值之间的反向波动可能造成投资者的损失。因此，投资者在分析上市公司基本面的基础上，还应该兼顾技术分析，回避股价自身波动带来的风险。

（4）与主板股票对比

创业板股票容易受到炒作而出现暴涨暴跌行情。在炒作一些涨跌幅度很大的股票时，投资者可以参照主板上同地域、同行业或者相同题材的股票走势。主板股票走势相对稳定，可以作为创业板股票的参照依据。如果某只创业板股票的涨幅超过主板市场上同类股票很多，投资者就应该注意股价见顶下跌的风险。相反，当创业板股票大幅下跌而主板上同类股票走势稳定时，投资者可以寻找抄底买入的机会。

第 11 章

3大炒股软件使用技巧

11.1 大智慧软件实战技巧

11.1.1 不同市场的多种证券分析

大智慧为投资者提供了多种证券报价平台，无论投资者想要炒港股、炒基金、炒债券还是炒期货，都可以通过大智慧软件查看相应的证券行情。

(1) 港股报价

投资者可以在大智慧的顶部菜单中选择多种证券行情。例如要查看香港股市行情，投资者就可以在顶部菜单中选择"港股"，进入"港股主页"，如图11—1所示。

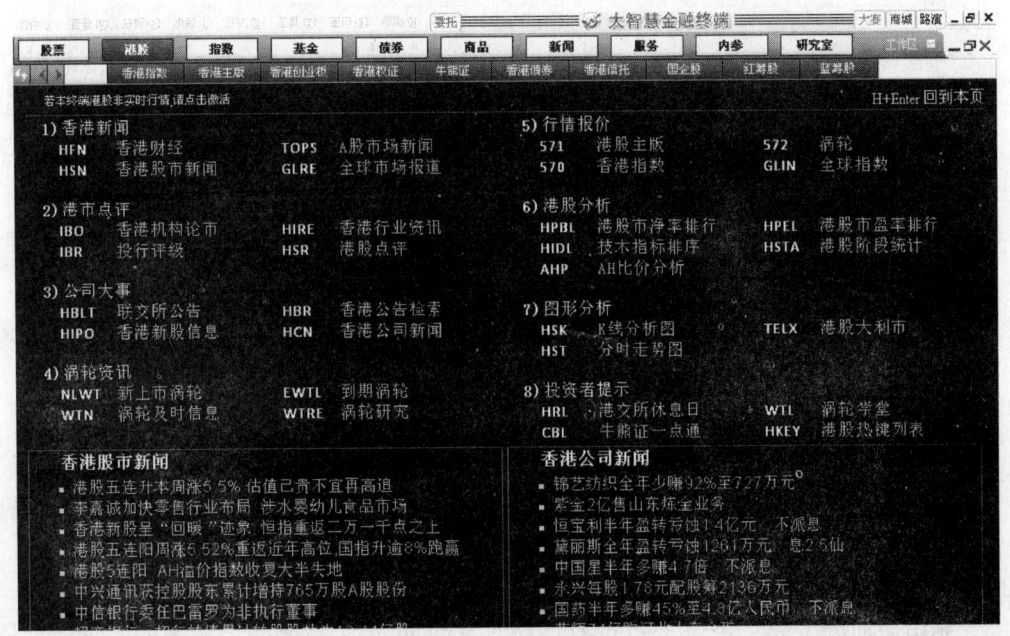

图11—1 大智慧港股主页

除了"主页"之外，投资者还可以在"香港指数""香港创业板""香港权证"等板块中进行选择。在报价牌中双击股票名称即可进入该股的分时走势图。另外，直接在键盘精灵中输入相应的证券代码或证券简称也可以查看港股走势，如图11—2所示。

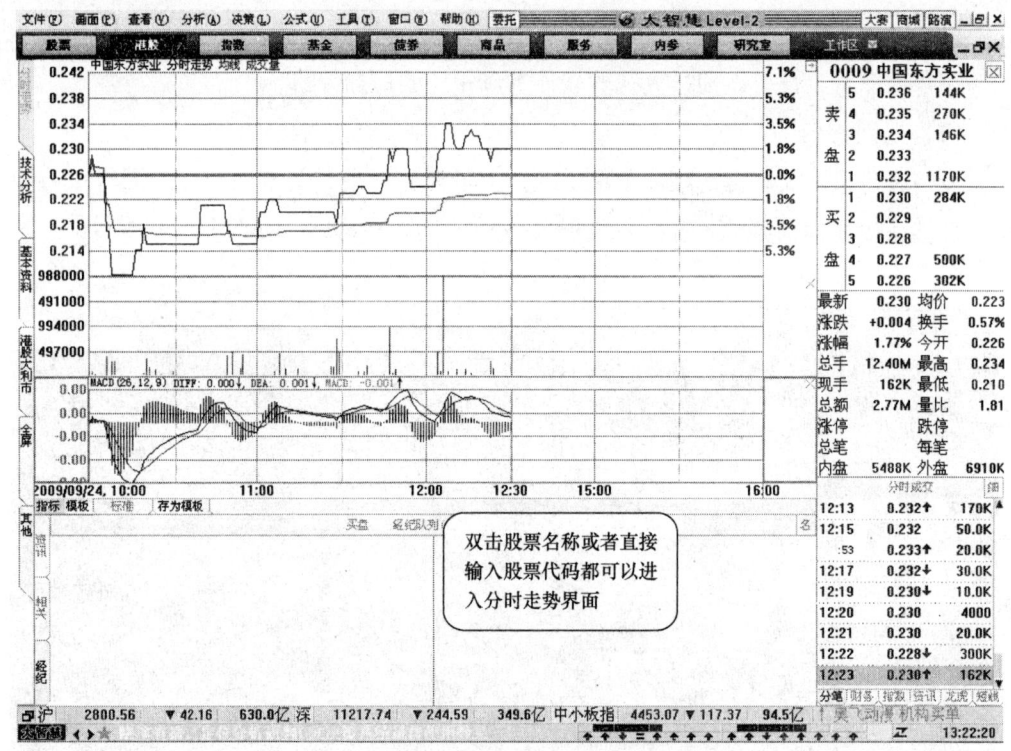

图11—2 查看香港主板报价以及港股走势

（2）基金报价

利用相似的方法，投资者也可以通过顶部菜单进入各种基金品种的界面，如图11—3所示。

在基金界面中，投资者可以在"封闭基金""开放基金""ETF 基金"等不同基金品种之间进行切换，如图11—4所示。

（3）债券报价

债券是政府、金融机构、工商企业等机构直接向社会借债筹措资金时，向投资者发行，承诺按一定利率支付利息并按约定条件偿还本金的债权债务凭证。当某只债券符

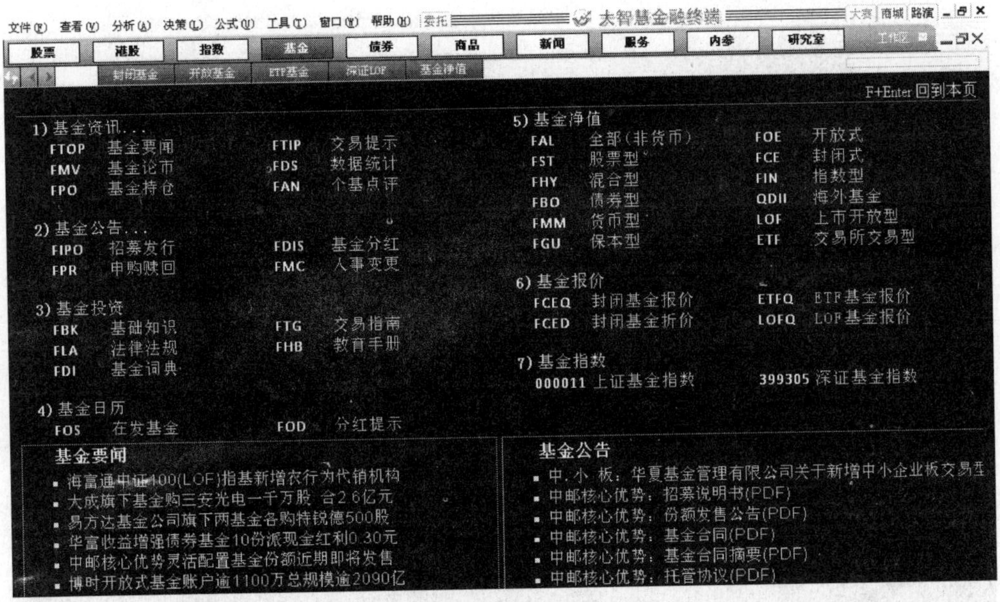

图11—3 大智慧基金主页

图11—4 进入大智慧基金报价界面

合一定的条件，经由政府管理部门批准后，就可以在交易所上市交易，成为上市债券，也叫挂牌券。

大智慧软件为投资者提供七个国债市场的行情，分别是上证债券市场、上证可转债市场、上证国债回购市场、深证债券市场、深证可转债市场、深证国债回购市场以及固定收益市场。其中上证、深证债券市场中又分别包括国债和企业债两个交易品种，如图11—5所示。

（4）商品报价

通过大智慧的"商品"菜单，可以进入商品的"主页"界面，如图11—6所示。

在商品报价窗口中，除了国内几大商品期货交易所的报价外，投资者还可以看到国际商品期货市场报价以及全球外汇市场的走势，如图11—7所示。

图11—5 进入各种债券市场报价界面

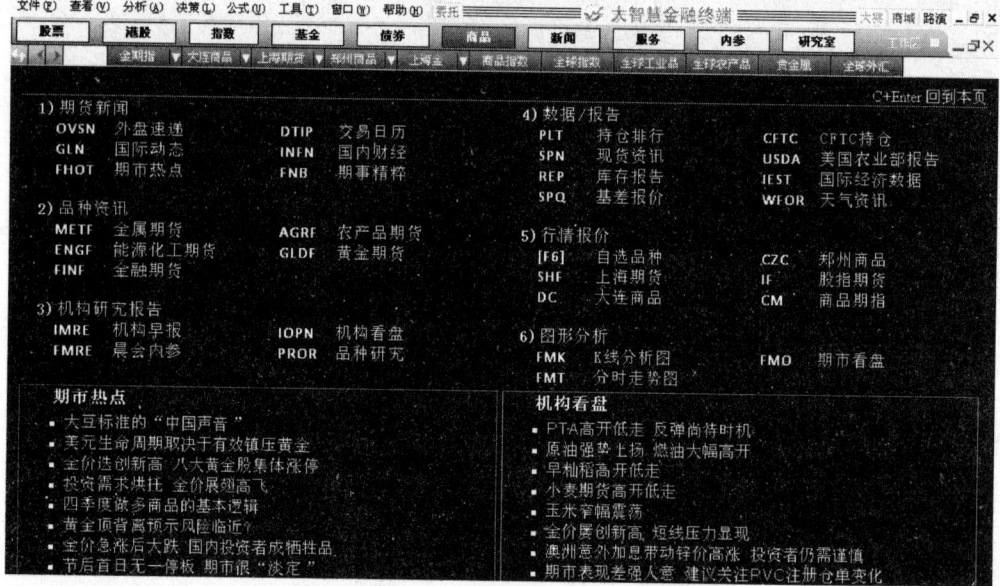

图11—6 商品报价主页

图11—7 全球外汇报价窗口

11.1.2 穿越时空的时空隧道和模拟 K 线

利用软件时空隧道、模拟 K 线、模式匹配设计功能，投资者可以回顾股票过去的走势，或者假设未来一段时间的股价走势。

（1）用"时空隧道"回到过去

时空隧道为投资者提供了一种方便快捷地查看过去某一时间的交易情况的方法，如图 11—8 所示。

投资者在时空隧道中可以定位时间，该时间后的数据将不被显示，好像时间真的回到了过去。若存储了分时线数据，还可以再现定位时间的即时行情。在时空隧道中，K 线图的背景会变成蓝色，如图 11—9 所示。

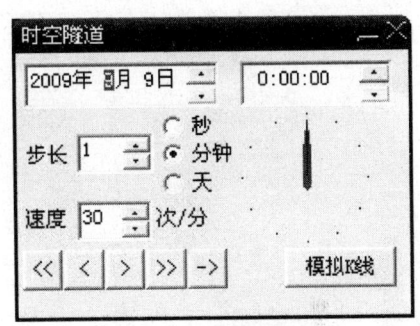

图 11—8 时空隧道窗口

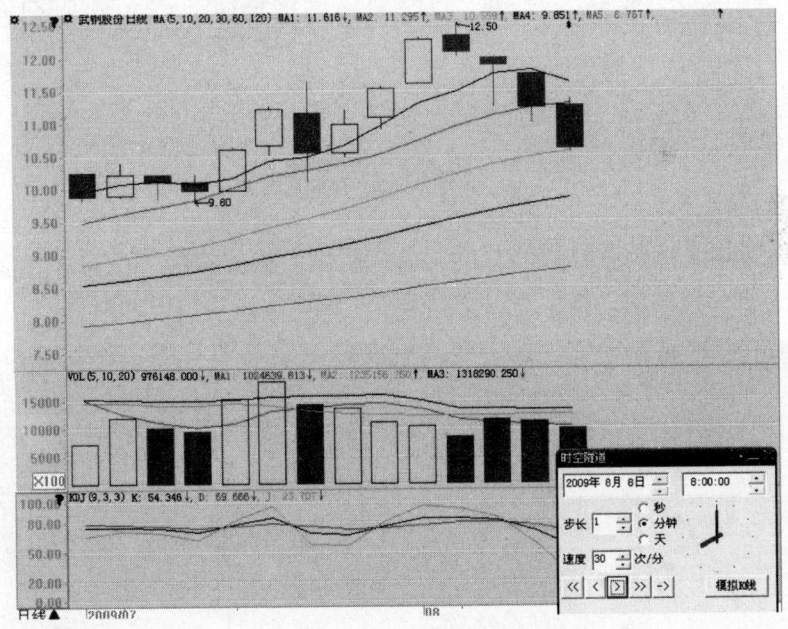

图 11—9 时空隧道

通过 << < > >> 4 个按钮，投资者可以分别对 K 线进行"快退""后退""前进""快进"操作。"前进"或"后退"的幅度由设定的参数"步长"决定，"快进"或"快退"1 次相当于 10 次"前进"或"后退"。通过 -> 按钮则可以使 K 线自动前进。

投资者还可以在"速度"中设定每分钟前进多少个"步长"。

（2）用"模拟 K 线"前往未来

模拟 K 线功能可以在分时隧道模式中加入投资者自己绘制的 K 线。在时空隧道中点击"模拟 K 线"按钮，时空隧道画面中会增加"新增 K 线"和"删除 K 线"两个按钮，个股分析画面左边背景呈蓝色，右边是斜纹背景，如图 11—10 所示。

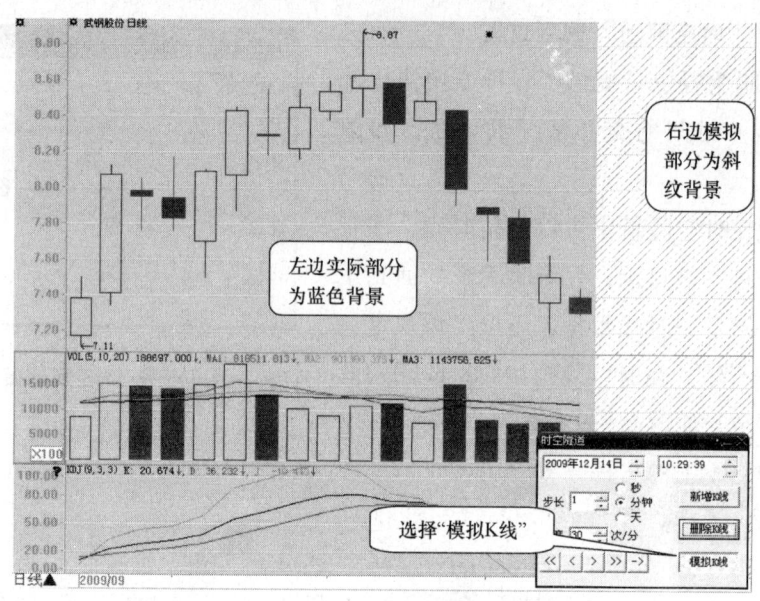

图 11—10　模拟 K 线界面

用鼠标右键圈起一段时间的 K 线，在弹出的列项中，选中"添加到模拟 K 线"就会弹出添加 K 线的对话框。在这个对话框中可以选择"沿时间反向""上下反向""平滑连接"三种添加模式。选定模式后点"确定"即可完成添加，如图 11—11 所示。

3 大炒股软件使用技巧　第11章

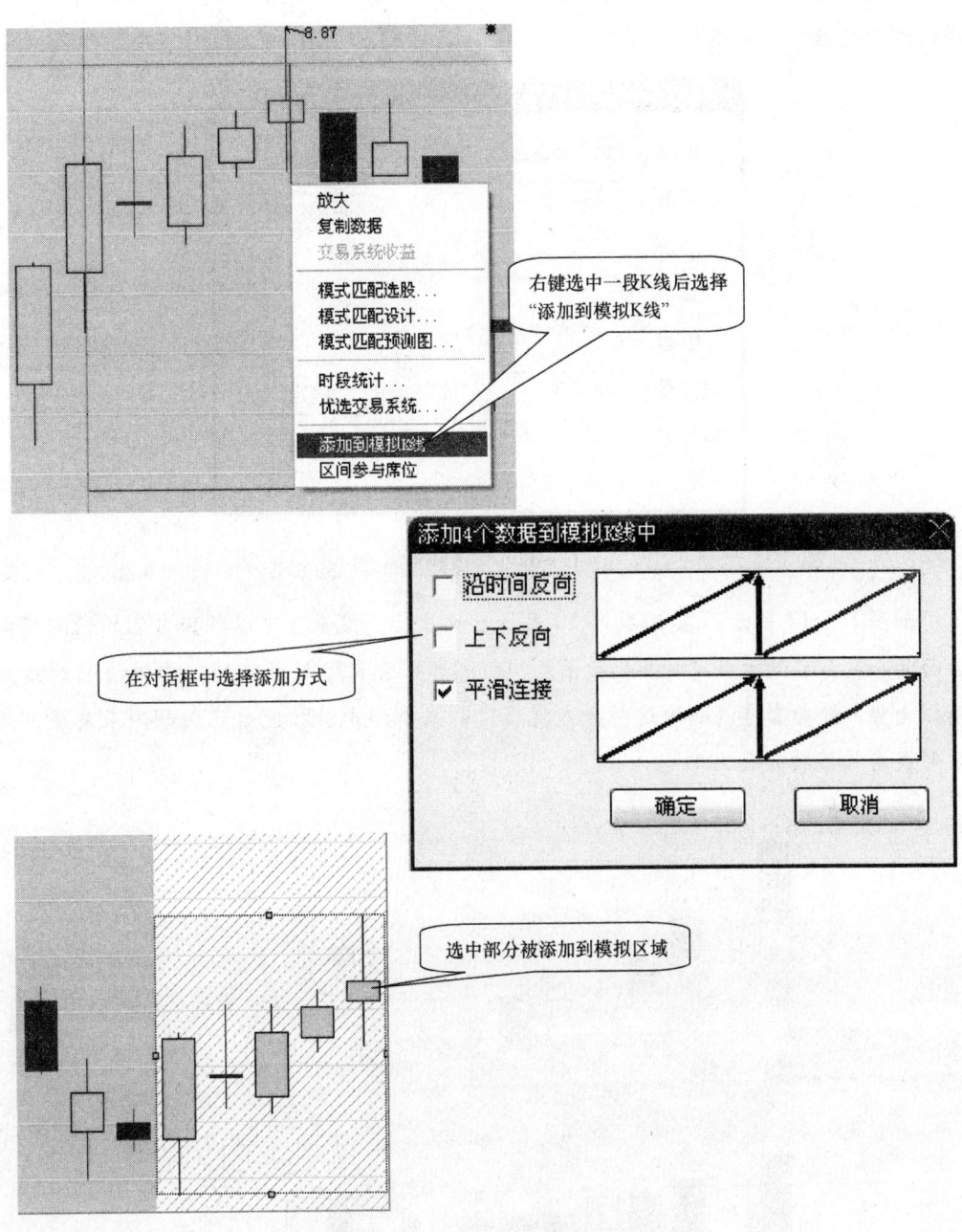

图 11—11　添加 K 线到模拟区域

投资者还可以通过"新增K线"在尾端添加一条模拟K线，通过"删除K线"来删除最尾端的模拟K线。在任何一根模拟K线上双击或者点击右键，都可以对该K线进行修改或删除，如图11—12所示。

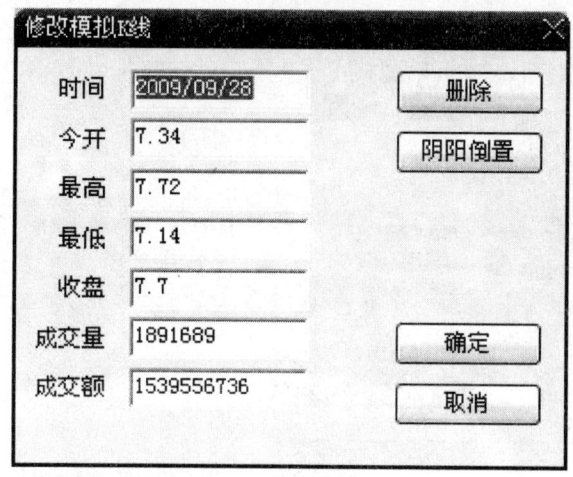

图11—12 修改模拟K线

如图11—13所示，在2009年10月9日收盘后，投资者可以根据自己的预测模拟后面两个交易日的大盘走势。模拟图左侧阴影部分为实际K线走势，右侧两根K线为模拟走势，投资者可以通过这种方式观察，如果市场走势按照自己的预测来发展，那么形成的K线将是什么形态。

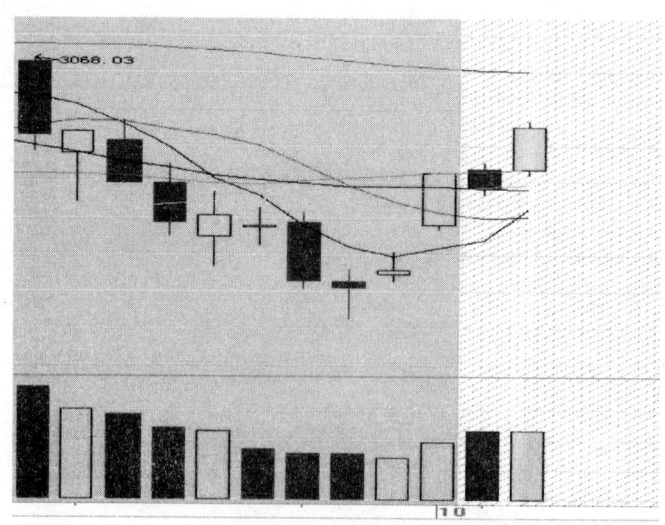

图11—13 模拟K线走势

11.2 同花顺软件实战技巧

11.2.1 破解时空秘密的江恩箱

江恩理论主要是对时间和股价相关性的预测。江恩认为，价格和时间存在着特定的数学关系，用图形直观地体现出来就是各种角度线的排列组合。同花顺软件以江恩的这套时空理论为基础，设计了一个能预测未来时空秘密的江恩箱。

投资者在同花顺的工具栏中点击"画线"选项，或者在主菜单的"工具"栏目下，选择"画线工具"中的"江恩箱"选项，即可开始绘制江恩箱，如图11—14所示。

在个股或者大盘指数的分时或者K线走势图中，均可以绘制江恩箱。

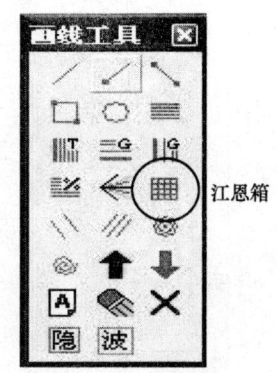

图11—14 同花顺画线工具

（1）江恩角度箱绘制要点

第一，选择大盘或者个股走势的某个转折点，当做江恩箱的起点，点击左键拖动鼠标，等到终点时松开鼠标左键，就可以画出一个江恩箱。一个江恩箱中包括了各种不同角度的江恩线。

第二，在绘制过程中，投资者应多试几个起点和终点。目的是让江恩箱的角度线能够最大限度地拟合已运行过的时间和股价，同时让江恩箱中角度线的交点能与过去股价运行的高点或低点尽量拟合。

（2）江恩箱研判要点

第一，各条角度线对股价运行均会起到或多或少的支撑或者阻力作用。当股价跌破某条江恩角度线时，将会向下一条角度线寻找支撑。当股价上升突破某条江恩角度线时，将会上探另一条江恩线的阻力。一旦在某条角度线上遇到明显的支持或阻力，即出现一个重要的买入或卖出时机。

第二，重点关注角度线的交叉点，这也是容易出现转折的位置。当股价经过多次突破或者跌破之后，如果在某一条角度线的交叉点附近出现与之前相反的趋势，投资者应注意行情很可能转折。

(3) 江恩箱的实战应用

一个江恩箱里的角度线或者交叉点对股价走势的影响越多,这个江恩箱就越能反映时空的秘密。将这个江恩线的终点沿着原有方向进行延长,得到的新的江恩箱,就可以根据新的江恩箱对未来走势进行分析预测。其中的各条角度线及交叉点,对于后市股价的压力支撑位置具有较大的提示意义。

如图11—15所示,上证指数自6 124点下跌之后,在2008年7月中旬跌至2 800点区域。经过不断调整后,投资者可以找到对股价走势影响最多的一组江恩箱。

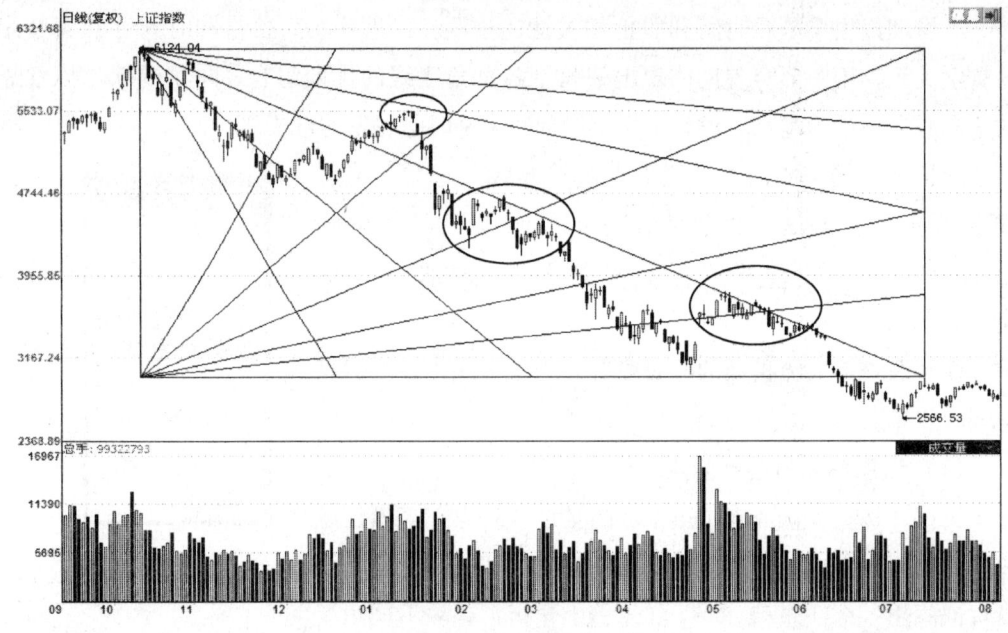

图11—15　上证指数日K线

江恩箱的起点选择上证综指的最高6 124点,终点选择2008年7月初的反弹高点2 900点。在整体下跌走势中,在江恩箱的多条角度线处得到支撑或者遇到阻力,如图中圆圈位置所示,说明指数的走势受到这个江恩箱的影响较大。

11.2.2　监视机构动向的均笔成交

由于机构的资金量大,大多数情况下机构的交易会伴有很多大买单或者大卖单出现。根据这个原理,只要知道每笔交易成交量的大小及其变化,投资者就可以大致推断出该股的价格波动是由机构操纵的,还是由散户自发买卖所推动的。

同花顺提供的"均笔成交"就是这样一个能监视机构资金动向的指标。这是一个可以在个股 K 线图中使用的技术指标。该指标统计每个交易时段内平均每笔交易的成交股票数量。具体计算方法是将每个交易时段内个股成交的总手数除以同期成交的总笔数，得出平均每笔成交手数，即均笔成交量。

（1）用均笔成交发现机构动向

在同花顺软件个股 K 线走势图中，投资者点击下方的"均笔成交量"指标或者输入"JBCJ"+【Enter】，即可在下方的技术指标栏中看到该指标。

均笔成交量指标的变动可以反映机构的运作痕迹。当该指标突然上升时，说明机构投资者在一只股票上频繁操作。此时他们可能是在加紧买入，也可能是加紧卖出。至于具体的买卖方向，投资者可以结合股价同期内的走向判断。

一般认为，当股价经过一段时间下跌，在低位横盘整理时，均笔成交突然放大，就是机构投资者在低位买入股票的信号。此时投资者可以跟随买入。当股价经过一段时间上涨，在高位横盘整理时，均笔成交突然放大，说明机构投资者在高位卖出股票。此时投资者应尽快将手中的股票卖出。

如图 11—16 所示，2009 年 1 月 6 日，三一重工（600031）的均笔成交指标大幅飙升，同时股价也被拉升至涨停。在这之前三一重工股价已经经过了持续下跌，正处于底部。这种形态是有机构在大举建仓的信号。看到这样的形态后，投资者可以积极买入股票。

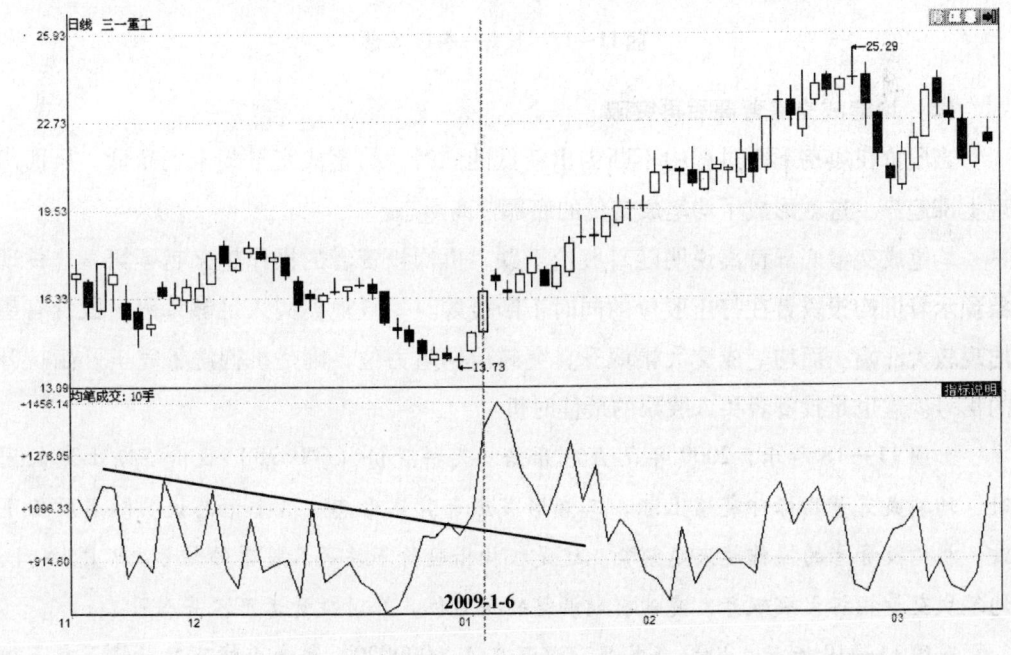

图 11—16　三一重工日 K 线

如图11—17所示，2010年4月12日，长春一东（600148）在顶部整理过程中均笔成交量突然放大，同时股价却没有出现理想的涨幅。而且在此之前股价已经有了较大幅度上涨。这个形态很可能是有机构在顶部出货的信号。看到这个信号后，投资者应该尽快将手中的股票卖出。

图11—17　长春一东日K线

（2）均笔成交底背离后再突破

当股价在震荡下跌过程中不断创出新低的同时，均笔成交量却未创新低，反而出现上涨趋势。这就形成了均笔成交量的底部背离形态。

均笔成交量底部背离说明随着股价下跌，机构投资者的操作越来越频繁。这种现象预示着机构投资者在打压股价的同时不断吸筹。一旦他们买入足够筹码，股价有望出现较大涨幅。而均笔成交大幅飙升、突破前期阻力位，则是机构洗筹完毕开始拉升的信号。这也是投资者买入股票的最佳时机。

如图11—18所示，2009年7月底开始，天科股份（600378）股价不断上涨的同时，均笔成交量指标却震荡上涨，二者形成底部背离形态。这个形态说明随着股价下跌，机构投资者的操作越来越频繁。这是机构借股价下跌买入股票的信号。9月18日，均笔成交量指标大幅飙升，突破前期调整的阻力位，此时投资者可以买入股票。

如图11—19所示，2009年8月，深深房A（000029）进入小幅下跌行情。在下跌初期，均笔成交量指标虽然有所下降，但整体仍然与前期保持在一个水平线上。股价与均笔成交指标形成底部背离形态。2009年10月13日，该股放量涨停，同时均笔成交量指标也出现突破走势，短线买点出现。

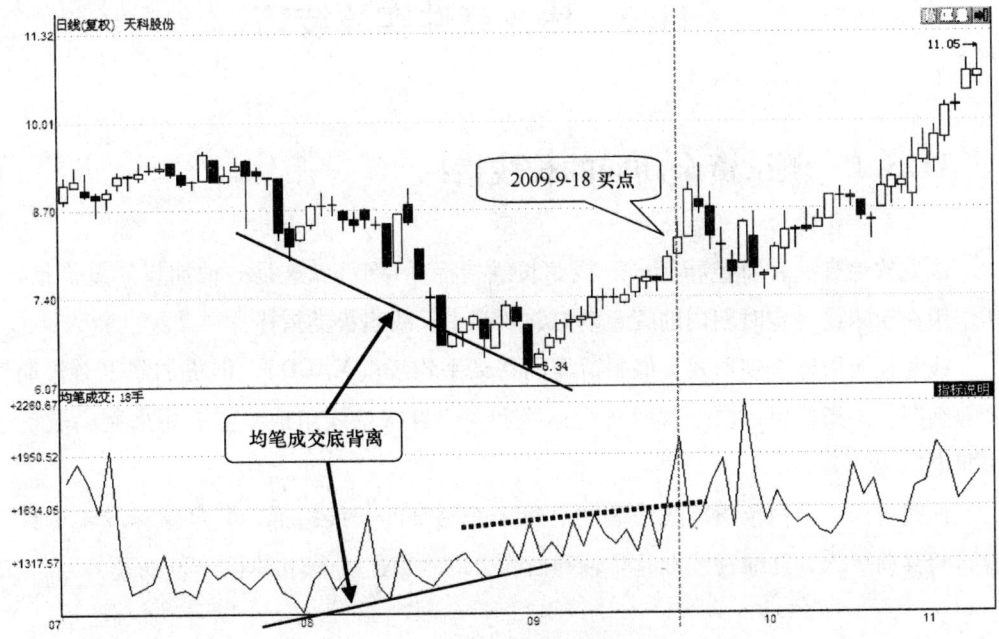

图11—18　天科股份日K线

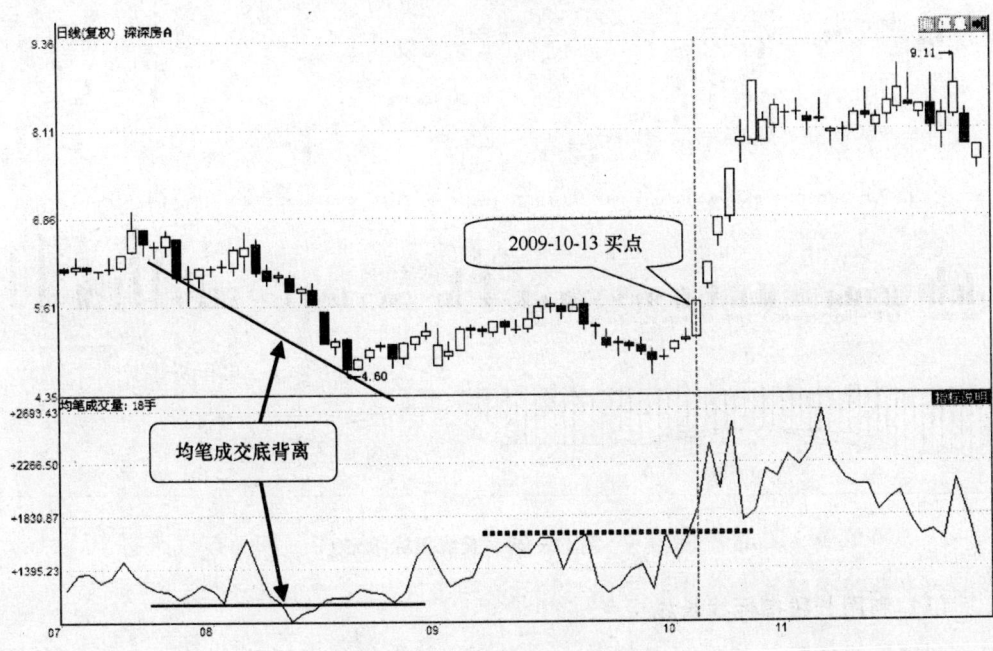

图11—19　深深房A日K线

11.3 钱龙软件实战技巧

11.3.1 测试资金动向的长线指标

钱龙软件有一种特色指标——钱龙长线指标（LON）。这是一种加权的量价指标，其作用在于测量一定时期内的资金动向，属于中长线趋势类指标。

钱龙长线指标表现形式类似平滑异同移动平均线（MACD），但更加侧重对长期趋势的判断。该指标由一白一黄两条指标线和一组红绿柱线组成，主要用来判断股价的长期走势。

长线指标中，白色指标线代表的是每个交易日的长线指标，黄色指标线表示长线指标的移动平均，红绿柱线则是0轴到白线上的垂直连线，如图11—20所示。

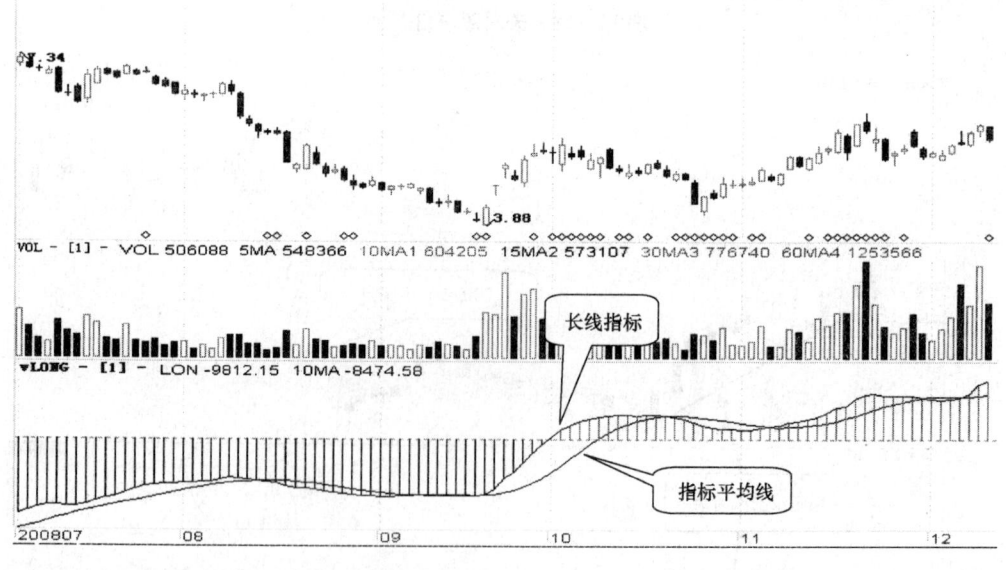

图11—20　长线指标

（1）利用长线指标找长线买点

利用长线指标找长线买点的方法与MACD等趋势类指标基本相同，大致有以下两点：

第一，出现底背离。当指标处于零轴下方，同时股价创新低，而指标并没有同步创新低，就说明长线指标出现了底部背离。这时股价有见底趋势，投资者可以重点关注股价走向。

第二，突破0轴时买入。当指标升至零轴上方，也就是柱线由绿翻红时，买点出现。

如图11—21所示，2009年1月13日，招商银行（600036）股价在创下阶段新低的同时，长线指标未创新低。二者出现了明显的底背离形态。随后几个交易日内，长线指标持续上扬并最终翻红。此时中长线买入信号出现，投资者可以开始买入股票。

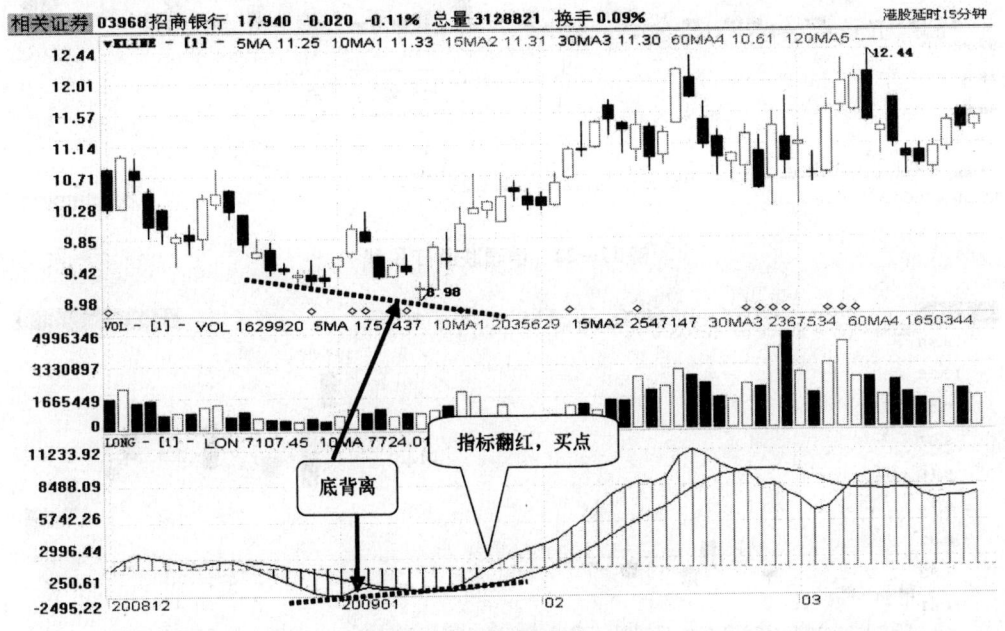

图11—21　招商银行日K线

如图11—22所示，2003年9月底，中国联通（600050）在2元价位窄幅震荡，此时长线指标也开始走平。10月，中长线指标开始上涨并翻红，买入信号出现。此时投资者可以积极买入股票，把握中长线的上涨行情。

(2) 利用长线指标找短线买点

虽然名为长线指标，但是投资者也可以利用这个指标来寻找短线的买入信号。当股价出现回调，而指标线在10日均线处获得支撑，不跌破均线时，就是极好的短线买点。

如图11—23所示，2006年10月，海虹控股（000503）在震荡上扬至8元区域时，出现一个短期调整。投资者可以发现这时的长线指标虽然非常贴近10日均线，但是始终没有跌破这根均线，短线买点出现。投资者可以根据这个信号买入股票。

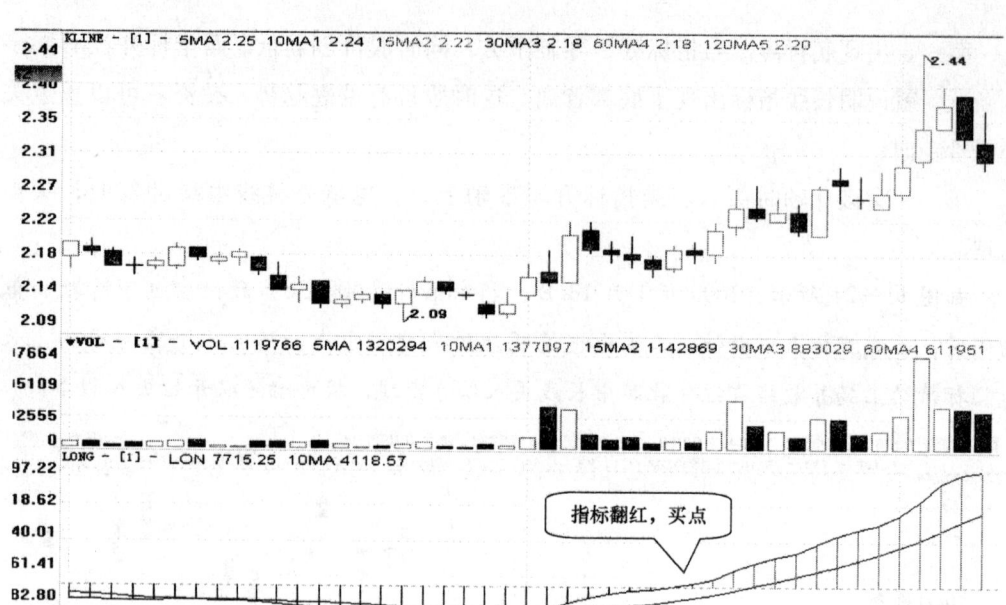

图 11—22　中国联通日 K 线

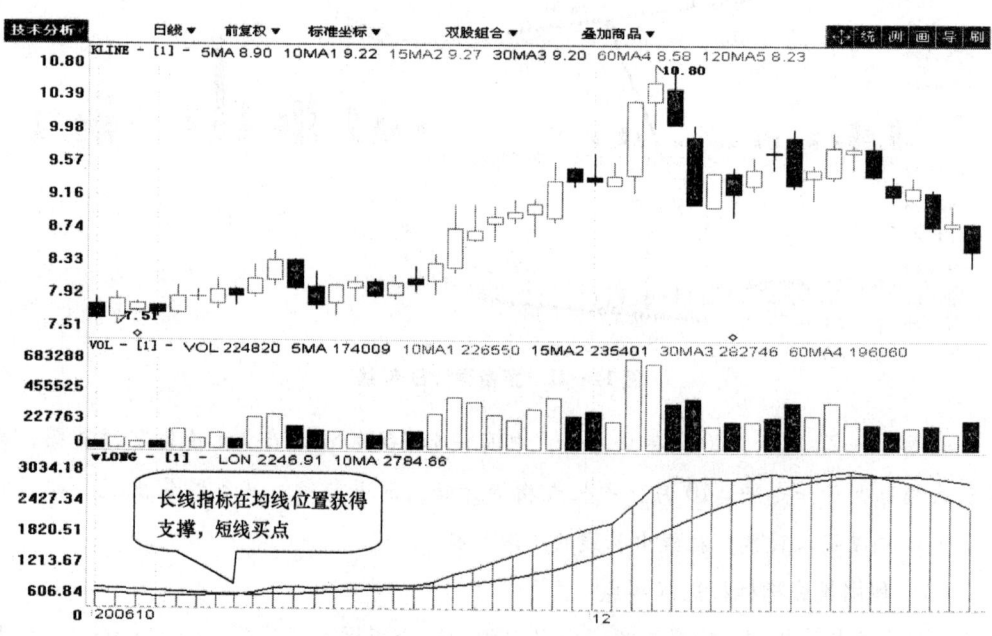

图 11—23　海虹控股日 K 线

如图 11—24 所示，2009 年 9 月，在物联网概念的爆炒行情中，海虹控股继续担当领头羊的角色。在国庆长假之前，该股股价连续回调。但是观察长线指标后投资者可以发现，长线指标线在 10 日均线处得到明显的支撑，短线买点出现。此时短线买入，可以把握住该股二次冲高的短线机会。

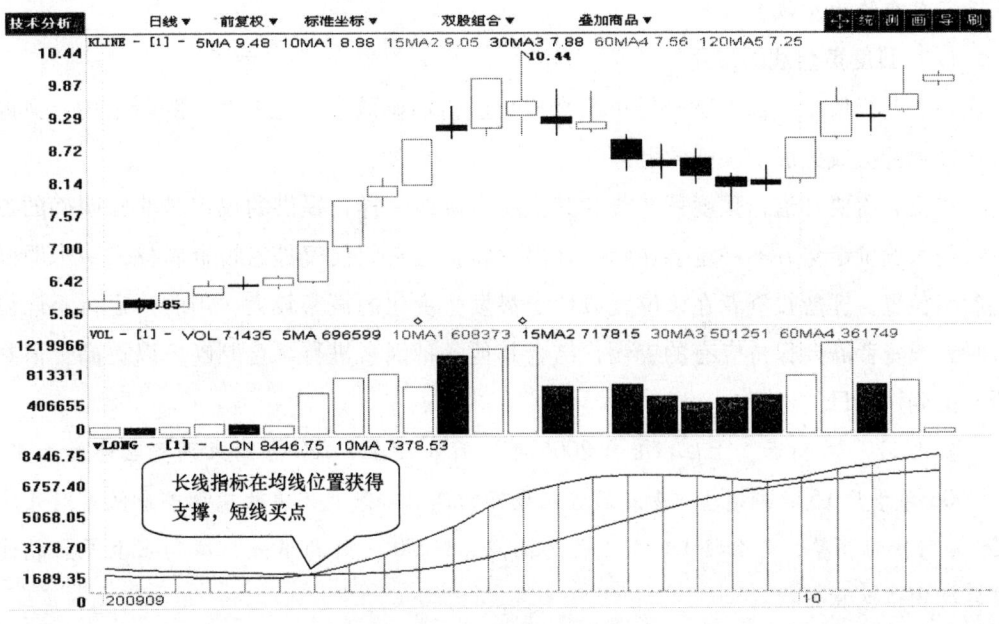

图 11—24 海虹控股日 K 线

11.3.2 标示阻力支撑的弧度黄金线

在钱龙软件的画线工具中,提供一种弧度黄金线的画线方式。它是采用黄金分割的原理,将每一段行情走势的黄金分割位用圆弧的形式表现出来。这种弧度黄金线可以作为投资者判断压力位或者支撑位的重要参考。

(1) 弧度黄金线的绘制

画弧度黄金线时,首先需要确定两点:高点和低点。在一段上升波段之后,投资者可以选择该上升波段的高点和低点,由高点向低点画;下跌波段时,投资者也可以选择下跌波段的高点和低点,但这时需要由低点向高点画。将高低点连线后,系统会自动按照 0.382、0.5、0.618、1.382 等黄金比例为半径,画出多个直径不同的同心圆,这就是弧度黄金线。

如图 11—25 所示,投资者用鼠标左键单击"弧度黄金线"按钮后,在 K 线走势图中选择起点并单击,随后在选好

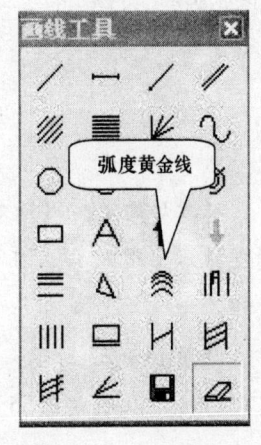

图 11—25 钱龙画线工具

的终点再单击一下,系统即自动生成弧度黄金线。以起点至终点为直径的圆弧用实线表示,其余均为虚线。

(2) 弧度黄金线的应用

在上升行情中,弧度黄金线可能会成为股价回调的支撑位;在下跌行情中,弧度黄金线可能会成为股价反弹的阻力位。

投资者需要知道,弧度黄金线和其他所有画线一样,提供的仅仅是非常明确的参考点位,股价走势并不一定会在画线处出现转折。它们仅仅是给投资者提供一个明确的参考位置,提醒投资者在该位置股价走势发生变化的概率较大。当股价运行至该位置时,投资者需要保持应有的警惕,结合其他各种因素进行综合判断,以提高行情判断的准确性和目的性。

如图11—26所示,上证指数自2006年3月8日在1 250点结束调整后连续上涨,在2006年5月15日到达1 664点后进入展开回调。如果我们将此次调整看做是对此波400点行情的调整,那么将1 664点作为高点,1 250点作为低点,从高点至低点相连接后得出弧度黄金线。

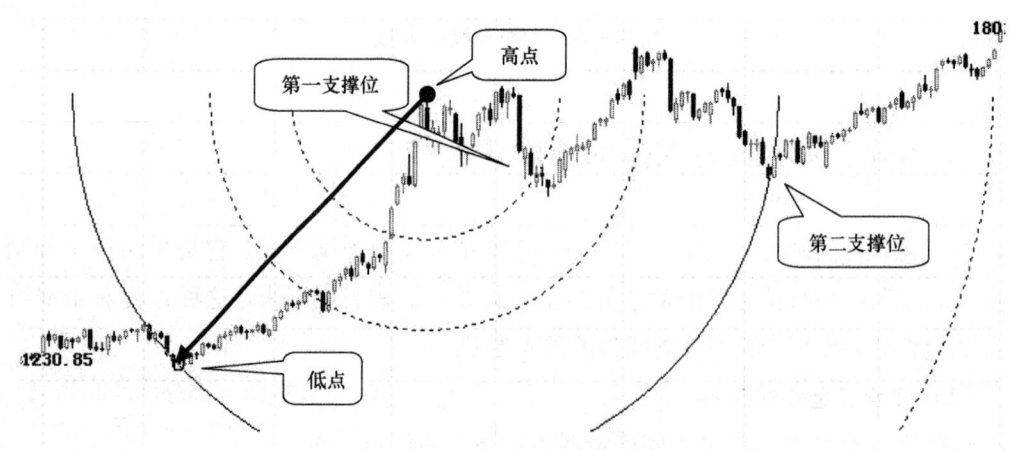

图11—26 上证指数日K线

从此后的走势可以看出,有两个圆圈对指数构成了支撑:指数在第一个圆圈处得到支撑后出现反弹;在第二波调整跌至实线处时重新获得支撑,展开了新一轮上升过程。

如图11—27所示,上海贝岭(600171)自9.69元跌至2.55元后,展开大规模的反弹行情。以低点2.55元作为起点,9.69元作为终点,画出弧度黄金线。可以看出,股价在第一圆弧处出现短期回调,随后继续上涨,在第二圆弧处重新遇阻回落。投资者可在股价运行至圆弧处时注意观察,股价一旦出现走弱迹象,可短线卖出或者波段减仓，以回避股价调整的风险。

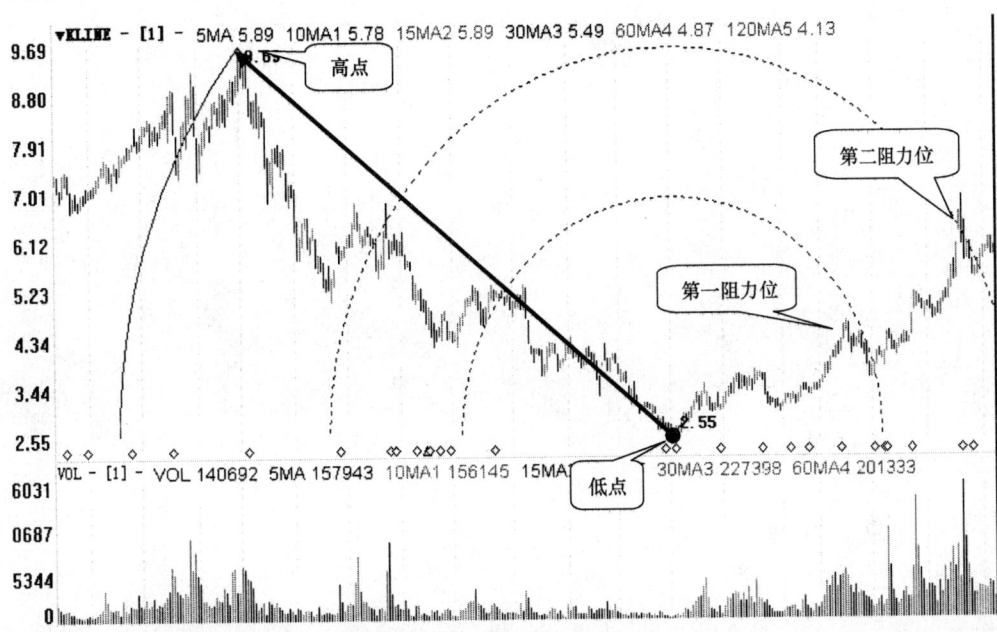

图 11—27 上海贝岭日 K 线

第 12 章

送给新股民的 4 个炒股忠告

公爵夫人巴黎居十个世纪

12.1 大势不好不做

春播夏长，秋收冬藏。万物的生长，都需要符合自然节气的变化规律。相应的，农民也应顺应这种规律而动。如果一个农民，到了冬天还忙着播种，那么不仅浪费种子，而且还很容易把自己给冻伤。

在股市中也一样，没有只涨不跌，或者只跌不涨的市场。潮来潮去，牛熊更替，涨多了要跌，跌多了要涨，是市场永远不变的规律。在牛市中，投资者就好比顺风顺水的船只，交易起来自然轻松无比，既安全又容易盈利。而在熊市中，则如在波涛汹涌的大海里航行的小船，不仅艰难无比，而且稍有不慎，就容易被波浪打翻。

如图12—1所示，在6 124点之前的大牛市中，投资者入场交易的话，自然会如鱼得水、事半功倍，即使暂时被套也不用担心，后市自然会重新涨回来。但是，如果在6 124点之后的大熊市中，投资者仍然不知道休息，继续入市交易的话，自然艰难无比、事倍功半。在这一路向下的行情中，其盈利难度可想而知。而且投资者只要稍有失误，将会被套在半山腰上。

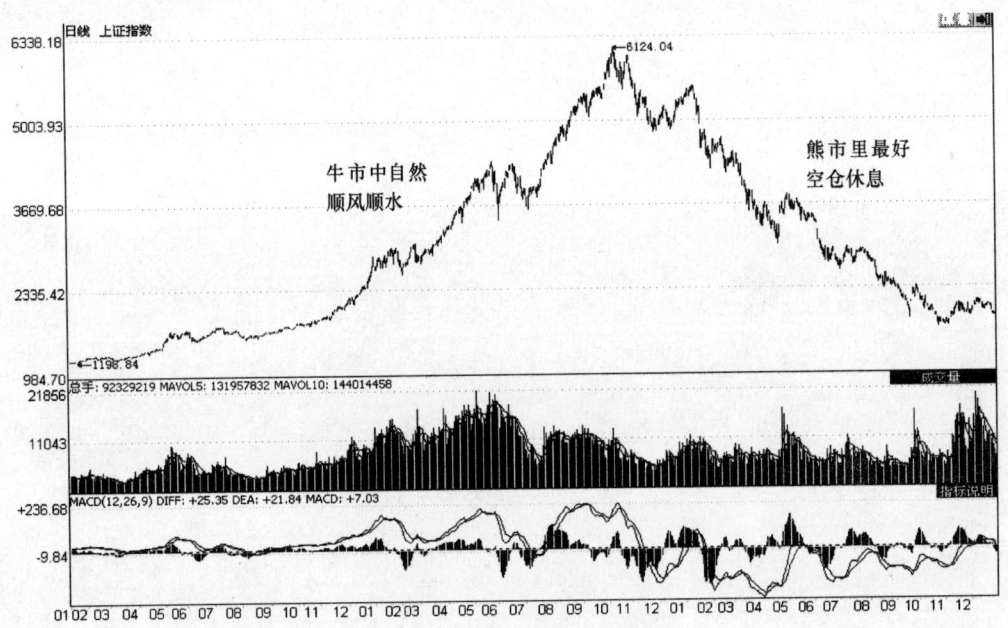

图12—1　上证综指日K线

那么，新股民应该如何判断当前大势正处于牛市当中呢？主要有以下四个判断依据。

第一，迭创新高。

在牛市中，大盘指数或者股价会不断反复地震荡上涨，每波上涨都能突破前期的高点，而每次回落的低点，也能够高于前期回落的低点。这种走势情形，就说明市场正处于牛市上升趋势中。

第二，均线多头排列。

各条均线呈现多头排列，周期越短的均线，其位置越靠上，周期越长的均线，其位置越靠下。这种情形，说明此时正处于强劲的上涨行情中，投资者可积极入市交易。

第三，价量配合理想。

在股价不断震荡上涨的过程中，成交量也呈现相同的变化规律，即"价升量增、价跌量缩"的态势，说明此时股价上涨得到了成交量的有效配合，涨势非常健康。

第四，市场热点不断，人气活跃。

不仅主流板块能够持续走好，同时市场上还经常出现新的热点板块。市场人气活跃，赚钱效应体现得非常明显。

12.2 强化纪律观念

在股票交易当中,交易纪律占据着非常重要的地位。大家都知道,在战场上,军队是否纪律严明,是能否获胜的重要因素。股市如战场,每个投资者都好比是一个指挥官,资金就是他的军队。如果这只军队,从上到下毫无军纪可言,整个就是一盘散沙,那么即使上了战场,也只能是炮灰的命运。

凡事都应有纪律,股票交易更应如此。在很多投资大师的眼中,能够很好地控制自己的内心和情绪,是投资制胜的重要前提。江恩建立了一套庞大而复杂的技术分析体系,但是在其著作《华尔街45年中》,真正推荐的,确是那十几条交易规则。

交易纪律,就是投资者在波云诡谲的股市中,如何规避人的心理弱点和心态变化的规则,同时也是如何能够保身活命、克敌制胜的规则和纪律。上一节的"大势不好不做",就是一条交易纪律。每个投资者都应在实战中逐步摸索,寻找属于自己的交易纪律。下面是几个比较重要,而且需要每个投资者都遵守的交易纪律。

第一,制订计划,按计划而动。

很多新股民都会面临一个非常烦恼的问题,就是事先想好的交易计划,往往在交易中无法得到有效地执行。举个简单的例子,假设投资者甲计划等某只股票涨到20元时就卖,结果真到了20元时,又开始舍不得卖了,觉得股价还能再涨,应该再等等。

从经验来看,没有按照计划进行的交易,大部分的结果都不太好。相信很多投资者都有过这种"当时真应该按照计划走"的后悔心理。这是因为,大部分的交易计划,不论是否完善和全面,起码都是投资者经过冷静思考、深思熟虑后做出的。其准确性和可靠性,自然要胜过投资者临时头脑一热所做出的判断。

股市里有一句话,计划你的交易,交易你的计划。

第二,切忌频繁交易。

在华尔街投机大师利弗莫尔看来,盲目而频繁的交易,是造成投资者亏损的一个重大原因。

频繁交易的危害,主要有两个。第一,加大了投资者的交易成本。每次交易,都会产生相应的费用,例如印花税、佣金等,交易越频繁,这些费用就越多。虽然每次交易的费用,并不起眼,但是长期积累下来,会是一个非常可观的数字。第二,频繁交易会让投资者只关注细节变化,而不关注宏观背景;只关注眼前的蝇头小利,而不关注长期趋势变化。

第三，看不懂的行情不要动。

市场行情变化莫测，总有投资者看不懂的行情出现的时候。此时投资者应静观其变，不能盲目入市交易。在看不懂的行情中，空仓观望并不会带来什么损失，而盲目躁动却往往造成本金的亏损。

12.3 股票数量要少

很多新股民炒股的一个误区就是,把炒股当成了开杂货铺。这些新股民入市后,由于不太放心,每只股票都不敢买太多。同时又容易见异思迁,今天看这只股票不错,买一点,明天看那只股票也不错,也买一点。时间一长,账户里面的股票是琳琅满目,数目繁多,但是每只股票的数量往往都不会多。就像杂货铺一样,什么都有,什么又都只有一点。

炒股成了开杂货铺,无外乎是两种心态造成的。一种是想分散风险,对单只股票不太放心,因此把一堆鸡蛋放在篮子里。但是分散风险的同时,势必也会摊薄收益。如果投资者连精选一两只个股的信心和把握都没有的话,那么选择的十几二十只股之中不赚钱或赚小钱的肯定是多数。另一种心态,是觉得这些股票看着都不错,因此就一样来一点。可是同样的资金,即使选的都是翻倍的好股,买十只和买一只的效果其实都是一样的。

其实炒股炒成"杂货店"最大问题是会严重分散投资者的精力,让投资者无法精心分析每一只股票。当手中的股票超过五只后,一般的投资者就很难再把每一只的基本面、技术面都吃透,更不可能跟踪观察每只股票每天的走势变化。

从经验来看,对于普通投资者而言,账户中最多有两三只股票就已经可以了,甚至可以只持有一只股票。与其杂而不纯,不如又专又精。

12.4 有耐心，不急躁

在股市中，造成投资者亏损的原因有很多，但是"缺乏耐心"绝对是其中最主要的亏损原因。熊市中投资者急于入场抄底，导致深深套牢；牛市中又急于套现逃顶，导致过早出局。这都是投资者缺乏耐心的表现。

投资者应该清楚地认识到，"罗马不是一天建成的"，如果真是大行情，它会有一个较长时间的筑底，同时上涨过程也会持续更长时间，如图12—2所示。投资者完全可以在底部构筑过程中，或是上涨初期从容买入。如果必须要在一两天之内买入，否则就会错过的行情，那么这种行情，只能是短线反弹行情，而不是什么大行情，错过也就错过了，没有什么可惜的。

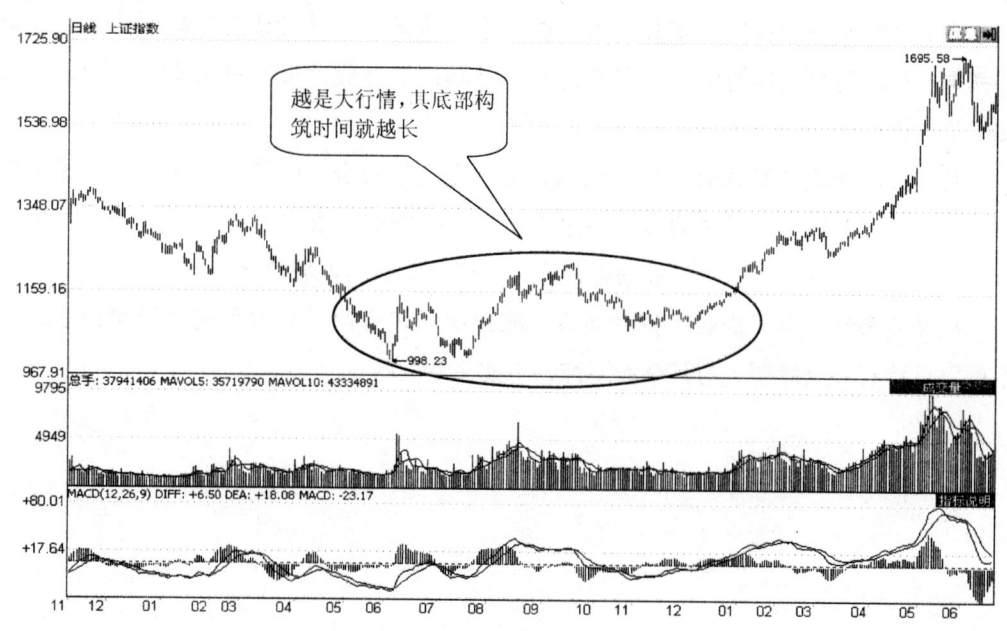

图12—2　上证指数998点底部走势

在一两天的大涨行情中，投资者要能够沉得住气。同样，在每天的盘中走势中，投资者仍然要能沉住气，不要被一时的直线拉升所诱惑。

如图12—3所示，2010年9月14日，海信电器（600060）开盘后出现大幅度的拉升走势，这种走势，很容易引发部分投资者的追高欲望。但是，这种走势也往往蕴含